JN417651

永 嘉 文 化

壹 輯

永 嘉 會

發 刊 辭

선조께서 애써 가꾸어 놓으신 향토 安東에서 태어나 자란 많은 사람들이 경향 각지에서 저마다 훌륭한 일들을 하고 있는 것은 참으로 자랑스럽고 고마운 일입니다. 서울의 각계에서 활약하고 있는 安東人들이 鄕土를 생각하고 배우며, 相扶相助하자고 모인 永嘉常綠會도 시작된지 만 5년이 되어 갑니다. 외국에서 공부를 하고 돌아와 文化 · 科學 · 經濟 · 産業界의 최첨단에서 뛰고 있는 친구들이 한 자리에 모이면 거침없이 튀어 나오는 사투리가 한없이 情겨운 모임입니다. 어려서 고향을 떠나 늙어서 돌아오니, 고향 사투리는 고쳐지지 않았지만 머리는 세었구나(少小離鄕老大回 鄕音無改髮毛衰)란 옛 시의 정경을 현대에서도 볼 수 있는 기분입니다.

우리가 사회생활을 하다 보면 出身地가 어디냐는 물음을 자주 받습니다. 고향이 安東입니다. 하고 대답하면, 십중팔구는 좋은 곳에서 나셨군요 라는 소리를 듣게 됩니다. 이런 말을 들을 때마다 우리는 등에 식은 땀이 흐르곤 합니다. 그것은 우리 자신이, 우리 故鄕이 자랑할 수 있는 문화를 너무나 모르고 있기 때문입니다. 세상에서 안동을 가리켜 鄒魯之鄕이라고 칭송하고 있습니다만, 우리가 거기에 합당하게 배우고, 생각하고, 행동하지 않는다면, 그 칭송은 헛된 것이며 욕된 것이 되고 마는 것입니다. 이런 생각이 杞憂라고 할 수만 없다는 것이 되고, 여러 회원들의 생각이었습니다. 생각이 여기에 미치게 되자, 우리들은 우리 고장의 전통과 문화를 알아야겠다는데에 뜻이 모아진 것입니다. 이 뜻을 이루기 위해서 논의된 것이, 우리의 전통문화를 배울 수 있는 글을 실은 책을 펴 내는 것으로 발전돼, 이제 그 뜻을 펴게 될 會誌 永嘉文化를 創刊하기에 이른 것입니다.

이런 우리의 소망을 이루기 위해, 學界와 言論界에 종사하면서 이런 일과 관련하고 있는 회원들에게, 이 일을 할 수 있는 길을 모색하도록 맡겼습니다. 거의 3년이니 걸려, 여러 가지 討論을 통해, 회지의 性格과 形態가 대강의 모양을 갖추게 된 것입니다. 이 회지의 중추적 根幹은 역시 安東文化에 대한 연구를 실음으로써, 우리들의 것에 대한 이해를 넓히고, 그것을 知識으로 우리 내부에 지녀 쌓아 올라 가도록 하는데 역점을 두었습니다. 그러나 이것은 학자들이 읽는 힘이 될 수 있고, 우리 후배나 자녀들에게도 전할 수 있는 것이 되도록 힘을 썼습니다. 그 뿐만 아니라 안동 이외의 전국 각계에서, 우리 문화에 관심을 가지고 있는 분들에게까지 읽어 주시도록 꾸미겠습니다.

安東文化 硏究는 일부 學界에서는 깊이 되고 있으나, 그 연구 결과는 學術誌나 學會誌 같은데에서만 발표돼, 우리들은 그것에 접할 수 없는 형편이기 때문에 알지 못하는 것입니다. 이런데 발표된 論文 가운데서, 안동문화를 알 수 있는 것이나, 그것을 理解하는데 필요하고, 안동인다운 敎養을 培養하는데 도움이 되는 글을 찾아내, 그 著者가 이 會誌에 알맞게 다시 손질을 한 글을 여기에 收錄했습니다. 앞으로 우리의 이런 노력이 조금씩 열매를 맺고, 이 會誌 發刊의 기틀이 軌道에 오르게 돼 安東文化의 一翼을 담당할 수 있도록 하겠다는 위대한 포부도 밝히는 바입니다. 이 꿈을 實現시키는 첫 발을 내 딛는데 物心兩面으로 밀어주신 선배 어른과 회원에게 滿공의 謝意를 표합니다. 그리고 創刊號 제작비를 전담한 權雄烈회원과 編輯委員에게 感謝드립니다.

1982. 3. 25

永嘉常綠會 會長 金海吉

目 次

내 고향 안동

權 重 輝 (前 서울大學校 總長)

조선조 영조 시대의 저술로 추축되는 擇里志란 책에 안동 사람에 관한 이런 기록이 있다.

윤리와 의리에 밝고 도학을 소중히 여기며 외따고 작은 마을에서라도 글 읽는 소리를 들을 수 있고 헤진 옷을 입고 항아리 창을 단 집에서도 도덕과 生命을 이야기했었다.

그러나 근래에 와서는 이런 풍습이 쇠퇴해 가서 근엄하고 젊잖기는 하지만 활달하지 못하고 실속이 적으며 논쟁을 좋아하니 이 또한 옛과 지금의 다름을 보여주는 것이겠다.

그후 二百 수십년이 지난 오늘 이 저자가 다시 살아나서 안동을 가본다면 어떤 평을 할 것인지 궁금하다.

딴곳 사람들의 안동관을 들어보면 그곳은 대체로 보수적이라서 옛을 그리되 새것에는 비판적이면서 실질보다는 명분이나 이론을 좋아한다고들 한다.

신라 이래 조선조 초기 까지만 해도 영남 사람으로 權座에 가까이 있던 분들이 많았지만 그 뒤 선비들은 향촌에 묻혀 학문에 潛心하던가 세상을 잊고 살려는 이가 많아진 듯 하다. 교통이 불편하고 정보교환이 어렵던 시대라서 수도에서 멀리 떨어진 곳에 사는 사람들의 벼슬살이가 쉽지 않았던 것을 고려한다면 무리가 아닌 일이겠지만 이것이 한 전통을 이루고 습성화 되면 오늘과 같은 교통통신이 편리한 때에는 남과 경쟁하기 어렵게 된 듯하다.

지구 전체가 한 마을이 되어 가고 있는 오늘날 지역 사회의 특성을 고집하거나 제가 소중히 여기는 가치에 딴 사람의 동조를 당연시하여 이질 문화를 백안시하고 현실에 적응할 힘을 기르기를 게을리 하면 낙오하던가 열패하여 그 존중하는 전통을 단절시키는 결과를 오게 할지도 모를 일이다.

천하가 흐트러진대로 제 홀로 깨끗한 獨善의 거룩함을 부인할 수는 없지만 정도를 지나쳐 생존경쟁에서 도태되어 가치를 계승할 후계자가 없어져도 애석한 일이 아닐가 한다,

우리 나라에서 요즘 전통을 중시하여 조상의 얼을 찾아야겠다는 풍조가 일어난 것은 이제까지 너무 외래 문물에 분별 없이 문물에 분별 없이 뛰어든 폐단을 반성해 보자는 智慧의

소산일 것이고 민주주의나 근대화 물결을 되돌리고 현대 과학을 무시 해도 좋다는 뜻은 아니겠다. 공업화하고 기계화한 사회에 문제가 없는 것은 아니지만 확실한 대안이 없이 무작정 등을 돌리려는 것은 무모한 노릇이다.

비판적이라는 게 거부반응을 두고 하는 말이 아니고 전통에의 애착과 경의가 반드시 배타적 자기중심적이어야 하는 것도 아니다. 외래 문화를 선별적으로 받아드리고 과거를 올바르게 이해하는 것이 우리가 自信을 갖고 떳떳이 다른 민족들과 어깨를 나란이 하여 인류의 장래를 밝게 하려는 대열에 참여하는 길이기 때문이다.

남의 명예와 이익을 훼손하던가 자기의 소견만 옳다 하고 남을 얕잡아 보려는 편협한 지역주의에 빠지지 않는다면 동향인끼리 친목을 도모하고 상부상조하는 버릇은 미풍이 아니랄 수 없다.

우리동양의 가족주의는 가족 친지간에나 도덕이 있고 의리가 있고 이해의 일치가 있지 울타리 밖은 미지암흑의 세계로 아는 수가 많다.

모르는 사람과 어울려 사는 도시나 인종이 다른이만 사는 외국에 갔을 때 어떻게 생각하고 판단하고 행동해야 할지 당황하는 일은 흔이 있다. 동향인의 모임이 市民社會에서 살아갈 行習 意識 規範을 만들고 익히는데 도움이 될 수 있을 것이라고 믿어진다.

나 자신 안동에서 나서 그곳에서 자랐기 때문에 항상 향수를 갖고 있고 그 곳 사람을 대하면 舊面같이 반갑고 그 전통에 애착을 갖고 자랑으로 아는 자이다. 그러나 그 전통이 약간의 부담이 된 때도 있고 오늘의 가치체계에 융합되어야만 마음의 안정을 얻을 수 있었다.

딴 지방 사람 다른 나라 사람들도 각기 훌륭하고 좋은 유산을 갖고 있는 것을 보고 내가 받은 전통을 새삼 자랑스럽게 여기기도 했다.

부푼 희망을 갖고 첫발을 내디디는 「永嘉文化」에 밝은 장래가 있기를 바라면서 이 글을 쓴다.

韓國文化傳統의 國民的 傳承과 古典理解

許 善 道 (國民大學校 文科大學 學長)

Ⅰ. 緖 言

筆者는 1975년 6월호 「考試界」採點評에서 『官吏를養成(選拔)하기 위한 國史敎育 또는 官吏로 登用되기 위한 手段으로서 하는 國史공부가 아닌, 문자 그대로 밑뿌리에서는 人格의 陶冶와 生活手段의 터득, 나아가서는 民族과 國家의 發展에 어느 모로나 반드시 보탬이 되는 참된 國史공부에 힘쓰기를 促求한다』는 要旨를 强調한 바 있다. 要컨대 受驗을 위한 暗記를 能事로 한 知識의 蓄積만을 目的한 形式上의 國史공부가 아니고 眞正 공부하는 自己와 民族의 앞날에 피가 되고 살이 되는 實心의 學習 乃至 認識을 强調하고 要望하였던 것이다. 筆者는 각종 考試受驗生과 같은 이 社會의 水準 높은 知識層에게까지 그 體驗平에서 위와 같이 實心의 國史理解를 强調하지 않을 수 없을 만큼 8·15光復 以後의 國史敎育은 제대로 그 軌道를 잡지 못하고 있고, 그같이 잘못된 가장 큰 標本은 우리 國史의 大系를 이루는 重要典籍에 대해서 조차 그 具體的 內容의 一片만이라도 읽어 알게 하려는 努力은 전혀 없이, 오로지 이에 대한 몇몇 解說事項만을 羅列하여 注入시키는 古典敎育이 계속 되풀이 되고 있는 바 이라고 確言하고 있다.

그러므로 本稿에서는 처음 지난번의 試驗問題 내지는 近世朝鮮의 政治社會分野 또는 壬辰倭亂 등에 대해 筆者 나름대로 任意의 說明을 展開해 보려고도 마음먹었으나 그 모든 問題를 다룸에 앞서, 그 底邊으로서 반드시 要求되는 實心으로부터의 國史理解와 이를 바탕으로 하여야만 비로소 可能한 民族의 歷史와 文化傳統의 진정한 傳承이라는 보다 큰 基本課題에 대해서 필자 平素의 所信을 밝히어, 讀者諸賢의 기탄없는 叱正을 바라기로 하였다.

뿐만 아니라 나아가 萬苦 筆者의 所信이 그런대로 오늘에 있어서 必要한 主唱이라면 國史敎育(硏究)을 이 方向으로 이끄는데 여러분의 積極的인 呼應과 協調를 懇請해 보고자 하였다. 여러분이 우리 社會의 現在와 未來에 있어서 情設的存在이면 일수록 筆者의 이같은 期待는 그만큼 더 클 것이다.

Ⅱ. 皮相的 國史(古典)敎育과 傳統文化에 대한 沒理解

여러분이 그 貴重한 時間에 애써서 얻은 國史知識으로 하여금 여러분의 日常生活에 특히 民族傳統의 傳承과 關聯하여 그 內面 生活에 있어서 조금이라도 정말 보탬이 되게 하는 捷徑은 무어니 해도 오직 그 안에 民族의 역사와 文化의 實相이 담겨져 있는 古典을 직접 읽게 하는 것이 그 처음이자 마지막 일터이다. 이른바 庚戌國恥(1910) 이후 특히 오늘날에 이르러서는 국사에서 배운 바는 그야말로 (書自書我自我) 즉 책은 책이고 나는 나다 하는 式으로 전혀 各自의 實生活과는 처음부터 無關한 別個의 存在인양 認識하는 思考와 態度가 澎湃희 當然視 되어 있는 느낌이다.

이렇게 잘못된 까닭은 西洋先進文明의 躁急하고 無分別한 直輸入에 의한 生活과 思考의 生硬한 近代化에도 말미암았겠지만 무엇보다도 日本帝國主義史觀에 의한 韓國사의 歪曲(체계화)과 특히 광복 이후 한글전용 내지 漢字文化排槊에서 緣由한 우리 古典에 대한 沒理解에서 말미암은 것 같다. 前者인 日帝植民史觀에 대한 상세한 檢討도 반드시 要求되지만 이는 이미 우리 周邊에서 어는 정도 論難되어 있는 바이며 더우기 이를 바로 잡는 基礎 역시 우리 古典에 대한 讀破와 理解의 普及으로써 이룩할 수 있다고 筆者는 믿고 있기 때문에 本稿에서는 後者만을 重點的으로 다루기로 하였다

무릇 人間이 直接 對話할 수 없는 경우에 그 意思와 感情을 남에게 傳達할 수 있는 最善의 方法은 문자이다. 몸짓, 눈짓 등 本能的 動作이나 結繩과 烽火등 미개한 段階에서 벗어나 文字를 發明한 것이 人類 文明의 進步에 있어서 하나의 劃期的 事實이었음은 再論을 要치 않는다. 人間은 文字를 사용하여 상호간 意思를 交換할 뿐만 아니라 그들이 이룩한 넓은 의미의 모든 사업을 문자로 記錄해둠으로써 後世에 남도록 하는 것이다. 그러므로 바꾸어 이를 말하면 後世人은 文字記錄을 통하여 그 先代들의 思考와 事業을 理解하게 되고 그 중 必要한 것을 攝取하는 것이니 이것이 바로 歷史學習이며 傳統의 傳承인 것이다.

그런데도 8.15해방 이후 우리의 國史敎育은 크게 잘못된 語文政策 즉 이른바 한글 專用論에 犧牲된 나머지 여러분과 같이 初等學校로부터 시작하여 중고교課程을 거쳐 大學에서의 敎養國史는 勿論 考試에 대비하여 集中的으로 歷史공부를 마친 높은 수준 知識層에 있어서도 민족의 歷史와 文化의 大系를 밝히고 있는 核心的인 古典에 대해서 조차 그안에 담겨져 있는 내용이나 저작 의도는 고사하고 그 外貌와 體制마저도 전혀 분간할수 없는 정도에 있

게끔 結果하고 말았다.

例컨대 삼국사기는 金富軾이 고려 仁宗 때 지었고 紀傳體이며 그 내용은 다분히 儒教的 傾向의 것이고 三國遺事는 그보다 約 100년 뒤져서 승 일연이 야사채로 지었는데 삼국사기에 필적할 정도로 불교에서 바탕한 自主的 民俗的 내용의 것이다. 牧民心書는 조선후기의 대학자 다산 정약용의 저술로 그 내용이 당시 地方行政의 實相을 아는데 바꾸어 말하면 당시의 農村實情 내지는 오늘날의 이른바 實學研究에 좋은 참고가 되는 저술이다 하는 식 이상의 것은 가르치려 하지도 않고 따라서 배우는 사람 또한 上例와 같은 몇몇 항목의 圖書解題 지식만을 외우면 그것으로써 그 책에 대한 것은 모두 배우고 通達 하였다고 만족할 뿐더러 또 실제 그만한 知識이면 그가 원하는 어떠한 수험에 있어서도 거의 무심통(合格)인 것이 지금의 실정이다.

하지만 한걸음 나아가 가만히 생각해 보면 어느 책을 언제 누가 무슨 목적에서 어떤 체제로 지었는데 몇 卷이고, 그 내용은 특히 이러 이러한 點에서 주목되는 민족의 寶典이며 따라서 必讀의 書다 하는 식의 解題的 지식을 단순히 傳達하고 그것을 그대로 받아 蓄積케 하는 데만 그치는 작금의 국사교육은 극단적으로 말하면 오늘날 감히 유행되는 퀴즈문답에 그 소재를 풍부히 제공하는 利點은 있을지언정 진정 민족의 역사와 文化의 전승 내지는 그 確立이란 國史教育 本然의 목적에서는 전혀 實效性없는 徒勞이며 口頭禪임에 틀림없다. 例컨대 근세조선 초기에 또는 우리의 법전 분야에 있어서 이러이러한 내용의 훌륭한 저술이 있었다 하는 식의 계몽적인 智識授受(教育)는 그 시기 또는 그 분야에 있어서 이룩된 우리 선민들의 문화수준을 우선 일반국민에게 대충 소개 하는 효과도 적지 않지만 그 궁극의 목적와 效用은 장차 어느때나 機會닿는 대로 그중 自身이 必要로 하는 또는 關心이 가는 고전을 골라 읽어서 그 스스로가 직접 내용을 확인하고 그러한 과정에서 마음으로부터 공명하고 섭취하는 바가 있게 하는데 있는 것이다. 이 과정에서 스스로가 직접 읽어 터득하고 느낀 바가 그동안 배운 通說과는 달리 그 나름대로 부인 또는 肯定的인 것이 될 수도 있다.

要는 선민들이 남긴 사업과 思惟의 實相은 고전 안에 담겨져 있는 만큼 우리들은 각자 그 자신의 직접 讀破를 통해서 이를 確認 體得하여야 하고 그래야만 그 무엇인가를 전승할 수가 있는 것이다. 退溪나 栗谷의 위대성도 우리가 퇴계 및 栗谷 全書 등을 통해서 學問과 德行의 一部이나마 터득함으로써 畏敬心이 용솟음칠 때 그리고 近世朝鮮後期의 所謂 實學이 近代指向的이며 民族主義的이었다면 (반계수록)(유성원) (이익)(여유당전서) (정약용)등 이 방면의 저술을 통해서 우리 모두가 몸소 그 무엇인가를 體認 하는 바가 있을 때 비로소 그 가치가 빛나는 것이다. 李忠武公이나 乙支文德의 그야말로 不世出의 忠君愛國精神과 功績 역시 이 方面의 著述을 통해서 우리 모두가 진정 이에 共鳴하고 感舊할 때 崔致遠 李奎報 徐居正 등의 名 文章도 그들의 作品 속에 담겨져 있는 文學世界의 具體的意義가 샘솟아 날것이다.

어떤 내용이 어찌하여 어떻게 또는 어떤 경우에 여하히 行動하였기 때문에 偉大하고 훌륭하고 새롭고 近代指向的이고 愛國的이고 不世出이고 庶民的이었다 하는 등등의 具體的 內容을 전혀 짐작조차 할 수 없는데 그 무엇을 어떻게 본받고 傳承할 수 있겠는가 말이다.

이와 같이 겉으로만 형식으로만 구두나 文字上으로만 맴도는 것이 오늘날의 國史教育이므로 이를테면 포은 鄭夢周 고필제 金宗植 정암 趙光祖 퇴계 李滉 율곡 李珥에 대한 說明과 인식의 경우 그들이 모두 근세조선시대의 性理學발달에 있어서 한 연원을 이룬 대가였다고 하는 이상으로, 그 具體的 特色을 밝힌다거나 또는 芝峯 李睟光으로부터 완당 金正喜에 이르는 일련의 實學者에 대해서도 先驅者, 集大成者 등 이상으로 그 具體的學說과 特徵을 구분짓는다거나 乙支文德 金庾信 姜邯贊 崔瑩 金宗瑞 李舜臣 등에 대해서도 民族과 나라를 지킨 偉大한 武人이며 將軍이며 忠臣이었다 하는 以上으로 또 世宗 成宗 世祖 등 君王에 대해서도 모두 好學愛士의 훌륭한 치자(星君)였다고 하는 이상으로 파고들어 그 實相을 나누어 설명하는 바는 보지 못하였고 따라서 被教育者들은 아예 그 같은 경지는 상상조차 못하고 있는 실정이다.

다시 말하면 初等學校生으로 부터 大學生에 이르기까지 지금의 국사지식은 千篇一律的이어서 위에 든 인물들에 대해 無條件 각기 偉大한 학자였다 뛰어난 무인이었다. 새로운 感覺의 先覺者였다고 認識할 뿐이지 그들은 왜 어째서 어떻게 偉大하고 뛰어나고 先覺이었으며 각기 그분들의 다른 점과 그들로부터 우리가 지금 배워야할 구체적인 事例가 무엇이었느냐고 물으면 거의가 茫然自失할 뿐이다.

때로는 도리어 그런것 까지도 알아야 하느냐 우리는 그 같은 것은 배우지도 않았고 우리가 읽을 수 있게 씌어져 있는 그러한 책도 없다고 疑訝하고 反問하며 抗辯하는 경우도 없지 않다. 위에서는 설명의 便利上 인물만을 들어서 論했을뿐이지 典籍 制度 藝術 思想 戰爭 등 모든 면에서 똑 같은 實情에 있음은 더 말할 나위도 없다. 이는 지금의 國史教育이 아무리 高學年으로 進學하더라도 漢文과 古典을 직접 가르쳐주고자 하는 다시 말해서 가르쳐 주어야할 원동치에의 학생들의 접근을 애써 가로막은채 오직 교사가 그 주변의 몇몇 사항만을 주입시키는 皮相的教育으로써 일매하고 있기 때문이다. 따라서 배움을 받는 학생들의 知識은 위와 같은 것일 수밖에 없고 그리하여 大學生과 初等學生의 이 관계 지식의 차이는 오직 위대했다 先驅的이었고 云云하는 表現의 强弱이다. 각 인물의 生卒 履歷 著書등에 대한 詳略 정도 이상의 것은 있을 수 없는 實情에 있다.

筆者의 愚見으로는 이 중 한가지 例 예를 들어 말한다면 退溪와 栗谷의 경우에도 각기 主理論과 主氣論의 종사이며 巨匠이었다. 하는 型式상의 區別以上으로 넘어 들어가 학생들이 그 주리론과 주기론의 片鱗이나마 眞正으로 이해하게 될 때 위와 같은 형식상의 區別이 처음으로 오늘날에 있어서의 現實的 價値와 의의를 가지게 될 터이고 이같은 이해를 이룩하게 하는 데는 무어니해도 우리들 各自가 직접 원전에 부딪쳐 몸소 그 내용을 터득하는 方途만이 최상의 길이라고 確信한다.

독자 여러분이 異常感을 느낄 정도로 필자가 이 문제에 대해 열을 올리며 확신을 갖는 까닭 또한 이 만큼이라도 筆者는 우리의 고전에 직접 부딪쳐 얻은 바 所信이 있기 때문이다. 무릇 確固한 信念하에서만 참된 용기와 實蹟이 이루어지는 것이고 이른바 歷史的信念은 다름 아니고 각기 고전의 직접 讀破에서 오는 感銘을 바탕으로 하여야만 굳어질 수 있는 것이다. 이같은 確信과 信念은 아무리 훌륭하더라도 교사 등 타인의 설명이나 강요만으로써는 결코 이루어질 수 없는 것이다.

이같이 바로 우리 周邊에 가까이 있는 鐵石과 같은 진리를 外面한 채 世宗大王은 위대한 성군이다. 元曉는 뛰어난 高僧이다. 東國輿地勝覽은 훌륭한 인문지리 서이다. 「增補文獻備考」는 우리의 文物制度를 縱觀하는데 가장 便利한 백과전서적 著述이다. 增식의 教育만으로써 일관할 뿐이고 처음부터 國民 各自로 하여금 그 古典에 직접 부딪쳐 심저로부터 체인 공명케 하려는 方向과 노력은 아예 상정조차 하지 않는 오늘 날의 國史教育 그 중에서도 특히 古典教育은 시급히 反省되고 교정 되어야만 마땅하다. 더욱이 우리의 生活은 그 自體가 社會的 有機的產物이며 따라서 先民들의 生活에 관한 기록인 歷史에 대한 이해 역시 처음부터 綜合的 立體的 동적이어야 한다. 과거의 民族史에 대해서 그 全體的 實相과 분위기를 쉬이 짐작하기 어려운 지금의 국민일반을 상대로 하여 이를테면 「삼국사기」는 사대적 경향의 서다. 「경국대전」은 당대법전의 集大成이다. 「金石過限錄」은 韓國金石學상의 代表的 著述이다. 하는 등등 극히 危險할 정도로 그 성격을 딱 잘라 규정지우는 지금의 고전교육은 도리어 일반국민으로 하여금 우리의 역사과 문화의 실상에 관해서 어떤 誤解와 不信마저 갖게 하는

弊端을 빚고 있음이 현실이다. 그 실상을 알수 없는 만큼 아무런 흥취와 感銘이 없고 따라서 그 공부에 厭症 倦怠를 느끼며 심지어 民族史에 대해 失望과 회의마저 품게 된다.

이러한 만큼 적어도 大學에서의 國史教育은 시대별 분야별 按配에 의하여 선정된 중요 고전에 대해서 그 讀後感을 交換하는 정도로 진행되었으면 하는 것이 필자의 이상이며 念願이다.

내용에의 접근은 전혀 권하지 않고 오로지 教師가 설명하는 항목별지식에 의해서 우리의 古典 내지 국사를 이해하라고 要求하는 오늘날의 국사 教育은 특히 한글 專用論者들의 그것은 마치 현재 某法學者들의 학설을 지방에 있는 學生이 공부하고자 하는 경우에 그분이 쓴 著述物의 열독은 권하지 않고 오직 그 地方에 있는 教師의 설명을 通解서 이해하되 간혹 學生이 그 著述物에 直接 대할 때에도 원서 그대로를 읽어서는 비자주적 事大的 行爲이니까 반드시 이를 번역해 순수 한글書로써 읽어야만 한다고 强要하는 바와 다를 데 없다고 비유될 수 있다. 이 얼마나 형식만을 좇고 내용에 대한 正確하고 참된 파악을 故意的으로 차단하는 施措인가를 쉬이 看破할 수 있을 것이다.

학생의 답안지에서도 이를테면 우리 역대의 教育制度는 眞理探究나 人格陶冶는 전혀 고려하지 않고 오로지 科擧準備를 위한 것이었다고 한다 라든지 近代化問題에 있어서도 壬午軍亂 甲申政變등 관계 사건을 평면적으로 羅列하여 단순히 전개만을 되풀이 說明할 뿐 신구세력의 對立이나 사회의 급격한 近代化에 따른 고민 내지 시대적 風潮 등은 전혀 감지 파악하지 못한 아쉬움이 있었던 바도 종국에 있어서는 학생 신분이 이 관계 고전의 片鱗에 조차 직접 대해보지 못하고 오로지 이른바 國史學者들이 문자나 口頭상으로 전해주는 注入式 國史教育에 사로잡힌 結果인 것이다.

이같은 결과는 여러분의 責任이라기보다는 필자 역시 그 말석의 하나에 불과 하겠지만 우리들 國史學도들의 責任인 것이다. 그러나 여러분들도 이와 같은 실정에 비추어 현재 各自가 가지고 있는 국사지식이 특히 합격생의 경우에 있어서도 심히 不充分 하고 不滿足스럽다는 것을 마음으로부터 깨달아 앞으로 가능한 한 스스로 기회를 만들어 고전을 통한 자기자신의 직접 이해가 반드시 이루어져야 함을 통감하기를 바라고 나아가 이같은 歷史認識方法의 보다 폭 넓은 一般에의 傳通을 위해서 全幅的으로 協調하기를 당부해 마지 않는다

Ⅲ. 韓國文化傳統의 體驗的傳承과 漢文原典의 解讀

先民들의 生活과 思惟의 具體相이 담겨져 있는 古典을 오늘날에 있어 우리 각자가 몸으로

체인하는 길을 漢文으로 된 原典 그대로를 讀破하는 방법과 이를 지금의 쉬운 말로 옮기어 읽는 두 가지 방도가 있다.

전자가 가장 이상적인 정도임은 두 말할 나위도 없으나 지금의 現實로는 풀어서 옮겨 읽는 方法이 본 뜻의 전달에 손상이 가는 우려가 적지 않지만 그런대로 현실성 있는 方途임은 두 말할 나위도 없다. 후자 즉 고전을 번역해서 읽는데 따르는 여러 가지 問題點에 대해서는 다음 단원에서 論하기로 하고 여기서는 먼저 이 國史學界의 深度와 範圍가 지금과 같이 심히 不足하고 부진한 현실에 있어서는 그 얼마나 절실히 요구되는가를 몸소 겪은 한두 가지 實例를 들어서 검토해 보기로 한다.

수일 전 밤에 먼 인척관계에 있는 金君이 오랫만에 찾아 왔다. 金君의 선대는 적어도 朝鮮後期 300년 이래 대대로 學問을 닦은 이른바 선비 집안으로서 連綿하였는데 특히 그 曾祖되는 분은 지식과 德行이 可謂 우리 고향 일원에서 崇仰받을 만한 대단한 學者이었다. 1870년대에 나서 80여년간 오로지 한길에만 정진하였으나 불행히도 아들과 손자를 일찍 잃은 까닭에 晩景이 정숙하였음은 물론이고 사후 10여년에 이르도록 그가 남긴 문자하나 제대로 收拾되지 못하였다. 그런데 증손되는 金君이 長成하여 이제는 모회사에서 그런대로 자리를 잡게되자 그 할머니와 어머니의 증조에 대한 추앙과 성의에 우선 감동된 바 있고 그 자신 또한 주위에서 말하는 바와 같이 증조부의 文字 중에 들어 있다는 상당 수준의 儒學關係 學說이나 歷史 및 道德論에 까지는 실감이 가지 않아도 그 曾祖父가 평소 집과 향리에서 행한 言動을 본받아 주위 사람의 권유를 實踐해 보고 싶은 感奮을 일으켰다. 이에 외로운 처지이긴 하지만 全力을 다하여 曾祖父의 文集을 刊行키로 결심하고 특히 그가 본받고 싶은 曾祖父의 一代記部分은 번역본도 아울러 출간하기로 단단히 마음먹었다. 마침 부산에서 서울로 전근도 되었으므로 인사 겸 상경한 그의 결심을 나에게 전하고 이에 따른 周旋을 즉 文集編纂의 具體的 進行과 그가 원하는 부분의 번역을 필자에게 청탁하고자 함이 그가 來訪한 目的이었다. 筆者는 그의 誠意를 크게 讚揚 激勵하고 사업진행에 관한 내 나름의 의견과 방향을 제시 하였다. 그러나 나의 부득이 한 사정에 의해 즉 나의 講義負擔과 년전부터 수행해 오는 研究進行上의 緊迫한 처지 때문에 적지 않은 분량의 그 번역까지는 도저히 도와줄 수 없다 함을 심히 미안해하면서도 전달하지 않을 수 없었다. 문집의 간행도 중요하지만 행적 부분의 번역을 보다 갈구하였던 김군이 안타까울 정도로 낙망하는데 대해 이를 위로 鼓舞하는 뜻에서 그와 함께 여러 각도로 달리 모색해 보았으나 별다른 묘방이 없었다.

우선 고향친지 중에 훌륭한 대선생이 한분 계시나, 이미 80을 넘은 고령이시므로 도저히 부탁드릴 수 없고 그 외 한 두분이 있지만 모두 근자에 유행하는 고전의 문고본 기타의 번역본 초고를 작성하는 것으로써 생계를 돕고 있으므로 우선 상당한 정도의 사례를 해야 하는데, 간행비에서도 크나큰 희생을 무릅써야 하는 그의 現在의 처지로서는 거의 불가능할 뿐더러 더욱이 그 들로부터 이해를 초월한 작업의 진행은 도저히 기대될 것 같지 않았다.

평소에 한글전용론자 까지는 안 가도 한문은 몇몇 전문가만 익히면 족하다고 믿고 있던 김군은 이에 이르러 평소에 그 소신과 그로 하여금 그같은 소신을 갖게끔 작용한 여러 주장에 대해 심각한 회의와 瞠惑을 통절히 느꼈다. 막상 그가 필요로 하여 그 自身이 渴望하는 바 번역을 통한 선대로 부터의 가통전승이 그 앞에서는 이루어질 수 없다는 엄연한 벽에 부닥쳤던 것이다. 김군의 증조부가 상당한 수준급의 학자가 아닌 바 아니지만 그만한 學者에 관한 일까지 지금에 있어서 無理없이 進行될 만큼 우리주변에 한문(고전) 전공자가 존재 한다면 이는 이미 몇몇 사람의 전공자 운운으로 표현될 단계 이상의 漢文지식의 普遍化인 것이다.

이상과 같이 오늘이 있어서 막상 자신이 갈구하는 역사와 문화상의 개별적 구체적 전승이 그간의 語文政策의 큰 잘못으로 말미암아 딱 가로 막히고 있는 실례는 특히 젊은 세대에 있어서의 그것은 비일비재한 실정이다. 이는 나아가 오늘날 우리 모두가 입이나 문자로만 시끄럽게 떠들어대는 민족문화의 전승이 그 얼마나 허구적이며 實效없는 것인가를 웅변으로 반증하는 바일 것이다. 필자의 소신으로는 민족의 역사나 문화의 전승은 다름 아니고 우리 각자가 각기 가정이나 소속된 집단 환경에서 그 선대조로 부터 이어받는 그것의 總和이지 너나없이 그 자신은 아무것도 전승하는 바 없는데 따로 이 공유물로서 浮雲과 같이 둥둥 떠 있는 것은 결코 아니다. 갑은 갑대로 을은 을대로 병은 병대로 각기 그 선대로(輩)로부터 그 무엇인가를 전승 · 실천 하려는 노력 그것이 바로 민족 전통의 전승인 것이다. 그것 이외에 다시 말해서 국민 모두가 새로 자기 자신은 아무것도 구체적으로 전승하지 않는데 따로 하늘위에 구름처럼 둥둥 떠다니는 그러한 민족전통은 결코 존재하지 않고 또 존재 할 수도 없다.

오늘날의 우리들의 현실은 입으로나 글로는 민족전통의 自主的 학립 또는 전승을 크게 주창하면서도 그 가정이나 직장에 있어서의 실생활과 思考를 들여다보면 전혀 그러한 방향과는 180도의 旋回를 예사로 하고 있는, 아니 意識的으로 敢行하고 있는 實例를 往往 발견한다. 선비로부터 農商工民에 이르는 우리선민들이 이룩하고 쌓고 그리하여 維持 傳承시킨

민족의 온갖 力量과 睿智와 文化는 그 어느 것이든 이를 애써 探究하고 이해하고 간직하려는 그 후손들의 맥박을 통해서 가장 실감있게 傳하여질 수 있을 것이다. 이는 크게 한국의 문화전통과 한국민을 英國의 그것과 英國民을 우선 연결지어 생각하는 논리와 같은 것이며, 요사이 신문지상에 자주 보도되는 가업전승의 사실 등은 그 좋은 실례인 것이다. 물론 후손 또는 그 집안이 아닌 사람을 통해서 전승도 가능하지만 후손의 맥박을 통하는 것이 가장 보편적 실직적인 捷徑일 터이고 이러한 의미에서 오늘날 文化財라 통칭되는 건물들도 역시 그 후손들의 품안에서 정성껏 아끼어질 때 實價値 以上의 그 무엇을 發揮하고 있는 것이다.

각 개인의 구체적 실천을 통해서만이 비로소 형성되는 위와 같은 민족전통에 대한 이해와 尊重은 타인의 서투른 설명이나 주입, 바꾸어 말하면 오류와 미비까지도 不少한 오늘날의 國史敎育 등으로서는 결코 이루어질 수 없다. 그것은 오직 국민 각자의 고전을 통해서의 그 실상에 대한 직접체인의 총화로서만 그 형성에 비로소 가능하다. 다시 말하면, 오늘날 우리들이 각자 자기 선대의 생활과 행적과 사고를 보다 큰 민족적 차원에서 긍정적으로 보든 부정적으로 보든, 如何間에 우선 오류와 부곡 없이 올바르게 실상대로 통찰, 知悉하고 그리하여 이를 마음속에서부터 이해, 외경하는 경지에 이르렀을 때, 거듭 바꾸어 말 하면 우선 각기 가족중심의 자기전통에서부터 확고한 信念과 긍지가 똑바로 수립되었을 때 비로소 민족전통의 확립과 그 전승이 가능할 것이다. 이같은 점에 관해서 다산 정약용은 일찍이 자신들의 押海丁氏族譜書에서 帝王家는 물론 일반 士庶人家일지라도 무릇 집이 있으며 반드시 선조가 있고 선조가 있는 이상 또한 필히 가법이 있게 마련이다.

그러므로 후손들은 堯舜이나 孔孟보다도 먼저 그 선대들이 남겨준 가법을 배우고 익히는데 급급하여야만 마땅하다. 이는 그 선대들이 堯舜이나 孔孟보다 나아서가 아니고 공맹들은 멀어서 배우고 본받기가 漠然한데 반해 선조들은 자신에게 아주 가깝고 생생한 본보기가 되기 때문이라는 뜻을 강조한 바 있다. 이 경우 필자의 뇌리에는 상기 김군의 딱한 사정이 저절로 상기되었다. 필자의 편견인지 모르지만 오늘날 우리들의 실정은 각기 선대로부터 이어받을 구체적인 전통이 그 무엇인가를 대략이나마 짐작하는 국민이 거의 없는 듯하고 더우기 그 先代를 정말로 이해하여 타인 앞에서 제대로 설명할 수 있는 이는 전무한 것 같다. 민족사의 자학도 이에서 더 심한 바는 없다고 하겠다.

필자의 拙見이겠지만 만약에 이제까지의 우리의 민족전통은 한마디로 특히 서양제국의 그것에 비해서 후진적인 것임이 분명하니, 이는 하루 속히 모두 없애버리고 지금부터 새로

이 民族의 자주적 전통을 확립시켜 나가는 것이 가장 바람직하고 그렇게 하는 데는 한글 전용만이 최고지선의 방법이라 한다면 나로서는 결코 이 주장에 동조할 수는 없지만 그런대로 윤리에는 맞는 주장인 것 같다. 그러나 지금의 한글 전용론자들과 같이 지나간 역사사의 民族文化와 그 얼을 되새기고 앞으로 이를 자주적으로 발전시키기 위해서 한글만을 전용해야 한다고 함은 민족문화와 얼의 실상이 모두 한문으로 된 고전 속에 수록되어 있는 엄연한 사실을 애써 외면하는 자가당착도 분수가 없는 언어와 문자상의 농락인 것이다.

무릇 만사를 수용하고 전수 받음에 있어서는 우리 각자가 직접 그 원동치에 부딪쳐 몸소 이를 관찰하고 다루어 마음으로부터 체득하는 방도가 가장 이상적이며 첩경이고 진리이다. 가사 퇴계 이황선생으로부터 도의에 관해 그 무엇인가를 배워 전수받고 자 할 경우 그 최상의 방법은 퇴계선생이 지금 우리들 앞에 나타나시어 직접 강론 시범해 주시는 길일 것이나 이는 절대로 있을 수 없다. 그러므로 그 다음은 선생께서 이 분야에 관해 몸소 저술해 놓은 원전을 찾아 우리 각자가 직접 독파체득하는 길일 터이다.

眞理가 이러하므로 오늘날 우리들은 中學課程 이상이 모든 후생들에게 영어를 비롯한 독·불·일어 등 선진 여러나라의 各 國語를 되도록이면 한자라도 더 배우고 깨우치고 익히도록 열심히 권장지도 교육하고 있다. 이 역시 궁극에 가서는 歐美文化를 그만큼 높게 평가하고 그럼으로써 우리의 후진들이 장차 상기 문자를 통해서 각기 그 나라의 선진문화에 직접 부딪쳐 몸소 체득수용할 수 있는 능력을 배양해주기 위한 努力인 것이다.

이는 결코 지금에 있어서 선진 여러 문화를 번역해 놓은 서책이 없다거나 또는 지금과 장래에 있어서 이를 번역해 낼 몇몇 요원 즉, 그 방면을 전공한 일부지식층 예컨대 우리 문화전통의 개발과 전수에 있어서 특별히 양성해야 한다고 주장하는 극소수의 이른바 국학자와 같은 존재가 없어서가 아니다. 이는 오로지 우리의 후진들로 하여금 타인이 해놓은 번역물이나 해설 따위를 통해서가 아니고 그들 자신이 직접 원문에 부딪쳐 몸소 관찰·체득할 수 있게 하기 위한 배치이며, 그래야만 비로소 그 문화의 진수를 남김없이 그리고 또 가장 효과적으로 급수할 수 있기 때문인 것이다.

아래에서 다시 언급하겠지만 번역물은 어디까지나 번역물이지 원전 그 자체일수는 없다. 우선 아무리 능숙한 번역 실력을 갖춘 사람일지라도 그 능력과 양심상에서 신이 아닌 이상 다소간의 오역이 없을 수 없고, 또 설사 一子一句의 틀림이 없는 완역물일지라도 그것을 독파한 효과와 원전자체를 직접 독파한 효과에는 그야말로 天壤之差가 있게 마련이다.

흔히 "번역물은 마치 환하게 비치는 커튼 너머로 아름다운 여인을 보는 것과 같다"라고 일컬어지는 바, 이는 아무리 완벽한 번역을 한다 해도 커튼 너머에 있는 여자 즉, 완전한 의미에서의 실체는 커튼의 장벽으로 말미암아 잘 만져지지 않는다는 비유이다. 크게 공감이 가고 깊이 吟味할 만한 語句인 것 같다.

번역물과 원전의 차이가 이러할진대 우리의 문화전통을 일부 국학관계지식층만이 아니고 널리 국민적 차원에서 모두 이해 전승케 하려는 방안에 있어서도, 다시 말하면 그 효과를 거두려는 오늘날 우리들의 실천에 있어서도 무엇보다도 먼저 이를 즉 민족전통을 담고 있는 고존에 대해 일반국민이 직접으로 접해서 몸소 이해 체득할 수 있도록 권장 배치 노력하여야만 마땅할 터이다. 이는 더 말할 나위도 없는 명백한 진리이며 사리상의 첩경이요 귀결인 것이다. 그런데도 일반국민은 우리 고전을 직접 읽을 필요가 없고 몇몇 국학자들만이 이 방면에 통달하면 可하다고 하는 논리는 종국에 가서는 우리의 문화, 전통자체를 서양의 그것보다 덜 존중시하고 가치없는 것으로 판정 · 비하 · 대우하자는 주장인 것이다. 아무리 겉으로는 우리 문화전통을 높이 평가한다고 주창하고 있지만 그 실상에 있어서는 위와 같이 우리 국민일반이 서양의 것은 原典을 통해서 직접 받아 들여야만 하지만 우리의 것은 반대로 번역물만을 통해서 간접적으로 받아들여야 옳다고 하는 주장에 불과하기 때문이다. 이 어찌 논리와 문자상의 撞著와 농단이 아니고 그 무엇이겠는가!

오늘날 우리들이 가정이나 직장에서 함께 일할 동반자를 구할 경우 중간에서 소개 하는 사람이 아무리 믿음직스럽고 평소 자기와 인물관 · 사회관 · 직업관 등 크게 말해서 넓은 의미의 가치관을 같이하는 사람일지라도 가정부나 잡역인 또는 신입사원정도는 그 사람의 소개와 추천만에 의해서 받아들여 채용할는지 모르나, 막상 子婦 · 婿郞 또는 重要社員 등은 누구든지 자신이 직접 면대해 관찰, 음미해 보려고 하고, 중간사람 역시 그 아무도 자기의 추천만에 의해서 최종결단을 내리라고 요구하지는 않을 것이다. 이같은 원리는 우리들의 구인에 있어서 최고 최대의 과업인 결혼상대자의 선정에 있어서는 더 말할 나위도 없다. 서양의 것을 받아들이기 위해서는 그 원둥치에 직접 대할 수 있게끔 일반국민에게 어려서 부터 영 · 독 · 일어 등을 열심히 배우도록 권장하면서 우리 선대들의 것을 전수받기 위해서는 일반국민은 처음부터 그 원둥치에 직접 의존토록 해야 마땅하다고 하는, 따라서 한글만을 전용해야 한다고 하는 주장도 종국에 가서는 이들 구인의 경우에 비유하면 서양의 것은 子婦 · 婿郞 · 중역이상으로 중요시 하되, 우리의 것은 잡부나 신입사원 이하로 소홀시한다는 논리에 지나지 않는다. 세상만사 그 어디에 자신이 직접 대해 보지 않고 남의 소개만으로 그 眞相을 把握하고 참 뜻을 깨달을 수 있는 것이 있는지 참으로 不可思議하기만 하다. 우리 선대의 것에는 직접 대해볼 필요가 없다고 주장하는 論理가 그 어찌 우리 문화전통에 대한 참된 崇慕이며 자주적 · 민족적 · 독립적 문화시책이겠는가! 정말 文字 그대로 論理상 事實上의 모순이며 일반국민을 얕잡아보는 戱弄인 것이다.

한자가 우리 고유의 문자가 아니고 外來文字이었음은 사실이다. 그러나 우리 민족은 문명의 始初로부터 이를 받아들여서 남의 것이 아닌 우리의 것으로서 이를 사용해 우리의 文化와 역사를 발전시켜 왔음도 또한 엄연한 사실이다. 인류의 모든 문화발전이란 원래 동서고금 그 어디에서도 서로 주고 받아들임으로써 이룩되는 것이다. 그 始源은 자기의 것이 아니더라도 이를 받아들여서 나의 것으로 하여 자신이 문화를 향상시키는 것이다.

오늘날 우리들은 그 아무도 예수교 · 양복 · 양식 · 양파 · 양약 · 양서 · 축구 · 야구 · 민주주의 · 장발 등등 이른바 門戶開放이후 이땅에 전래 되어 날로 盛行 · 발달하고 있는 온갖 문물을 우리의 것이 아니라고 認識하거나, 나의 것이 아니라고 대하지는 않는다. 우리의 종교에 우리의 복식에 우리의 예술에 우리의 운동에 더하여 이와 같은 것들이 새로이 첨가되어 민족문화의 내용을 보다 풍부하고 참신하고 國際的이며 다양하게 진전시키고 있는 것이다. 禮服의 경우 종래의 큰 옷 외에 새로이 서양식의 그것이 첨가되었을 따름이고, 따라서 이 두 가지는 모두 다 같이 앞으로 우리의 예복의 사상에 그 일부를 형성할 터이다. 한자 역시 이와 마찬가지로 수천년 전부터 이미 우리의 선조들이 받아 들여서 우리의 민족문화로서 사용하고 있는 것이다. 蛇足이지만 한편 아무리 선진의 외래문화일지라도 이를 받아들이는데 있어서는 愼重한 選別과 到底한 融會함이 없이 함부로 直輸入해서는 아니됨은 더 말할 나위도 없다.

우리의 문자가 없을 때 우리는 한자를 받아들여 이를 통해서 문화를 발달시키고 역사를 기록하였으며 나아가 이를 바탕으로 하여 우리의 독특한 한글을 창조할 수 있었다. 이는 무엇보다도 世宗大王이 訓民正音을 創製하는 過程에서 성삼문 · 신숙주 등 집현전학사를 요동으로 보내어 황찬에게 문의한 사실로도 명백하다. 바로 우리에게 피와 모든 문화유산을 직접 물려준 우리의 선조들이 유사이래 우리의 문자로서 계속 배우고 사용해 왔는데도 이를 그 어찌 남의 문자라고만 할 수 있겠는가? 거듭 말하거니와 우리의 것이란 다름 아니고 우리의 선조들이 우리의 것으로서 익히 사용하고 그리하여 후손인 우리들에게 물려준 바로 그것일 터이다. 오늘날의 아파트건축이 그 아무리 원래 서양의 것이었다 해도 우리 모두가 이를 지어 그 안에서 살고 이를 더욱 발전시켜 우리의 후손에게 물려주려고 하고 있는 이상 이는 이미 우리 건축의 일부이지 남의 것이 아닌 것이다.

외국에서 傳來된 바가 뻔한 감자나 고구마와 담배를 오늘날 우리의 곡물과 흡연물이 아니라고 생각하는 한국인은 한 사람도 없으며, 우리 모두가 우리 민족 별미의 하나로 손꼽는 김치 또한 筆者가 알기로는 그 중요성분의 하나인 고추가 이땅에 전래된 것은 壬辰倭亂 이후였다. 또 오늘날 우리들이 흔히 우리 국악의 일부라고 믿고 있는 아악, 궁중악 역시 元來는 중국에서 傳來한 것이었고, 수년전부터 전남 무안군 앞 바다에서 건져내고 있는 원, 송대의 중국 磁器를 우리의 국보로 지정하고 소중시하는데 그 아무도 주저하지 않는다. 그리고 가까이는 아버지와 할아버지 멀리는 10대 20대의 할아버지들이 애써 얻고 만들고 간직하여 우리에게 남겨준 온갖 文物과 그들이 記錄으로 作成하여 자가의 것으로 證明하고 보장하여 물려준 모든 재산은 빠짐없이 자기의 것으로 받아들이면서 심지어 그 문자로 보장된 所有權은 기어이 이어 받으려고 하면서 오직 그들이 사용한 문자만은 끝까지 자기의 것으로 이어 받을 수 없다는 논리는 아무래도 이해 납득되지 않는다.

한마디로 한자는 우리의 민족과 역사에 있어서 결코 외국 문자일 수 없다. 유사이래 수천년 전부터 바로 우리의 문자이었고, 그 일부로 동화한지 이미 오래인 터이다. 重言하는 느낌이 없지 않으나 우리민족이 앞으로 이른바 한글세대 이후에 이룩된 文化전통만을 간직하여 발전시켜 나가야 옳다는 주장이면 모르되 그렇지 않고, 우리 모두가 아득한 옛날로부터 이룩되어온 漢文으로 된 기나긴 우리 民族의 역사와 문화전통을 새삼 發掘하여 마음으로부터 전승해야 옳다고 主唱하면서 한글만을 전용해야 한다고 하는 주장은 우선 論理상의 分明한 撞著일 뿐더러 이로 말미암아 이미 나타나고 있는 온갖 허위와 왜곡과 불가능, 다시 말해서 지금 도처에서 현출되고 있는 여러 矛盾과 病弊를 애써 外面, 은폐하는 기만이요 籠絡임을 다시 한번 강조하지 않을 수 없다.

약간 감각이 다를지 모르지만 여기에 덧붙여 皮相的 역사적 국사교육 내지 원문해독을 背書한 고전교육으로 말미암아 오늘날 유물 · 유적 등 우리 문화재의 보호와 그 해설 및 이를 통한 문화전통의 傳承上에 나타나는 큰 폐단에 대해서도 불가불 다소 언급해 두지 않을 수 없다.

먼저 작금 전국 방방곡곡에서 수많은 문화유적과 유물들이 발굴 보수되고 있는데 이 과정에서 관계문헌과 자료를 최대한 끝까지 완벽할 정도로 수집 정리해서 그것이 활용되고 있는가가 문제이나 이는 우선 덮어 두기로 한다. 다음 그렇게 해서 개발된 유적과 유물들이 혹은 호국정신의 昂揚場으로 혹은 선대문화와 역사에 대한 숭모의 도장으로 관광의 목적까지 곁들어 널리 공개되고 있는데, 그 곳에 있는 해설이 그야말로 조잡하고 오류 투성인 점과 다시 그러므로 그 곳을 찾는 참관객들은 이른바 국사전공의 극소수 특수인들을 제외하고는 호국정신과 전통문화를 追崇傳承하려는 목적의 사람들까지도 그 곳에 있는 문자를 통해서 각자 心底로 부터 그 무엇을 體認傳承하려는 생각은 아예 하지 않고 기껏 경건한 자세로써 拜禮하고 감탄하고 讚揚하면 足하다고 믿고 있는 실정에 대해서다.

가령 멀리 통일시대 대선사의 공덕비나 不事二君의 忠節을 다한 麗末 鄭圃隱선생의 墓所 또는 거의 기적에 가까울 정도의 一大勝捷을 거둔 이충무공의 명량해전 현장, 그리고 한말의 여러 항일의병과 열사들을 모신 사당과 산소를 찾았을 때, 우리는 마땅히 그곳에 세워져 있는 비문이나 남겨져 있는 書冊등을 직접 읽고 음미함으로써 마음으로부터 그들의 崇高한 그 무엇을 感銘받아 전승 實踐함이 있어야만 이를 發掘 補修 參觀하는 意義가 진정으로 샘솟아 날 것이다. 그런데도 오늘날의 실정은 그 곳을 찾아 배우려는 사람은 말할것도 없고 이를 가르쳐 주겠다고 인도해서 온 사람이나 그 곳을 관리하는 사람 등, 그 모두가 온통 원문에서 한 구절도 접근할 능력이 전혀 없는 분이므로 그것을 읽어볼 것은 아예 생각조차 아니 한다.

뿐만 아니라 간혹 그 현장에 붙어있는 解說文 역시 그 설명의 要旨와 方向이 제대로 잡혀 있지 못함은 고사하고 誤字와 脫字가 이루 헤아릴 수 없을 만큼 많을 뿐더러 더우기 쉬이 해득하기 어려운 난삽한 한문原語를 무조건 한글로 이기만 해 놓은 것이므로 前後文脈이 도무지 통하지 않는다. 이러한 실정인 만큼 이를 읽어 볼 것은 아예 포기하고 기껏 관광 안내요원이 앵무새처럼 되풀이 하는 설명만을 귓전으로 들으면서 덮어놓고 감탄과 찬송과 拜禮를 연발하는 정도로써 그치고 있다.

이는 마치 오늘날 우리들이 무언가를 傳受받으려고 어느 스승이나 偉人을 찾아 갔을 경우 스승으로부터 직접 教示를 받거나 주위 사람들로부터 그 분들의 위대한 具體的 內容을 설명 듣는 바는 전혀 없이, 즉 한마디의 智識授受나 의견교환도 없이 그저 그들을 쳐다보고 拜禮하면서 감탄만 하고 돌아오는 것에 비유될 수 있다.

만약에 우리 선대들의 어떤 崇高한 정신이나 奧妙한 학문 그리고 위대한 업적 등이 후손들로 하여금 그 遺跡을 찾아 이에 拜禮하고 감탄하는 것만으로서 또는 관광요원의 안내 같은 것만으로서 진정 전승되어 질 수 있다고 主唱한다면, 이는 절대로 있을 수 없는 詭辯이며 허상의 극치인 것이다. 오늘날 성행되는 이른바 역사 현장을 통한 민족정신의 앙양이 그 얼마나 허황되고 내실이 없는 것인가를 여기에서 우리는 제3, 제4 강조하며 직시하지 않을 수 없다.

더우기 근자에 필자가 目睹한 바에 의하면 高等學校 이하의 각급 교사들이 이른바 鄕土史開發과 이를 통한 호국 내지 愛族精神의 鼓吹를 목적한 연구과제의 수행에 있어서 실지로 그들이 행하는 내용이란 향토소재 문화재에 관한 관련자료가 수 없이 많이 있는데도 해독능력상 이에 접근할 생각조차 아예 할 수 없으므로 기껏 여기저기서 잡다하고 단편적인 온갖 副次的 설명을 모아, 그중에서 상호 모순되는 것이 있는데도 아무런 咀嚼과 융회도 없이 그대로 학생들에게 전달하는 작업과 그리고 학생들을 그곳 문화유적현장으로 인도하여 그 주변을 淸掃, 정돈, 보호하거나 拜禮하는 것으로써, 심지어는 이를 매일같이 되풀이하는 것으로써 채워져 있고, 또 이같은 작업만으로서 충분히 所期의 성과를 거두고 있다고 믿고 있었다니 정말로 놀라움과 한심함을 금할 수 없는 실정이다.

거듭 말하거니와 이는 요컨대 한문으로 담겨져 있는 우리역사 전통의 찬양과 전승을 일반대중에게 크게 요구하면서도 실지로는 그 일반국민으로 하여금 그 원둥치에의 接近을 애써 斷絶시키고 있는데서 오는 폐막과 虛荒과 戲弄이다. 문화재의 해설과 관련하여 특히 본인이 겪은 기막힌 實例를 아래에 하나 더 添記해 두기로 한다. 필자는 평소 소위 인조의 癸亥反正(1623년, 서인 집권)과 관련하여 쉬이 답사할 수 있는 彰義門, 洗劍亭, 무악재, 녹번峴 외에 지금 서울시 은평구 역촌동 연신내 근방(예일여자중고교 부근)에 있는 인조 潛邸時의 遺基를 찾아보고 싶어 하였다. 그러던 중 거년에 마침 機會가 닿아 同行과 함께 그곳을 찾았는데. 이미 周邊에 많은 人家가 稠密하게 들어서 있지만 둥글고 조그마한 언덕위 碑閣안에 「仁祖潛邸時別墅(별서) 遺基」라는 遺跡碑가 分明히 서 있었다.

대충 周圍와 碑文을 살펴본 다음 筆者는 그곳에 붙어 있는 解說文중에 仁祖(당시는 綾陽君)가 계해년 3월에 주로 黃海道 地方에서 軍事力을 가졌던 이귀(李貴), 이서(李曙)와 그리고 최명길 (崔鳴吉), 영류(令瑬) ... 등과 손잡고 義擧(政變)를 일으켰다는 내용의 대목을 발견하고는 옆에서 같이 참관하던 관리인에게 영류는 김류의 잘못임을 설명하고 訂正하도록 忠告하였다. 그런데 뜻밖에도 그는 크게 화를 내며 이 해설문은 洞으로부터 市에 이르는 이러

이러한 關係要路人士(官吏)들에 의해 작성된 것인 만큼 틀릴 리가 없다고 受諾하기를 拒絶하면서 불쾌해 하였다. 필자는 再三 우리나라에는 俞이란 성씨가 없는 위에 이 解說文은 바로 여기에 있는 原碑에도 이러하지 않느냐고 그곳을 가리켰으나, 그는 자신은 한문을 모르니까 그런 것은 모두 알바 아니고 오직 관계요로의 지시만을 믿고 존중한다면서 某無柰何였다. 원문에 根據하여 정확히 解明해 주는데도 원문을 근본적으로 無用하다고 끝까지 외면하는 사람을 상대로 해서는 어찌할 도리가 없었다. 그들의 그러한 태도야말로 즉 우리 선조들이 사용한 한문을 무용시하는 태도야 말로 가장 자주적이며, 민족적 생활방식이라고 오늘날 단단히 교육받고 훈련되어 있는 것이다.

어쩌면 모든 것을 다 그만두고 現下 全國各地에 散在해 있는 문화재 해설문만이라도 그곳 관계인사들에게 조금도 기댐이 없이 힘닿는대로 바로 잡고 싶은 衝動이 불쑥 떠오를 정도로 위와 같은 현실예와 現象은 非一非再하다. 이는 오늘날의 우리 국사교육이 국민각자로 하여금 조금이라도 자력에 의해 내용을 探究確認케 하는 방향이 아니고 오로지 교사나 유명인사들의 說明에만 의존할 수 밖에 없게끔 引渡 하였으므로 일반국민이 그 주위에 있는 原史料는 처음부터 무용시하도록 만든데서 일어난 可恐할 弊端이다. 이리하여 문화재 해설문의 경우에 있어서도 擔當職員으로부터 과장 · 국장과 이 업무소관의 최고책임자에 이르기까지 그들은 근본적으로 일의 능률에 중점을 두는 행정관리이지 國學開發의 전문요원이 아니며, 또 전문요원일 수도 없는 만큼 해설문의 초안은 이미 있는 것을 利用하거나 아니면 周圍의 적당한 사람들에게 위촉해서 되도록이면 빨리 작성하려고만 든다. 이 경우 그들은 해설문이 틀리고 안 틀리고를 분별할 능력이 처음부터 없는 만큼 그러므로 설사 틀렸다 하더라도 이를 원문에 비추어서 바로잡을 힘도 없거니와 또 그 같은 의욕조차 거의 없는 사람들이다. 이 얼마나 통탄하고 가공할 현상이며 현하 우리 문화전통의 전승정책과 배치가 실지에 있어서 그 얼마나 허황된 물거품이 아니겠는가를 우리 모두 다시 한번 가슴에 손을 얹고 깊이 熱考 省察할 바인 것이다.

Ⅳ. 한국문화 전통의 실질적 개발과 한문원전의 해독

근자에 필자가 직접 경험한 사례를 하나 더 들어 보기로 한다. 역시 며칠 전이었는데 그날 따라 어떤 모임이 있어 외부에서 저녁을 먹고 늦게 귀가 하였더니 대학 때의 친한 후배인 K형이 시골에서 올라와 기필 만나야 하겠다고 여러 번 전화하고 끝내는 내일 그가 지정하는 장소와 시간에 꼭 나와 달라는 부탁이 있었다. 약간 사정이 있어서 좀 불편하였지만 조용히 생각해 보니 10여년전 얼핏 한두번 만난적이 없지 않으나 참으로 근 20년만의 邂逅인지라 미아리고개 너머의 지정장소로 다음날 어김없이 나갔다. 그간의 寒暄(安否)을 즐거운 實話로 나눈 다음 본론을 들어보니 용건인즉 그가 수년전부터 경남서북부의 어느 중학교 교장으로 있는데 이번에 6개월 코오스의 教育行政硏修過程을 이수하게 되었고, 그리하여 그 마무리로서 8월말 경에는 기필코 졸업논문을 제출해야 하는데 그 대비로서 우리나라 전래의 胎教에 대해서 論稿를 作成하고자 하는바 이 着想의 妥黨性 여부를 함께 검토하고 나아가 부당하지 않다면 이에 관한 자료의 蒐集 기타에 적극 협력해 달라는 요청이었다.

자유롭게 선택할 수 있는 연구과제로서 그 자신이 우리의 胎教를 설정케 된 까닭은 그가 그동안 교육의 제일선에서 실지 체험한 바에 의하면 오늘날의 국민교육 그중에서도 특히 그 人格陶冶面의 基礎教育으로도 가장 필요한 것은 예컨대 지금의 젊은 세대층에서 흔히 볼 수 있는 바와 같이 어떤 질의 우유를 매회 어느 분량씩 몇 시간 만에 정확히 攝取시킨다 하는것 등으로부터 시작하여 營養被服 등 발육과 정서 지능 등 교육면에 제일 효용도 높은 물질적 소재를 풍부히 마련하여 이를 합리적으로 공급하는데 주력하는 그의 분류와 표현에 따르면 다분히 문화적인 어머니의 配慮보다는 실지 양육에 충당되는 소재가 그 질과 량에 있어서는 비록 떨어진다 하더라도 誠心과 誠力을 다해 그야말로 정성껏 돌보고 쓰다듬고 진심으로 사랑하며 경우에 따라서는 그 자신의 犧生도 전혀 不願하는 그러한 어머님의 愛護와 입김, 그의 分類 표현에 따르면 다분히 문명적인 손길과 薫陶가 인간형성에 보다 절실히 요구되는 緊要事項임을 밝히어 主唱하고 싶은 衝動의 發露에서 말미암았다 한다.

그리고 이야기가 설왕설래하는 가운데 그는 또 수년전에 교포자제의 교육요원으로 몇 년간 일본에서 지냈는데 그동안 우리 교포사회에 있어서는 오늘날까지도 문화적, 역사적 전통이 단절되어 있어서 오직 형언키 어렵다고 할 실정인데 반해 일본인 사회에 있어서는 오늘날까지도 문화적 역사적 전통이 각계각층에서 진정 문자 그대로 자연스럽게 몸으로 연연히 계승되어 가는데 대해 깊이 감명 받았고 금세기에 있어서의 일본 국력의 놀라운 주장도 실상은 이러한 데에 그 저력이 있는 것 같이 느껴졌다고 하였다. 그 중에서도 특히 이를테면 주자학 · 인쇄술 · 도자기 · 정원분재 등은 분명히 그것이 우리나라를 거쳐 그들이 수입해 갔는데도 지금에 있어서는 오직 일본에만 존재할 뿐이고, 따라서 우리가 이같은 전통을 지금에 되찾으려면 부득불 일본으로 부터 역수입할 수밖에 없는 실정에 있다고 무척 아쉬워 하고 憤慨해 마지 않았다.

필자의 좁은 지식으로써도 胎兒에 대한 좋은 감화를 목적하여 임부가 그 마음가짐과 품행의 방정에 힘쓰는 태교야말로 우리를 포함한 동양문화에 있어서 人格陶冶의 第一步로서 오랫동안 심히 존중되어오던 바이며 또 이로부터 시작하는 어머님들의 일련의 보살핌은 그가 지적한 바대로 우선 우리들이 어린 과거를 회상할 때 저절로 호감이가고 마음으로 감동이 되는 어쩌면 우리들로 하여금 아무리 늙어가도 언제나 동심의 경지에 있게 하고 향수에 젖게 하는 친근한 존재임에 틀림없고 따라서, 그 교육적 효능을 오늘날의 기계적이며 물질만능적 세계에서 다시 한번 回顧 · 발굴하는 작업은 크게 有意義하다는데 전적으로 동의하였다. 그리고 우리 선민들의 태교에 관한 자료로서는 그가 착상한 바와 같이 우선 그와 나의 어머니들이 다같이 몸소 실천한 구체적 사례들로부터 시작하여 다시 그 연장으로서 우리들이 어릴적에 할머니와 어머니들로부터 흠뻑 받았던 그 손길과 보살핌의 실상들을 수집, 정리해야 하겠지만 이에 못지 않게 그 많은 우리 선현들의 문집 속에서 태교에 관한 구체적이며 생생한 기록 등을 조사, 수집하는 것이 훨씬 실증적이며 효율적이고 또 그것이 그다지 벅찬 작업이 아니라 함을 밝혔다. 그리고 현재 부녀층에 있어서의 태교에 관한 意識의 殘存여부를 측정하려는 목적에서 그가 기획하는바 각계각층의 부녀자를 상대로 하여 設問的으로 標本調査하는 이른바 현대의 사회조사학적 노력보다는 차라리 우리선민들의 태교를 이해하는 바탕으로서 당시 우리의 할머니들이 몸소 읽고 배웠던 女四書내측 곡례 등과 이에서 演繹 抄出하여 編纂한 각종 閨房書 등이 있었음에 주목하여 그 내용을 檢討, 이해하는 것이 훨씬 이(태교연구)작업의 첫 단계에서 선행해야 할 基礎이며 捷徑임을 충고하였다.

그런데 여기서도 선현의 문집과 여사서 등 각종 규방서가 한문으로 되어 있어서 그 자신의 실력과 시간으로는 도저히 감내할 수 없는 만큼 역시 필자가 그 원자료를 초출하여 이를 쉬운 말로 풀이하는데 상당한 정도로 助力해 주어야만 (다른 젊은이의 조력을 청하고 싶어도 그러한 젊은이가 자신의 주변에는 아주 없으므로) 그의 그 좋은 착상이 꽃필 수 있고 현실적으로 그에게 필요불가결한 卒業論稿의 작성도 매듭지을 수 있다는 결론이었다.

하지만 아무리 그가 설정한 방향과 範圍 안에서 내가 자료를 초출한다 해도 그리하여 構成되는 論稿는 이미 반 이상이 나의 主見과 趣向에서 좌우된 작품일뿐더러 한글전용론자들이 바라는 대로 몇몇 안 되는 漢文專攻者가 밤낮으로 不斷히 提起되는 이같은 일의 뒷치다

꺼리에만 몰두하고 있을 수도 없거니와 또 몰두해서도 안되는 형편에 있다. 그러므로 오늘날의 현실은 한마디로 태교고 무어고 간에 모든 분야에 있어서의 우리 선민들의 전통에 관한 發掘과 연구는 이른바 소수의 국학자들만이 不可不 獨擔해야하고 상당 수준의 一般 知識層조차 여기서는 아예 疎外 斷絶당하고 마는 結果를 빚고 있는 實情이다.

그와의 대화에서는 더우기 茶道 磁器 庭園術에 관한 傳通이 지금에 있어서 우리나라에 존재하지 않음은 사실이나 적어도 지금으로부터 1세기 이전 바꾸어 말하면 이른바 近代化의 물결이 이 땅에 거세게 밀어닥치기 전까지는 그것이 연연히 존재하였고 따라서 지금에 있어서도 우리의 誠力만 있다면 비록 散發的이고 斷片的기이는 하나 여기저기 文獻에 收錄되어 있는 우리의 자료를 통해서 일본을 통하지 않고도 능히 再現傳承시킬 수 있다는 사실을 그에게 納得 시키기란 여간 힘드는 일이 아니었다.

이 대화중 필자의 뇌리에는 국학에 종사하는 우리들에게는 무한의 寶庫임에 틀림없는 서울도서관이나 국립도서관에 收藏되어있는 수십만권의 우리의 고전이 오늘날에 있어서 그 주인이며 또 주인이어야 하는 일반국민들에게는 하나의 버려진 보물 쓸모없는 문화재로 밖에는 다시 말해서 적어도 이를 직접 뒤적여 보고 이용한다는 뜻에서는 아예 상관이 없는 존재로 밖에는 그림의 떡과 같은 存在 이상으로는 비쳐져 있지 않다는 사실을 분명히 認識하였다.

그리고 오늘날 유행하는 몇몇 국사서에 나와 있는 事實 외에 우리의 선대가 행하고 남긴 思索과 事蹟과 문화가 無盡藏하게 기록상에 남아 있는 데도 (실상은 지금 알려진 것이 몇만분지일에 불과하고 안 알려진 것이 대부분이다) 상당한 지식층들 조차 이를 거의 상정조차 못하는 실정에 있음도 다시 한번 인식하고 심히 우려하며 슬퍼하지 않을 수 없었다.

위에서 본 바와 같이 자기의 선조를 직접 알고자 한다든지 과거 우리 문화전통의 특수분야를 자진 발굴하고자 하면서 벽에 부닥쳐 어찌하지 못하는 事例는 얼마든지 거론할 수 있다.

근자에는 國史學專攻을 목적한 이가 아니고 각 專門科學분야의 學徒 중에서도 한국의 정치사 외교사 사회사 경제사 농업사 등 큰 과제만이 아니고 로키트火器 弓矢 격구 拳道 식품 色素 등 온갖 분야에 까지 정말 자진해서 興趣를 갖고 손대고 싶어하는 젊은이들을 많이 만나고 그럴 때 마다 그러한 능력이 전혀 없음을 서로 탄식한 적이 한 두번이 아니다.

이와같이 한국고전에 대한 解讀能力은 극소수의 국학자들만이 아니고 여러 전문분야의 일반지식층에서도 어느 정도는 보유하고 있어야만 우리의 문화전통 다시 말해서 우리 선대들이 남겨놓은 그 많은 사유(思惟)와 사업과 문화를 모든 면에서 유루(有漏)없이 오늘날에 있어서 재발견 재발굴하여 그 진상과 진가를 올바르게 단명할 수 있을 것이다. 이같은 實例를 하나 둘 더 들어 보기로 한다.

필자는 년전에 우리나라의 火藥兵器의 전래와 그 발달에 대해서 文獻中心의 硏究를 다소 遂行한 바 있다. 그 중 世宗代에 나타나는 火器種類의 하나로 走火라는 것이 있었는데 전후의 문맥으로 보아 그것이 碗口 · 銃筒 등 火器, 그 자체인 것 같기도 하고 한편 將軍箭, 皮翎箭등과 같이 화기에서 발사되는 발사물 같기도 하여 심히 분간하기 어려운 위에 "走火箭은 中神機箭箭과 같다"는 기록까지 있어서 이 사실을 脚註로 주기해 두었다. 그런데 수년을 지나 蔡某라는 청년이 찾아와 자신은 대학의 물리학과에 적을 두고 로키트에 대한 이해가 어느정도 이루어지니까 다른 모든 분야의 학자들과 같이 자기도 우리나라에서의 로키트 발달은 과연 없었는가 하는데 관심이 쏠리게 되고 그리하여 혹시나 하는 기대에서 필자의 논고를 구해 읽었는바 상기 주화가 자신의 생각으로는 바로 로키트임에 틀림없다고 생각되었다는 것이다. 그러면서 로키트야말로 곧 발사기구인 동시에 발사물이 아니냐고 나에게 설명을 가하면서 이에 관한 모든 자료를 되도록이면 많이 그리고 소상히 제시 해설해 달라고 청하였다.

순간 필자의 뇌리에도 주화라는 명칭부터가 날아가는 로키트를 형용한 것이구나 하는 직감이 떠오르면서 어떤 感奮같은 것을 느꼈다. 이에 필자는 감사하는 그에게 필자가 당시 주화에 대해 위와 같이 주기해 놓은 것은 지금과 같은 성과를 기대해서가 아니고 단지 文獻學徒로서 얼핏 전후에 모순되어 보이는 잘 이해되지 않는 대목을 분명히 지적해 둠으로써 학자란 우선 실수를 저질러서는 안된다는 심정에서였음을 솔직히 밝히었다. 그 후 그는 수집된 자료를 바탕으로 하고 이 방면의 전문지식과 많은 노력을 경주하여 주화류가 로키트임을 분명히 밝혀내고, 나아가 문종대에 감히 만들어진 화차는 바로 중신기절 즉 로키트를 많이 탑재하여 연속 발사하는 新銳武器였으며, 다시 우리 민족은 세종대에 이미 走火를 보유함으로써 세계로키트사상 3~4번째로 먼저 보유한 나라에 위치하고 있었음을 분명히 밝히는 등 그야말로 다대한 연구성과를 거두어 세상에 公表하였다.

이 경우 아무리 필자와 같은 국학자가 주화에 대해 상세히 주기해 놓았다 하더라도 이 방면의 전문가가 이를 돌보지 않았다거나 또 보았다 하더라도 그가 한글 전용론자들의 이상대로 한문에 대비해서는 일자일구도 해득 못하는 문맹이었다면 또는 상기 주기를 (주화),

(중신기전) 등 순한글로만 表記해 두었다면 위와 같은 우리나라에 있어서의 로키트발달이란 중요한 대목은 아직도 밝혀지지 못하였을 것이고, 그리하여 로키트발달에 있어서는 우리의 선민들이 선진이었는데도 오늘의 우리들은 무조건 이를 무시 卑下하고 도리어 그렇지 못했던 남의 조상들을 선진적이었다고 심히 우러러보며 羨望해 마지않고 있을 터이다.

이와 관련하여 여기서 또 하나 밝혀두고 싶은 바는 현 우리나라 魚類學界의 大家이며 元老이신 鄭文基박사의 魚類學關係古文獻의 수집, 정리작업에 관해서이다. 博士에 따르면 우리나라의 물고기는 그 종류만도 굉장히 많아서(전 세계적으로는 약 2만), 이를 제대로 연구하기 위해서는 다른 학문분야에서와 마찬가지로 먼저 우리나라의 여러 典籍(古文獻) 속에 수록되어 있는 이 관계의 모든 기록을 수집 정리해야 하고, 그렇기 때문에 자신은 평생을 두고 이에 열중한 나머지 이미 單行本으로 30권 분량의 관계자료를 모았으나 아직도 이는 전체분량의 70% 정도에 불과할 것으로 짐작되어 남은 여생마저도 아낌없이 이에 바칠 것이라 한다.

그리고 박사가 이 같은 작업을 전개한데는 (日本古事類苑)의 영향이 컸는 바 日本古事類苑은 일본의 이른바 명치유신(1868년) 이전에 이룩된 모든 고문헌자료를 각분야로 나누어 일목요연하게 정리해 놓은 지대한 책으로 정부가 주동이 되어 전국의 학자를 총동원하여 莫大한 인력과 재력과 세월을 쏟아서 이룩한 編纂物이다. 즉 일본에서는 이미 어느 학문분야에서도 그 관계의 古文獻 資料를 다시 말하면 역사상의 자기네들 문화전통을 일단은 총망라해서 마무리 지은 다음에 서양의 새로운 학문을 수용하도록 그 기반을 조성해 놓았다. 그러므로 예컨데 어류학분야에서도 우선 고사류원의 동물편을 살핌으로써 이를 발판으로하여 출발서부터 성실하게 자기네 일본의 문화전통을 발굴 체계화할 수 있게끔 해놓은 셈이다.

그런데 지금에 있어 우리도 일본 고사류원과 같은 것을 편찬한다고 할 경우 정치 경제 군사 과학 예술 등 오늘날의 그 많은 각 분야의 전문학도들이 한글 전용론자들의 주장대로 한자를 전혀 해독할 수 없어서 아예 이 작업에는 참여하지 못하고 몇몇 안되는 이른바 국학자들이 이에 종사한다고 하면, 다시 말해서 국학자들의 성의와 안목과 지식만으로써 이 작업을 진행시킨다고 한다면 과연 이루 헤아릴 수 없이 많은 우리의 고문헌에서 각 전문분야의 자료를 빠짐없이 추출하여 제대로 정리할 수 있을가가 우선 문제이다. (일본에서는 지금도 그러하지만 명치시대로 거슬러 올라갈수록 각전문분야의 학자들 역시 상당한 수준의 漢文素養을 갖추고 있었다) 또 어느 정도 문헌자료의 분야별모집과 정리가 국학자들에 의해 그런대로 이루어졌다고 하더라도 이를 이용하는 전문학도들이 그 원자료를 해독할 어학실력을 전혀 갖추고 있지 못하면(이 경우 흔히 그 자료를 번역해 놓으면 된다고 하지만 下述하는 바대로 단순히 문자를 옮겨놓는 것이 아니고 진정한 의미에서의 번역은 그 자체가 이미 상당한 수준의 관계 전문지식을 갖추고 있어야만 가능하다). 예컨대 한문고전을 직접 해독할 수 있는 정박사가 "玆山 (黑山島) 御譜" (다산 丁若鏞의 仲兄 丁若銓著)를 分析하여 그 중에서 한국어류학의 분류나 形態상에 緊要한 전문사항 등을 抽出해 평가체계화하는 바와 같은 業績이 과연 이루어질 수 있겠는가 심히 疑心된다

학문의 세계는 그야말로 精緻 嚴酷 하며 때로는 심지어 영적인 계시에 의해서 순간적으로 그 무엇을 선득 깨닫게도 된다. 그러므로 학문상의 성과는 오직 오랜 시일에 걸쳐서 넉넉한 기반을 갖추어 그것을 追求하려고 온갖 정성을 기울여 原資料에 직접 부딪쳐 몸부림 칠 때 또 이러한 사람들에게만 비로소 創造的이며 결정적인 그 무엇이 얻어지게 마련인 것이다.

그런데도 기본적으로 道德이나 語文學 및 歷史學등을 追求하려고 하고 그 외의 것에는 문외한임을 자처하며 또 그래야만 마땅한 소수의 몇몇 국학도 의해서 각전문분야에서의 우리 역사상의 알맹이가 빠짐없이 再發見되고 再創造될 理는 절대로 없다.

거듭 밝히거니와 우리의 문화 전통은 한문으로 된 고전속에 수록되어 있는 엄연한 현실 앞에서도 일반지식인층을 그 고전으로부터 굳이 隔離시킨다면 그 결과는 위에서 본 바 태교 로키트 어류학 등과 그리고 오늘날 자주 논란되는 우리의 옛 건축과 조선학을 비롯한 모든 전문 분야에서 우리 선민들이 이룩해놓은 그 많고 훌륭한 업적과 유산은 불행하게도 부득불 그 전문분야에서는 전혀 生踈하고 門外漢인 몇몇 국학자들만에 의해서 독점당하고 그리하여 본의 아니게 무조건 은폐 무시 농단 歪曲 당하고 있을 수 밖에 없게 될 것이며 또 지금 실지로 그 같은 可恐할 現象이 恒茶飯事로 不斷히 현출되고 있는 것이다 이같은 여건 하에서도 그 어찌 우리 문화전통에 대한 창조적이며 실질적인 發掘이 가능할 수 있을 것인가를 우리 모두가 구두나 문자상의 卓上空論이 아니고 정말 가슴 깊이 敬虔하고 眞率하게 愼思 熟考 해야 마땅하다고 强調한다.

이같은 문제에 대한 보다 상세한 논술은 다른 기회로 미루기로 하고 여기서는 하나 더 이 수삼년내 우리 周圍에서 크게 읽히고 있는 大望이란 日本歷史小說서(번역서)에 대해서 잠시 언급해 두고 싶다.

16세기에서 17세기에 걸쳐 일본에서 江戶幕府라는 새 정권을 창건한 德川家康이 오늘날 전기체 의 역사소설서 30여권으로 엮어질 만큼 정말 履歷이 풍부하고 충실한 위대한 인물이었는가 함은 우선 論外이고 필자가 여기서 애써 분명히 지적하고 싶은 바는 그 무렵의 우리나라 즉 선조에서 광해군시대에 걸치는 우리나라 안에서는 그만한 인물이 다시 말해서 수십권의 전기로 엮어질만한 큰 인물이 과연 없었는가 하는 사실이다 한마디로 德川家康은 그 실상도 큰 인물이었지만 그에 못지 않게 지금의 그 후인들이 그를 30여권의 분량으로 엮을 만큼 고전을 비롯한 모든 자료를 총동원해서 깊이 발전하고 연구하고 다툰 결과이며 일반 독자층 또한 그 언저리의 분위기를 그만한 수준으로 이해할 수 있기 때문이다.

이에 반해 그 당시의 우리 인물로서 불과 數三卷의 분량으로 재미있고 충분한 내용으로 다루어져 있는 전기상의 인물이 없는 현실은 인물상에도 약간의 차이는 있을지 모르겠으나 요컨대 그만한 큰 인물이 없어서가 아니고 지금의 우리 후인들이 그 무렵의 시대와 인물 더 사실대로 말하면 당대의 우리 역사와 문화 특히 이 언저리의 고전전반에 대해서 德川家康의 경우 만큼의 발굴과 연구 관심과 수준에 도달해 있지 않기 때문인 것이다.

어찌 보면 오늘날 자라나는 신지식층은 그 동안의 어문정책의 큰 잘못 즉 漢字文盲化로 말미암은 犧牲者가 되어 버려서 결과적으로 몇몇 안되는 이른바 국사 내지는 국고관계학자들에게 선대의 문화전통에 관한 한 함부로 농단하고 있다 하여도 과언이 아닐 것 같다.

이는 마치 오늘날 일반국민에게 세종대왕은 국토를 擴張하고 민생을 안정시키며 모든 制度를 정비하고 온갖 문물을 발명 개량하였을 뿐더러 한글創製로써 表象되는 바와 같이 민족의 自主性을 드높인 그야말로 不世出의 聖君이니 대왕을 崇慕하고 연구해서 무언가 배우고 傳承하라고 감히 勸奬하면서도 대왕을 민중앞에 널리 내세워 국민각자로 하여금 각기의 趣向과 필요와 專攻에 의해서 前後左右 어느 곳에서나 마음대로 觀察하고 어떠한 각도에서 자유롭고 상세히 상호 문답케 하지는 아니하고 무조건 세종대왕은 주로 한문으로 된 서책을 읽고 그 意思와 업무를 한자로 記錄해 놓았으니 (세종대왕하면 흔히 한글을 創製하였으니 한글 전용론자같이 인식하기 쉬우나 실상은 그는 오직 한문서적을 통해서 공부하여 그토록 거대한 성군이 되었으며 또 諸般政事를 직접한문으로써 시정하고 기록하였던 것이다.

그가 남긴 문자 중 한글로 된 것은 訓民正音 釋譜詳節 月印千江之曲등 극히 소수이고 그 전체는 한문으로 된 것이다. 이같은 진상은 무엇보다도 오늘날 163권 67책으로 전하는 세종대왕실록을 통해 누구라도 쉬이 짐작할 수 있다) 여러분은 대왕을 직접 觀察하거나 相互

對話해서는 안된다 고 강조하면서 검은 帳幕뒤의 무대안으로 딱 감추어 두고 몇몇 사람들이 즉 이른바 국학도들 만이 그 안에 대왕을 살펴보면서 자신들의 취향과 민중들의 질문에 좇아서 심히 斷片的이고 皮相的인 묘사와 설명만을 멋대로 恣行하고 있는 바와 다를 바 없다고 하겠다 이같은 事例는 비단 세종대왕뿐만 아니가 우리의 모든 선민과 문화전반에 다 같이 적용할 수 있겠지만 요컨대 배우고자 하는 전승하고자하는 대상을 굳이 공개하지 않고 몇몇사람만이 독점하는 방도가 그 어찌 정도이며 효율적인지 나와 같은 魯鈍 으로서는 도저히 이해할 수 없다.

세종은 온통 한문으로 공부하고 한자로써 모든 생활을 영위하였는데도 그 한자는 漢민족의 문자이며 외래의 문자이므로 우리 韓민족으로 서는 일상생활에서 한 자라도 익히고 사용하면 곧 비자주적 비효율적 사대주의적 행위라고 한다면 문화형성의 基礎인 文字生活에서 그 같은 한문을 전용 하다시피한 세종은 처음부터 우리 민족으로서는 위대할 것도 성군일것도 자주적일 것도 없는 인물이었다고 논단해야 마땅하며 또 그래야만 논리상의 愚弄이 아닌 것이다.

문자를 비롯한 모든 문물은 남의 것을 받아들여 내 것으로 할 수도 있고 내것을 남에게 주어 그들의 것으로 하게할 수도 있다. 이것이 이른바 문화의 교류인 바 크게는 사상 정치로부터 적게는 의 · 식 · 주 운동 오락에 이르기까지 세계 고금의 어느 문물도 크게 범주에서 벗어나는 것이 없는 것이다.

이 경우 특히 내것 보다 선직적이며 深層的인 것을 도입 수용하여 동화시키기 위해서는 보다 적극적이고 열성적으로 나서야함은 더 말할 나위도 없다. 우리 선조들은 일찌기 歷史創造의 시초로부터 한자를 도입하여 (실상은 漢字文化라는 先進文化를 도입함으로써 역사를 창조하기 시작하였다고 함이 더 적절할 듯) 이후 수천년 동안 이를 자신의 문자로서 사용하여 높은 문화를 이룩하고 이로써 그 문화를 기록하여 우리후손에게 유산으로서 물려주었는데도 다시 말해서 유사이래 우리의 것으로 不斷히 사용해 왔는데도 이를 즉 우리 선민들의 것을 소중히 가꾸기는 고사하고 굳이 외래문자운운하면서 일방적으로 排擊만 하니 정녕 딱하기 그지없는 실정이다. 이는 여러 각도에서 좀 더 깊이 검토 논란해야 할 과제이나 위에서는 우선 이로 말미암아 현하 우리 주변에서 허다히 나타나고 있는 우리 역사 전통에 대한 인식과 그 전승에 있어서 不實과 허황과 歪曲 농단이 함부로 연출되고 있는 可恐할 事態를 몇가지 예를 들어 특히 지적 강조해 본 셈이다.

국사학자 역시 인간인 이상 우선 그들의 안목과 지식에도 편견과 오류와 부족이 없는 완벽만이 있을 수 없다 더우기 그들이 택하는 연구과제는 따라서 그들이 펴는 국사지식의 범위화 소재는 그들의 개인적 기호와 필요에서 緣由한 偏重과 제약에서 벗어날 수는 없는 것이다. 우선 수만수십만권에 이르는 우리의 고전 속에 담겨져 있는 우리 선민들의 문화와 事蹟이 많아야 600페이지 정도의 현행 國史概說書에서 遺漏없이 제대로 다루어 질 수는 絶對로 불가능하다 현행국사서에 씌어 있다고 해서 지나간 우리민족의 역사에 반드시 그러한 사실 만이 있었다고 또는 없었다고 速斷함은 絶對로 금물인 것이다. 그리고 지금은 국사서에 有意義하게 높이 평가되었거나 沒價値 하게 시대와 장소를 초월하여 일정불변하게 그렇게만 一邊倒로 규정지어질 바도 아님은 물론이다.

要는 국민 각자로 하여금 古典에 부딪쳐 직접 이해케 하는 길을 되도록 普及하는 方途만이 우리의 국사 다시 말해서 우리 선민들의 생활과 思考와 사업을 실상 있었던 그대로 온갖 범주에 걸쳐서 더 適切히 말하면 국민각자가 각기 제나라의 관심과 필요에 따라서 모든 對象에 걸쳐 제대로 發掘 연구 體系化하여 傳承시킬 수 있게 하는 것이다.

여기서 덧붙여 꼭 하나 더 언급해 두어야 할 것은 한글 專用論과 넓은 意味에서의 國學振興 및 文化財 保護運動과의 관련에 대해서이다 특히 1970년대에 접어들면서 일반적으로 국학개발과 전통문화재의 애호운동이 사회와 國家旅策의 一環으로 크게 强調되게 된 것은 심히 다행하고 환영할 바이다. 그러나 그 實際에 있어서는 이를 擔當(입안 내지 보집하고 있는 행정관리를 비롯해 관계인사들이 이 방면에 대해 전문적 지식이 없음은 고사하고 거의가 門外漢이므로 해서 따라서 그들은 앞으로 뻗어나가고 싶은 부서는 딴 방면인데도 不得不 일시 이에 從事하고 있음으로 해서 여러 가지 弊端이 그 중에서도 특히 사업추진에 대해 근본적으로 열의가 缺如하고 그러므로 所管業務를 되도록이면 적당히 얼버무려 버리려는 拙速이 수없이 나타나고 있는 실정이다.

오늘날 국학진흥과 文化財保護를 목적으로 한 여러 施策(立案)은국민의 與論이나 고위층의 指示를 바탕으로 해서 문교부와 文化公報部등 官에 의해서 主動되게 마련이다 그런데 각종 事業의 내용을 최종적으로 결단짓는 관계장관은 더 말할 나위도 없고 (안건이 국회에 회부 되었을 경우 담당 常委의 委員및 委員長등과 係員에 이르기까지 즉 이른바 모든 정치가들 또한 이와 大同小異하다) 그 以下의 局長과 課長과 係長등 관들은 거의가 원래 넓은 의미의 정치가 내지 일반 행정가들이므로 대학과정에서 국학전공학과의 출신들이 이방면에 진출해 있다든지 더 나아가 國學出身者들만으로써 上記 여러 職責이 擔當(補任)되어 나아가 국학출신자들만으로써 상기 여러 職員이 擔當 補任(보임)되어 있다면 이는 결코 바람직한 現象이 아니다.

행정부서의 各級官吏는 一般的으로 行政 · 司法 · 外務技術등 각종의 國家考試에 合格한 官僚지망생들로서 補任 되어야만 마땅한 順理(正道)임을 더 말할 나위조차 없는데도 그들은 거의가 大學課程에서는 國學關係가 아니고 주로 法政 經商 工學系統을 專攻한 一般學徒인 것이다 그러므로 그들은 國民學校로부터 大學을 卒業하는 全修學課程에 있어서 始終一貫 한글 전용론자들의 철저한 愛國論에 희생되어 우리의 한자와 고전을 한자라도 배워 알아서 사용하면 곧 非民族的 非自主的 非愛國的이라고 단단히 교육받아온 사람들이다 그런 만큼 행정관사로 진출한 후 어떻게 하여 막상 국학관계 의 업무를 담당하게 되면 우선 업무와 관련하여 평소에 아무런 기반과 趣向과 소명감을 갖추고 있지 못하므로 업무내용을 쉬히 짐작할 수 없고 그러므로 그들은 좋은 의미에서 (良心的으로) 이같은 업무에는 자신이 어떤 면에서나 適格者가 아니라고 생각하여 되도록이면 빨리 그 자리에서 물러나 다른 부서로 옮겨가기만 바라게 된다. 그런 만큼 그들은 담당업무에 대해 처음부터 無氣力하고 受動的이며 非熱誠的일 수 밖에 없다.

政策立案과 業務執行責任者들이 국학관계의 전문인사가 아니라는 이 難點을 補完하는 妙方으로서 흔히 관계전문인사와 그간에 업무를 實題擔當하였던 실무자들로부터 意見을 收合해서 反映하면 足하다는 대안이 主張된다. 그러나 이 경우도 우선 자신들이 漢字부터 한자도 모르니까 그 업무에 관한 지식이 너무나 희박한 위에 평소에 전혀 관심이 없었던 만큼 諮問을 구할 전문인사의 招聘부터 철두철미 타인의 推薦에만 依存해야한다 더우기 그리하여 초빙한 전문인사 및 실무자들의 설명과 計劃을 들어도 얼른 제대로 이해할 수가 없을 뿐더러 근본적으로 장차 이 방면에서 크게 활동하여 두각을 나타낼 意欲이 아니므로 자신의 온갖 지혜와 誠力을 다해서 사업을 완벽하게 추진해 나갈 姿勢를 取하지 않게 됨은 당연한 理致이다. (그들은 거의가 관계자료나 해설문의 원고를 자진해서 한번 읽어 보려고도 하지 않을 만큼 비전문적이며 非意慾的이다).

그러므로 사업을 둘러싸고 전문인사 및 실무자들과 각급의 담당 책임자들과의 사이에는 언제나 그 基本計劃과 업무집행상에서 적지 않은 方向感覺및 意見에 對立과 심지어 正面衝突이 없을 수 없고 그리하여 전문인사는 전문인사대로 담당 책임자는 책임자대로 서로 안타까

워하며 不滿足하기만 한다 우리들은 다같이 現下 進行되고 있는 고전의 蒐集 復刊 國譯과 연구 및 문화재의 보수 등 온갖 국학관계사업의 推進內容을 그 중에서도 특히 관에서 主導되고 있는 사업의 실제내용을 냉철히 들여다 보고 엄밀히 검토할 필요가 絶對的으로 있다.

그렇다고 전문인사가 장관 국장 과장 계장등 학급당당관이 최종적으로 책임지는 관계사업의 규모와 진행과 예산을 諸般을 결정짓는 정책회의에 그 분신상 직접 참석할 수도 없거니와 設使 참석하여 그의 발언을 토대로 사업내용이 골격지워졌다 하더라도 이후의 집행과정에서그대로 시행되기 어렵다. 더우기 이를 바탕으로 한 사업추진에 있어서 행정상으로 어떤 책임 문제가 提起되면 궁극에 가서는 전문인사가 그 책임을 자진해서 제아무리 지려야 질수도 없고 합격책임자가 면하려야 免할 수도 없는 것이다. 그러므로 擔當官들은 되도록이면 사업의 실질내용보다는 무사안일하고 기일엄수와 회계처리 등에서 행정상에 하자가 없고 외면상으로 宣傳效果가 큰 방향으로 일을 추진하려고 하고 불행히 잘못될 경우에도 어떻게든지 자신의 책임이 가벼울 수 있는 방향으로 집행하려드는 것은 무리가 아닌 것이다.

이는 逆說的으로 말하여 정계나 관계 사업계 언론계 등 여러 분야로 진출하는 우리의 유능한 인재 들이 모두 한문에 대해 어느 정도의 기반실력은 갖추고 있어서 그 누구든지 국학관계시정을 맡아서 遂行해도 무리함이 없고 그리하여 그 모두가 한번쯤은 이 방면에서 종사하기를 원하는 그러한 정도가 되어야만 다시 말해서 국학관계사무도 일반 업무와 별달리 동떨어진 것이 아닌 보편적성질인 것으로 대할 수 있어야만 비로소 진정한 의미에서 그 발전과 내실을 이룩할 수 있는 것이다.

결론적으로 말하여 오늘 날의 한글전용론자들의 주장대로라면 국학분야의 施策에 관한한 각급 부서에서 이를 책임져야할 담당관으로는 이 방면 업무를 담당할 기초실력이 특히 어학실력이 근본적으로 결여되고 있는 비전문인사만이 補任될수 밖에 없고 그리하여 그들은 어떻게든지 그 자리에서 곧 벗어나려고 원하는 사람들만이라는 결과를 빚고 말것이며 현실 또한 이를 實證하고 있다. 이러고도 그 어찌 국학의 실질적개발과 전통의 체험적 전승이 국민적 차원에서 이룩될 수 있겠는가!

비단 관청뿐만 아니라 오늘날 국영기관과 각종 기업체 그리고 여러 사회단체에서도 국학관계의 연수 내지 文化財保護旅策 등을 활발히 講究推進하고 있음은 크게 환영할 바이나 여기서도 이 부서를 담당하는 인사들은 그 거의가 처음부터 이러한 일에 종사하려고 마음먹은 사람들이 아니었음은 더 말할 나위도 없다. 더 정확이 말하면 상기 여러 단체에서의 講

成員도 대부분 한글 전용론으로 철저히 훈련받은 인사들만이므로 그 안에는 원래 국학 관계의 전문인사가 있을 수 없고 그러한 만큼 그 업체 본래의 직무에는 좀 밀려 났거나 아니면 퇴임에 가까운 인사들이 閑職으로 부득이 맡고 있는 실정이니 그 실질적 성과가 어떠하리라는 것은 누구나 쉬이 짐작하고도 남음이 있다.

한글 전용론자들도 국민중 일부지식층은 한문을 배워서 이에 이에 통달해 있어야 한다고 주장한다 그러나 국민대중에 뿌리박지 않고 바꾸어 말해서 흔히 지적되는 바와 같이 한문교육 내지 사용의 底邊擴充이나 이에 종사하는 인구의 증대없이도 어떻게 하여 이 방면에서 통달하는 일부지식층이 輩出될 수 있는가가 정말로 의문이나 이는 차치하더라도 그들이 말하는 일부지식층의 範圍가 우선 문제이다. 3,500만에 달하는 현 우리 남한인구중 크게는 1,000만 이상에서 적게는 100만 10만 1만이하도 일부라고 표현될 수 있을 것이다.

그러나 필자의 愚見으로는 적어도 중, 고등이상 내지 아무리 적게 잡아도 대학에서 수학하는 사람들까지는 저들이 말하는 일부지식층이란 범위속에 包含되어져야만 마땅하리라 생각된다.

왜야하면 우선 인구비례상에서 총인구 3,500만의 몇 十분의 一에도 훨씬 미달할 것으로 추정되는 대학생 이상은 이미 포함되어져야만 일부라도 指稱될 수 있기 때문이다. 듣건대 작금에 크게 문제되고 있는 公害에 있어서도 한강수질의 수은오염도의 경우 0.005PPM 以上이 그 分岐點이라고 한다. 이는 바꾸어 말하면 0.005PPM 以下일때는 한강수가 수은으로 전혀 오염되어 있지 않아서가 아니고 그 정도로 우리의 인체나 생물에 별다른 영향을 미치지 않는다고 즉 무공해로 간주하여도 無效하다는 이야기이다.

이와 같이 한문을 해독하는 일부지식층도 全體人口의 십분의 일 정도는 되어야만 비로소 일부지식층으로서 어떤 작용이나 영향을 미칠 수 있지 그 이하일 경우에는 있다손치더라도 실상은 없는 것과 마찬가지의 존재일 수 밖에 없다. 우리 전체인구의 幾十分一 의 一정도인 대학생 마저 그 전부가 아니고 그 안에서도 현하의 실정은 필자가 몸담고 있는 대학의 경우 금년도 (1981년) 총 신입생 약 2,000명 중 국학관계의 신입생은 국문 국사 한문(中文)과가 고작185명 십분의 일 정도에도 未達한 實情이다. 현하 약 80여개교에 이르는 4년제 대학에서의 실정이 대충 이와 비슷하다면 한문에 통달하기는 고사하고 우선 한문소량에 접근해 보려는 대학생의 총수는 이를 아무리 많이 잡아도 전체 인구의 기 십분일의 십분일 즉 기백분의 일정도에도 미달하니이를 한강의 수질오염도에 비유한다면 실로 무공해상태와 다를 바 없는 것이다.

하물며 상기 국학관계의 각과를 지망하는 학생들이 수준이 率直히 말해서 그다지 높지 않은 형편이고 그리하여 입학 후에도 이 방면에서 끝까지 대성하려고 결심하여 열심히 노력하는 수가 심히 적은 현실에 있어서랴! 이같은 실정을 좀더 詳論하면 필자자신이 국학자로서 다소 自虐的 이야기가 될는지 모르지만 오늘날 우리들은 부형과 자제를 막론하고 대학진학에 있어서 학업이 우수한 학생이면 학생일 수록 거의 모두가 영문 법정 경상 공학등 이른바 인기학과로 진출함을 열망하지 한문소양을 필수로 하는 국학방면에의 진출을 원하지 않는다. 예비고사 득점이 높으면 높은대로 중간이면 중간인대로 또 낮으면 낮은대로 각기 수준의 대학을 지원교로 선정하는 바 성적이 좋은 학생일수록 그 대학내에서의 상기 인기학과로 진출하려고 들지 국학관계학과로 진출하려고는 하지 않는다. 국학관계학과에 입학하려면 충분한 실력인데도 기어이 그리로는 진출하기가 죽기보다도 싫어서 재삼 재수하는 경우가 허다하고 반대로 국학분야의 입학생들은 특별히 한문실력이나 이 방면에 趣向이 없는데도 실은 거의가 백지상태인데도 합격선이 좀 낮으니까 우선 입학하기 위해 지원하고 있는 실정이다. 이같은 傾向은 소위 계열별로 입학한 학생들이 2학년 진학시의 학과 선택에 있어서 더욱 더 두 두드러지게 나타나는바 작금의 新聞報道에서 보는 바와 같이 人文 大學의 경우 거의가 영문 등 외국어문학과로만 쏠림으로써 그곳은 그곳대로 너무 비대해서 걱정인 반면 국사 고전문학 등 국학분야학과는 學科存立이 위협 받을 정도로 지망하는 학생수가 심히 적은 실정이다. 이 같은 사정은 즉 국학분야에의 외면은 솔직히 말해서 학생자신들 보다도 학부형들에 의해서 더욱 誘導煽動되는 바 심하면 優秀學生이 국학분야에 進出하려고 한다해서 家庭不和가 일어나는 경우마저 비일비재하며 한글 전용을 절대로 主唱하면서 一部國學者의 존재가 반드시 있어야 한다고 주장하는 인사들로서는 자진해서 그 자제를 이 방면에 진출하도록 유도한 예는 들어보지 못하였다. (이들의 주장대로면 우리의 後裔중 國學分野에 종사한 優秀한 인재는 하늘에서 미리 따로 점찍어 내린 것 같다).

그 어찌하여 영어를 바탕으로 하는 구미의 온갖 문화를 배우기 위해서는 우리의 후세들로 하여금 그토록 일찍부터 시작하여 (즉 中學課程서 보터 近日에는 國民學校高學年生부터도 시작할 것이라고 들었음) 그토록 많은 시간에 걸쳐 그 만큼 높은 비중으로 교육시킴으로써 그 결과 머리가 우수한 학생일수록 많이 몰리어 밤낮으로 沒頭하게 만드는데 반해 우리 선민들이 남긴 문화를 배우기 위해서는 되도록이면 늦게 시작하여 되도록 적은 시간과 극소의 비중으로 교육시킴으로써 상대적으로 머리가 우수하지 않는 학생이 부득이 이에 종사하게끔 만들고 있는 대세하에서도 과연 소기의 성과를 기대할 수 있는 것인지 도무지 이해되지 않는다. 이들은 나아가 서구문화의 진상은 누구든지 원서 그대로 직접 읽어서 몸소 이해 체득함이 바람직하나 우리 선민들이 남긴 문화의 진상은 불과 일 회갑전의 기미독립선언서 마저도 원문이 아니고 한글로 번역하여 간접으로 읽어서 이해하여야만 옳다고 주장한다. 이 같은 論理는 한마디로 西洋先대의 文化는 위에서 指摘한 바 對로 일찍부터 시작하여 깊고 오랫동안 배워야만 비로소 터득할 수 있을 만큼 深奧한 것인데 反해 우리선대의 문화는 오직 성년기에 접어들어 2~3年 동안 적당히 수학하면 충분히 터득할 수 있을 만큼 淺薄한 것에 불과하며 또 전자는 원문 그대로 읽어야 할 만큼 값어치 있는 것인데 비해 후자는 원문그대로 읽을 필요가 전무할 정도로 값어치 없는 것이라는 주장이니 새삼 忿怒와 痛嘆과 警愕이 절로 북받쳐 오른다. 그 어느쪽이 진정 비자주적 非民族的 非愛國적인가를 깊이 생각하지 않을 수 없이 동시에 오늘날 우리의 국가와 사회와 文化暢達上에서 그 몫을 단단히 遂行해 주리라고 온 국민이 굳게 믿고 있는 국학자들의 실상이 그 양성과정에서 부터 질량 양면에서 공히 대략 상술한 테두리에서 크게 벗어날 수 없는 실정에 있음을 똑바로 직시하지 않으면 안된다.

거듭 말하거니와 이상과 같이 總人口數의 비례상에서나 또 오늘날에 있어서 各專門學問文分野에서 필요한 우리민족의 전통과 실질적으로 開發 保護 하고 그리하여 이를 모든 국민으로 하여금 보편적 체험적으로 전승 창조 시키기 위해서는 고교내지 대학과정 이상의 모든 지식층은 그 전공여하를 막론하고 누구나 어느 정도의 漢文素養을 갖추어서 각자가 우리의 고전에 직접 接近할 수 있게 하는 교육이 필수 不可缺하게 베풀어져야만 한다.

끝내 이같은 施策이 외면당하여 베풀어지지 않고 대학과정이상의 지식층들 조차도 漢文素養에 문외한이거나 이를 아예 무용시, 기물시, 비자주시하는 존재로 머무르게 하는 한 현하 우리 모두가 다같이 크게 외고 목마르게 바라 마지않는 한국 문화전통의 국민적 차원에서 실질적 개발과 체험적 전승은 한갖 탁상공론에 지나지 않는 허황된 환상일 것이며 그 어느 세월에도 결코 이루어질 수 없는 춘몽에 불과한 터이다.

우리 민족의 전통문화란 우리 민족이 각종 문자를 手段으로 하여 이룩한 모든 문화의 總和이지 결코 한글로써만 표기된 그러한 것만은 아닌 것이다. 지금 한국전통문화에 대한 일부 인사들의 偏僻된 概念設定은 한문이 有史이래 數千年 동안 嚴然히우리 선조들이 문자 내지 그 一部로서 不斷히 使用되어 왔는데도 이를 굳이 外國文字視하려는 데서 오는 怪僻과 歪曲과 弊端일 따름이다. 오늘날 세계 어디에 後生들로 하여금 국민학교는 고사하고 대학 이상을 마친 유식층들 조차도 바꾸어 말해 각 분야에서 中樞的으로 일하는 여러 학자와 예능인과 기술자와 행정요인과 정치인들 마저도 즉 各 分野의 指導層들 마저도 처음부터 그 선조들이 유사이래 連綿히 사용해 온 文字를 배우지 못하게 하고 非自主視 無用視하게 하고 그리하여 이에 接近할 능력을 아예 갖추지 못해서 이를 쉬이 이해할 수 없고 그럼으로써 이 관계 업무의 擔當이나 이 방면에의 진출을 되도록이면 忌避케하는 그러한 민족전통과 국민 문화가 정말로 존재하는가를 嚴肅히 反問하고 싶다.

V. 結　言

민족의 역사와 문화의 전통을 진정하게 이해아고 전승하는 데 조금이라도 보탬이 되는 각자의 국사 공부를 勸奬해 보고 싶은 衝動과 微意에서 붓을 든 것이 너무나 장황한 논설로 擴散해 버렸다. 우리 국민 각자가 모두 우리 고전에 직접 부딪쳐 이를 讀解할 수 있는 능력을 어느 정도는 갖추고 있어야만 지금에 누구나 異口同聲으로 主唱해마지 않는 바 대로 우리 先民들이 그 간에 이룩해 놓은 문화와 역사를 眞正 국민적 차원에서 올바로 傳承발전시킬 수 있을 것이며 나아가 몇몇 국학자만이 아니고 각 분야에서 中樞的으로 일하는 모든 지식층으로 일하는 모든 지식층이 相當水準의 한문소양을 갖추고 있어야만 비로소 과거에도 실제 하였던 政治 經濟 軍事 社會 科學 藝術 등 온갖 분야에서의 우리의 문화 전통을 올바르게 開發 · 說明할 수 있다함을 指摘 · 强調하고자 하였다.

本稿를 통하여 어느 讀者는 혹시 필자가 한문 專用論者일 것으로 錯覺할는지 모르나 필자는 결코 한글 전용론에 찬성할 수 없는 바와 마찬가지로 한문전용을 꿈꾸는 盲信論者도 아니다. 한자어로 된 내용을 단지 읽을 수 있도록 한글로 표기만 한다고 해서 정작 국민 각자가 모두 그 뜻을 정확히 짐작할 수 없을 것이며 또 오늘날 영 · 독 · 일어 등 외국문자를 되도록 많이 받아들여 익히는 것이 우리의 민족문화를 그만큼 폭넓고 알차고 국제적인 것으로 향상시키는 바와 같이 한자 또한 가능한 한자라도 더 터득하도록 하는 것이 바람직하다고 생각할 따름이다.

다만, 본고에서 누누이 밝힌 바와 같이 필자는 우리 민족이 앞으로 이른바 한글세대 이후에 이룩한 문화 전통만을 계승 발전시켜 나가야 한다는 주장이면 모르되 그렇지 않고 선조들이 아득한 옛날로 부터 쌓아온 한문으로 된 半萬年의 역사와 드높은 문화전통도 오늘날에 있어서 온 국민이 새삼 개발전승해야 한다고 주장하면서 일반국민은 한글만을 전용하고 즉 한문소양은 아예 쌓지 말고 따라서 고전속에 담겨져 있는 내용은 오로지 번역물만을 통해 慴取케 하여도 족 하다고 하는 주장에 대해서는 절대로 승복할 수 없다. 예컨대 인물에서 元曉 崔沖 世宗 李滉 李舜臣 등을 崇慕하여 이 先賢들로부터 무언가를 배워 이어받으라고 하면서 그들이 손수 써서 남겨놓은 著述에는 직접 대하지 말고 오직 번역물에만 의존토록 하라는 주장은 바꾸어 말하면 그들과는 직접 대화 접수하지 말고 오로지 제3자만을 소개시켜 간접적으로 대화 하라는 주장에 지나지 않는다. 그리고 만약 우리의 고전이해에 있어서와 같이 번역물로도 원문의 그것과 똑 같은 效能을 능히 얻을 수 있다면 오늘날 무엇때문에 중학과제서부터 영 독 불 일어 등을 되도록 많이 익히도록 勸奬하고 있는가가 疑訝스럽다 이는 결국 서양의 것은 원문 그대로 읽어야 할 만큼 우월하고 심층적인 것인데 반해 우리 선조들의 것은 겉으로는 민족문화를 존중하고 이를 자주적으로 계승 천양해야 한다고 큰소리 치면서도 실상은 원문으로 읽을 필요까지는 없고 단지 번역물로도 充分할 만큼 무게가 있거나 심층적인 것이 아니라는 주장이다. 이는 또 우리의 선조들과 높은 문화는 崇尙하되 그들이 사용해서 高度의 문화를 이룩하였던 文字는 철저히 排擊해야 한다는 주장이니 이 어찌 논리상의 矛盾이 아니고 민족문화를 더없이 낮추어보는 전면적 卑下가 아니겠는가! 아 그들은 또 언필칭 강한자는 무조건 우리의 문자가 아니고 외래문자이기 때문에 徹底히 排除해야만 옳다고 주장하나 필자의 愚見으로는 한자도 한글과 같이 우리의 문자 내지 그 일부로 化한지 이미 오래인 것이다.

필자의 졸견으로는 나 또는 우리의 것이라는 概念중에는 비록 그 시초는 남의 것이었다 하더라도 우리의 조상과 우리들이 보다 나은 것으로 평가 하여 이를 받아들여 우리의 것으로서 일상에 사용하고 후손에게 물려주는 것도 당연히 포화될 것으로 알고 있다. 이 같은 例는 이른바 문호개방(1876) 이후 이 땅에 속속 전래되고 있는 서양의 온갖 문물이 날로 우리 것으로 화하고 있는 현실에서 쉬이 首肯할 수 있거니와 이 같은 現象이 바로 문화의 교류이며 선진문화의 受容인 것이다. 한자 또한 우리민족이 여명기에서부터 즉 아득한 옛날로부터 이를 받아들여 남의 것이 아닌 우리의 것으로서 사용하고 이를 발판으로 하여 半萬年의 悠久한 역사와 고도의 文化를 形成하고 다시 그 모든 것을 이로써 記錄하여 後孫인 우리에게 분명히 물려주고 있는 이상 이는 결코 남의 문자가 아니고 우리 문자의 일부로 화 하였음이 분명하다.

하지만 오늘날은 옛날과는 달리 한글이 創製된지 이미 수 백년에 이르고 또 歐美先進文化의 급속한 來到로 말미암아 이를 습득 수용하는데 보다 힘써야 하므로 한문공부는 저절로 制約될 수 밖에 없음이 또한 嚴然한 現實이다. 따라서 漢子를 오늘날에도 역시 한 자라도 더 배움이 바람직스러우나 지금의 형편상 그렇게 하기는 어렵다고 하거나 또는 앞으로의 민족문화 형성은 가능한 한 純한글로써 이룩해 나가자는 주장에는 십분 首肯이간다 그러나 한자는 외래문자이므로 반드시 排擊해야 한다든지 또는 한문으로 된 우리의 고전은 번역해서 읽으면 足하다는 주장은 그야말로 語不成說이며 무책임하기 그지없는 것이다.

문화 그 중에서도 특히 문자생활이란 一朝一夕 革命的 强壓的으로 바꿀 수 있는 성질의 것이 아니다. 그야말로 오랜 세월을 두고 漸進的으로 고쳐나가야만 그 안에 收錄되어 있는 文化의 실상을 별다른 損傷없이 傳承 闡明할 수 있는 것이지 그렇지 않고 이를 억지로 개혁하려 들면 반드시 크나큰 부작용이 수반되게 마련이다. 이는 논리상으로도 그렇거니와 현재 우리 선조들이 이룩한 傳統文化의 傳承 및 開發과 관련하여 여러 부문에서 수 없이 나타나고 있는 誤解와 날조(捏造)와 歪曲과 독단과 遺漏등이 그 얼마나 위험스럽고 可憎스러우며 염려스러운 가를 우리 모두가 目睹하는바와 같다. 멀지않은 장래에 순 한글로 표기된 우리의 문화내용이 어느 분야에서나 當代 世界의 어느 나라 어느 민족 어느 지방의 그것에 비해도 가장 뛰어나고 알맹이 있는 것이 될 날이 조속히 來到하기를 期約하면서 우리 모두가 漸次로 文字를 改革하고 고전 속에 담겨있는 선대의 전통을 모든 부면에서 그야말로 한 단계 한 단계 순리에 맞추어 차근차근 쉬운 한글로 옮겨가자는데 그 아무도 반대할 사람이 있을 리 없다.

이와 아울러 그들은 또 일반국민은 근본적으로 한글만을 전용하되 몇몇 학자들 다시 말해서 소위 국학 전공자들은 보다 더 고도의 한문 실력을 쌓아서 우리의 전통문화를 깊이 연구하여 각 분야에서 遺漏없이 똑바로 전승 普及 시켜야 한다고 주장한다. 그러나 이는 오늘날 어떤 일에서도 그 일에 종사하는 인구가 擴充되고 底邊이 擴大되어야만 비로소 올바르고 뛰어난 명인와 학자가 배출된다고 일컬어지는데 유독 우리 선조들이 수 천년간 사용한 한문에 있어서만은 어찌하여 이 같은 저변 확대없이도 이 방면에 뛰어난 존재가 輩出될수 있는가가 우선 문제 이다. 더우기 오늘날 우리가 애달프게 갈구하고 있는 바는 국민 모두가 빠짐없이 각자 과거의 문화 전통을 마음으로부터 정녕 전승해야 한다는 주장이며 또 과거의 문화전통 역시 비단 문학 사학 思想(宗教)민속 예술분야만이 아니고 정치 경제 군사 등 온갖 분야 에서도 이를 遺漏없이 개발 천명해야 한다고 요구하고 있다. 그렇다면 그 어떤 도리로써 문학과 사학등을 주로 탐구하는 몇몇 국학자들만으로써 정치 경제 군사 등 각 분야의 문화전통까지 현대의 감각과 전공지식을 가지고 遺漏없이 개발 闡明할 수 있을 것이며 다시 이를 그 자신은 몰라도 개인인 남에게까지 진정으로 體得시킬 수 있을 것인가 심히 의아스럽고 납득이 가지 않는다.

민족사의 전통이라 할까 민족문화의 전승은 몇몇 국학자들만의 아니고 바로 민족문화를 전승 개발할 주체요 주역인 국민 각자가 각기 자신의 가정 에서 父祖로 부터 일상생활을 둘러싼 일체의 도구와 規範과 思考를 墨守가 아닌 창조적 노력으로써 啓發 전승하는데 있지 우리 한 사람 한 사람의 전승외에 따로이 高遠한 공중에 共有物로서 浮雲과 같이 떠다니는 그러한 존재는 결코 아닌 것이다. 그것은 분명히 국민 하나하나에 뿌리 박지 않고도 몇몇 국학자들의 연구와 해설과 주창만으로써 개발 전승되어지는 것은 절대로 아닌 것이다.

거듭 묶어 말하거니와 우리 민족이 앞으로 한글로 된 문화유산만을 계승발전시킨다는 주장이 아니고 아득한 옛날로 부터 우리의 조상들이 한문으로 이룩하고 그것으로 수록해 놓은 전통과 역사를 오늘날에 있어 국민각자가 전승해야 한다고 주장하면서도 그리고 또 문학 사학등 이른바 국학분야만이 아니고 온갖 부면에서 우리 선민들이 이룩해 놓은 높은 문화전통을 오늘날의 현대적 전문지식으로 진정 올바르게 개발 천명해야한다고 주장하면서도 일반국민은 한글만을 익히고 몇몇 국학자들만이 한문소양을 쌓으면 부족함이 없다고 하는 주장은 분명히 실상에 있어서는 불가능을 전제로 한 논리상의 撞着과 愚弄이며 우리의 문화전통과 이를 전승하고자 하는 국민 모두를 얕잡아 보는 비하와 농단임에 틀림없다.

독자 여러분의 熟考와 양찰을 빌어 마지 않는다.

바로 금년에도 한국사 내지 韓國學의 振興이니, 史風 · 學風의 反省과 刷新이니 하는등 문제가 요란스러운 구호로 化하여 우리의 耳目을 眩惑 시키는 바 대단하다. 하지만 필자의 어리석고 좁은 拙見으로는 무엇보다도 그것에 앞서 國民各自上 古典을 통해 우리의 선민들과 직접 對話하는 氣風을 먼저 振作시키는데 전력을 다해야 할 것으로 굳게 믿는다 이 같은 風潮가 油然히 일고 있는 狀況下에서 이루어지는 實心의 국사교육이어야만 오늘날에 있어서 국민적 基盤을 그 底邊에 깔고 現代的 實義를 發揚하게 될 것이며 지금에 盛行하는 바 수험이나 官吏選拔만을 목표한 그야말로 외형 일변도의 일시적 국사교육과 학습에서 비로서 脫皮할 수 있을 것이다.

고전을 통한 선민들과의 직접 대화에서 얻은 산 國史知識은 바로 우리의 日常生活 및 人格陶冶와 直結되어 지금을 사는 우리 세대에게 가장 절실히 요구되는 이른바 근대화라는 과제를 모든 部面에서 自主的 成功的으로 遂行하는데 틀림없이 그 무엇보다 크게 보탬되는 바가 있게 할 것이다.

(考試界) 1975年 8, 9, 10月號 揭載,
(語文硏究) 1976年 14號, 겨울號 ~ 再錄

安東水沒地區의 歲時風俗誌

李 杜 鉉 (서울大學校敎授)

Ⅰ. 序

安東水沒地區 歲時風俗의 調査對象地로는 主로 土溪洞(上溪, 下溪, 溪南) 宜仁과 섬마 그리고 加流洞을 對象地로 삼았다. 1972년 8월中旬 韓國文化人類學會, 全國民俗綜合調査事業의 慶尙北道 調査 實施以來 73년에 東京大學팀과 共同으로 [洛東江 上流 地方의 사회 · 文化硏究]를 實施하게 되어 74년 2월과 10월, 75년 5월에 各各 上記 地域에서 主로 面接과 그리고 堂祭에는 74년 2월에 直接 參與하여 觀察하였다.

調査當時의 對象者를 적어보면 다음과 같다.

1) 72년 8월 : 土溪洞(下溪 , 溪南), 趙任得(當時 71세), 林七岩(66세), 李潤悳(62세)

2) 74년 2월 : 李仁萬(66세), 李潤悳(64세), 李潤恒(60세), 李直鎬(60세), 嚴南順(57세)

3) 74년 10월 : 上溪 李根必(42세), 그의 夫人 鄭氏(?)

4) 75년 5월 : 加流洞 朴斗滿(69세), 南玉順(48세)

歲時風俗 調査項目 중 堂祭는 民間信仰篇과 重複될 것으로 생각되나 歲時風俗의 一部로서 나대로의 調査를 남기기로 하였고, 우선 調査 內容을 충실하게 民俗誌로 남겨 後日의 分析檢討나 比較와 解釋 등에 도움이 되고자 하였다. 특히 調査에 있어서 鄒魯之鄕으로 이름 있는 선비의 고장에서 傳來하는 民俗이 어떠한 變容 내지는 習合을 가져오고 있는가를 注目하였다.

班常의 차별의식이 심한 이 고장에서 堂祭에 兩班層이 외면하지 않고 함께 參加하여 常民層에서 암 堂主와 숫 堂主가 나와 준비 기타를 主導하되 祭祀에는 兩班層에서 祭官과 祝官이 나와 堂祭를 함께 치르는 일들은 洞祭가 갖는 마을의 統合機能을 잘 보여 주는 例가 되겠다. 또 上溪의 서낭堂이 退溪宗家와 宜仁의 서낭堂이 樊南宅과 神鈴傳說로서 결부되어 있는 것은 마을의上下層의 統合에도 그 매듭의 機能을 하고 있는 것을 알 수 있었다.

歲時風俗의 擔當者로서 上層레벨과 庶民레벨에의 多少의 차이는 있으나 歲時風俗과 民間

信仰面에서 볼 때 이제와서는 큰 差異가 없음을 볼 수 있다. 한 例를 들어서 退溪宗家에서도 이 地域에 널리 行해지고 있는 龍단지, 삼신바가지, 성주 등을 모시고 있고, 堂나무나 바위에 아이 팔기는 이 地域 兩班層에서도 行하여져 왔다.

이 밖에 儒教祭禮의 祖上觀과 巫俗 등 傳來民俗信仰의 神靈觀과의 本質上의 差異는 峻別되기 어려운 것 같다. 마찬가지로 兩班層과 庶民層間의 歲時風俗상의 차이도 크지 않은 것 같으나 다만 退溪宗家에서는 다소 傳來하는 特殊性이 보인다.

끝으로 이제와서 永遠히 물속에 잠기고만 마을들과 不得已 내 고장을 뜰 수 밖에 없었던 마을 사람들에게 同情을 禁치 못하며 그 唯一한 報答으로 그들이 들려 주었던 이야기들을 충실히 옮기고자 하였다.

Ⅱ. 正月

1. 설날 (一月一日)

아침 일찍 설빔으로 갈아입고 술床을 차려서 어른들께 歲拜드리고 다음으로 祖上께 茶禮를 지낸다. 祭需로 떡국, 五色果(대추, 밤, 곶감, 배, 사과), 나물, 魚物 등을 놓는다. 茶禮를 보름에 지내려면 떡국 대신 찰밥을 올린다

이때 加流洞에서는 茶禮로 四代까지의 祖上床을 차리고, 또, 飮食을 갖추어서 성주에게 바치고 主婦가 비손한다. 이웃집 歲拜는 가까운 집엔 술床을 차려서 歲拜가고, 그 나머지는 그냥 다닌다.

宗家宅에서는 아침에 支孫들이 茶禮를 지내고 난 다음 祠堂에서 점심 때에 모여서 茶禮를 지낸다. 祭床은 쇠고기국에 달걀 갈라부친 떡국과 乾魚, 삼색실과, 三湯을 놓고 술은 할아버지가 初獻하고 三獻 올린다.

이 고장에서는 떡국에 메밀만두(요새는 밀가루 만두)를 얹는다. 宗家宅 歲拜는 집안에서 아침 일찍 할아버지께 우유 뎁혀 갖다 드리면서 歲拜 드리고 외부 사람으로서는 陶山書院의 都司令이 일찍 할아버지와 할머니에게 歲拜오는 것으로 시작된다. 이때 祖父母와 父母에게 하듯이 門밖 마루에서 歲拜드린다. 歲拜 손님들에게는 일일이 술과 강정, 묵, 식혜(찹쌀로 만드는데 安東地方의 歲饌으로 不可缺의 飮食이라고 한다.) 등을 안주로 갖춘 歲饌을 대접한다. 洞里사람들 歲拜외에 門中이 크다보니 歲拜꾼이 보름은 계속된다고 한다. 宗孫은 支

孫들이 오는 쪽쪽 사랑에서 맞절로 歲拜를하고, 할머니와 宗婦는 茶禮後에 찾아온 支孫손님들과 함께 歲拜를 나눈다.

正初省墓는 예전 어른들은 했으나 요즈음은 없다고 한다.

[설은 질어야 되고, 보름은 말라야 된다]고 하는데, 설에는 눈이나 비가 와야 풍년이 들고, 보름은 날씨가 맑아야 풍년이 든다는 뜻이라고 한다. 복조리 장수는 이 고장에도 正初에 온다고 한다.

2. 立春

立春에 집집마다 春帖子 붙이는 일은 庚戌年(1910년) 이후로 없어졌으나 간혹「立春大吉建陽多慶」등을 써 붙이는 집이 있다. 이러한 歲時風俗에 까지 1910년 日帝에 의한 植民地化로 큰 打擊을 받았음을 알 수 있겠고, 또 이 時期는 한편 西歐化의 물결이 밀려오기 시작한 時期이기도 한 것이다.

3. 十二支日 行事

上溪洞에서는 첫 소날(上丑日) 해뜨기 전에 칼질 안하고 종일 연장질 안하고, 콩볶아 먹는다. 첫 龍날(上辰日)에도 五穀을(콩을) 볶아 먹는다. 오곡이 잘 되라는 祈祝行事이지만 提報者들은 먹기 위해서 볶는 거라고만 대답한다. 東國歲時記에 보면 上亥日과 上子日에 宮中에서 宦官 수백명이 횃불을 땅위로 이리 저리 내저으면서「돼지 주둥이 지진다」하며 돌아다녔고, 또 곡식의 씨를 태워 주머니에 넣어 宰臣과 近侍 등에게 나누어 주었다.「이 모두가 풍년을 비는 뜻을 나타낸 것이다」라고 하였고, 또 上子日에 시골에서는 콩을 볶으면서 呪文을 외는데,「쥐주둥이 지진다. 쥐주둥이 지진다」고 하였다고 보인다. 이러한 行事가 安東地方에선 上亥日과 上子日 대신 농사의 同伴者인 첫 소날과 물과 관련이 있는 첫 龍날에 콩을 볶는 것으로 變形된 것 같다.

加流洞에서는 첫 쥐날「쥐조뎅 찧자」고 외면서 방아를 찧는다. 첫 龍날에는 龍대가리를 찧을까봐 이날 디딜방아를 찧지 않는다. 正月 十四日에 콩볶아서 房 네구석에 놓는데 이것은 벌레끼지 말라고 하는 것이다. 十五日 아침에 찰밥해서 먹고 또 콩을 볶아 먹는다. 十六日 귀신닭이 날에도 콩을 볶아 먹는다고 하였다. 正初에 콩을 볶아 먹는 일은 이같이 辟邪의 行事로 행하는 것에 注目할 만하다.

소날에는 소연장을 안만지고 소를 잘 먹인다. 그러나 이러한 일도 5~6년래로 안한다고 하였다.

東國歲時記에는 토끼날에는 여자가 집에 먼저 들어오는 것을 꺼린다고 하였으나 土溪洞에서는 女子가 東쪽을 보고 오줌을 누면 안된다고 하고 밤에는 요강을 東쪽에 놓지 않는다. 또 닭날에 남의 집에 여자가 먼저 들어오면 재수가 나쁘다고 한다.

4. 줄다리기

土溪洞에서는 14日 저녁 마을을 다리를 사이에 두고 東西部로 나누고 줄당기기를 했다. 提報者들이 10여세 때까지 하였다니 지금으로부터 50여년 전의 일이 된다. 提報者들의 말은 占歲의 의식은 없었던 것 같고, 놀이로서만 당겼다고 한다.

5. 下溪堂祭 (安東郡 陶山面 土溪洞)

下溪와 溪南의 두 마을 100여戶가 함께 지내는 洞祭를 「堂祭」라고 부른다.

日時는 舊正月十五日 子正에 지낸다. 上溪 서낭제도 15日 子正에 지내나 그 밖의 이웃 서낭제는 거의가 14日 子正에 지낸다.

74년 직접 參觀하였던 堂祭는 子正에서 30분안으로 끝났고, 祭床 마련에서 飮福까지의 시간은 한시간도 되지 않는 간소한 節次였다.

堂은 堂낭기라고 부르는 느티나무로서 400여년은 되었다는 巨樹이며 개천가 陶山國民學校 入口 쪽으로 서 있다.

전에는 지금 退溪先生墓所가 있는 「삼성」이라고 부르는 마을 뒷 山에 堂祠와 堂木이 있었는데 그 堂나무를 베고 山所를 썼다고 한다. 그 뒤로 지금의 개울가로 堂을 옮긴 것이다.

이곳 堂神은 男서낭이고, 宜仁(宜仁洞) 서낭은 女神이다.

祭祀 전날 서로 江을 사이에 두고 건너다 보고 매구치고 인사 시키거나 宜仁 女서낭이 江을 건너와 놀기도 했다고 한다.

50여년전, 乙卯生(1915)인 李潤恒씨가 10여세 때 본 記憶으로는 正初에 宜仁의 堂(서낭대)이 건너오니, 이 마을 堂과 한데 어울려 서낭을 복판에 들고 매구를 치니 그 바짝 마른 남기(서낭대) 척척 꼬여서 따닥 따닥소리가 나며 함께 춤추더라고 한다. 이러한 宜仁堂맞이는 그 후로는 없었다고 한다.

堂祭를 지낼 때 本祭에 이어서 물 아래쪽으로 가서 수부제를 지내는데 이것은 이 마을에 처음 入住했다는 朴氏를 위시해서 金氏 · 琴氏 三姓을 위하는 祭라고 하였다. 이것이 아마 다른데서와 마찬가지로 이곳의 골맥이 할배들인 것 같다.

섣달 그믐날(요즈음은 正月 2~3日) 前堂主가 齋舍처마에 매달았던 서낭대를 내린다. 이곳 서낭대는 갈지 않고 몇 백년 된다고 한다.

堂을 내린다는 것은 서낭대 꼭대기에 꿩털을 꽂고 낮보라고 하여 青 紅 黑 白 黃 등 色布로 색동저고리처럼 만든 것으로 맨다. 그리고 종이 온장을 메달고, 동정같은 것도 나중에는 매달게 된다. 그리고 서낭대를 모시고 洞里男子들과 堂나무에 가서 새해의 堂主들을 神意에 의해 뽑는다. 요즈음은 세월이 좋아 의논해서 堂을 내린다. 72년에 서낭을 내렸다. 洞里 사람 중 한 사람에게 서낭대를 잡게 하고, 나이든 사람으로 입담이 있는 사람이 징을 치며 全洞里에서 堂을 모실 만한 사람들의 姓名과 生氣를 넣으면 (生年月日을 왼다) 그 生氣에 대가 흔들려 내림이 오면 그 사람이 堂主로 뽑힌다. 堂主는 암 堂主와 숫 堂主 두사람을 뽑는데 金, 朴, 琴의 세 姓을 넣어야 내림이 온다고도 한다.

밤까지 대를 잡아도 내림이 오지 않는 일도 있었다고 한다. 시종내림이 오지 않으면 입堂主로 깨끗한 사람을 口頭互薦한다.

암 堂主가 上位者로 대가 내리면 풍물치고 암 堂主 집에 가서 그날부터 서낭대를 선 보름동안 모신다.

밑에 종이를 깔고, 암 堂主집 처마에 세워 숫 堂主와 함께 每日 沐浴齋戒하고 밤중 1~2시에 仕官(問安)드리고, 또 아침 5시경에 井華水를 떠다 놓고 仕官드린다. 마을 사람들은 이때부터 온 마을을 깨끗이 하고 풍물치고 논다.

서낭대는 서너발이 넘는(約 3m) 소나무대로 꼭대기에 꿩털을 꽂고 色布로 낮보를 매고, 그 밖의 헝겊, 오라기, 主로 婦女子들의 동정 흰 종이등을 매달았고 말방울 깉은 방울을 달았다. 흰종이는 乞粒때 쌀 食器 밑에 깔아 床에 받쳐낸 것을 매단다. 간혹 종이에는 祝願文을 써서 다는 사람도 있다.

초이틀이나 초사흘부터 10日 안으로 서낭대를 모시고 징물(農樂)을치고, 洞內의 집집을 돌아 지신밟기를 하고 祭費를 걷는다. 이것을 乞粒이라고 한다. 農樂隊가 서낭대를 받들고 집집마다 돌때 소반에 흰 종이를 깔고 그 위에 실과 한 두가지와 함께 쌀 한 食器(한되가량)를 받쳐 낸다. 이 밖에 나락으로 한말 따로 내는 집도 있고 돈도 제각기 성의대로 내나,

최소한 쌀 한 食器만은 어느 집이나 다 내게 된다. 農樂隊는 굿을 치고 一行 중에 하소임이 된 사람이 그 소반을 받쳐들고, 그 집 戶主 姓名과 生年月日을 외고 그 집을 위해 祝願을 해 주면 戶主가 절을 한다. 農樂隊 맞이 床을 차려 一行을 대접하는 집이 있으면 술먹고 한번 더 친다. 이렇게 하여 집집을 돌면 6~7일이면 끝나는데 쌀, 나락, 서속, 콩 등 곡식은 몇 섬이 된다. 이것으로 祭費에 충당하지만 남으면 祭祀날까지 술과 밥을 해 먹고 놀기도 하고, 나머지는 비축한다.

73년부터는 그동안 비축한 것으로 祭費에 충당하고 있으며 乞粒을 누가 나서 하려고 들지 않는다고 한다. 乞粒은 餘裕있는 사람들이 錢穀을 많이 내어 正初에 庶民들을 잘 먹이고 놀린 것이라고 하였지만, 水沒을 앞두고 모든 行事가 中斷된 상태이다.

祭需 마련은 禮安 장이 舊正 열하룻날에 서는데 암숫 堂主와 심부름꾼들이 새벽에 장보러 간다. 途中에서 누구를 만나도 인사를 안하고 심지어 입에 사지를 물고 가기도한다.

장에서는 밥뜨는 사발, 사기대접, 식기, 종지, 祭需로 고기(明太, 청어 등), 실과 등을 골고루 사는데 가령 청어 한마리에 천원에 달라고 해도 값을 깎는 법이 없이 부르는대로 다 주고 산다. 祭需는 전에는 푸짐했으나 요즈음은 간단하다. 메가 두 그릇, 떡은 백설기 한시루(서너말 들이), 甘酒 한동이, 술 한동이, 또는 대구포, 明太포, 나물, 湯, 밥, 대추, 꽂감등 三色果實을 준비한다.

祭需를 장보아 온 뒤에 堂과 堂主집에 禁索을 치고 黃土를 뿌린다. 12日에 즉 장보아 온 다음날 洞內老人들이 모여서 깨끗한 사람으로 또는 아들 못낳는 사람으로 自願하는者 중에서 祭官은 三獻官, 祝官 1명, 수도 라고 하여 심부름할 靑年을 한명 뽑는다. 都家라고 하여 재정 담당이 있다. 이날부터 15日까지 堂主와 祭官까지 酒草를 禁하고 근신한다. 15日저녁에 堂主들은 祭床을 준비하고, 祭官들이 子正에 祭祀를 지낸다. 獻官은 1~2명 혹은 3명, 祝官1명은 전에는 兩班側에서 選出되었고, 두명의 堂主는 常民側에서 나왔으나, 解放 후에는 그러한 구별이 없이 祭官과 堂主를 선출한다고 한다. 이러한데서도 過去에 洞祭가 가졌던 階級社會의 統合機能을 볼 수 있겠다. 土溪洞은 朝鮮朝中期 退溪先生을 낳은 鄒魯之鄕으로 선비의 고장이지만 洞祭는 上下없이 全洞民이 정성껏 지내왔다고 한다. 李潤悳씨는 나라에도 社稷이 있듯이 洞神도 그러한 것이라고 說明하였다.

74년 堂祭에 參加한 바를 토대로 하여 役員과 祭順을 적어보면 다음과 같다. 이때의 암(內)堂主는 趙任得(73), 숫(外)堂主 金順學(67), 祭官 林七岩(67), 趙根成(63), 祝官 李東光

(50)이었다. 모두 갓 쓰고 흰 두루마기로 正裝하였다.

15日 저녁 子正 가까와 堂主 집에서 祭需를 운반하여 堂主가 堂나무 밑에 設床한다. 一同이 둘러서서 子正에 잔을 부어 獻官이 獻酌한 다음 祝官이 讀祝하고, 一同이 合拜하고 나서 숫 堂主가 僥紙를 올린다.

祝文 내용은 어디서나 마찬가지로 洞內 安進太平할 것과, 豊年 들 것과 家畜繁盛을 빈다. 燒紙는 100戶 되는 家家戶戶를 위해 다 올리지 않고, 洞內소지라고 하여 大同燒紙와 임원들 燒紙를 올리고 만다. 그밖에 各自가 自己집을 위해 올리기도 한다. 僥紙 올릴 때는 心祝을 한다. 이같은 定期的인 堂祭외에도 마을이 不便하면 祝文을 따로 지어 堂에 告한다. 李潤應 씨집 文集에도 더러 그러한 告祝文이 있었다고 한다. 參加者는 役員외에 50代이상과 青少年들까지 30명이 못되는 숫자였다.

祝文의 一例 (74年, 陰正月十五日子正)

[維歲次甲寅年甲子月十五日戊寅　×××敢昭告于城隍之神

伏以成群置社單里畢出降福洋洋報賽胥倪兹用淸酌庶品式陳明

尙饗]

이때 다른데서와 마찬가지로 온 洞內가 조용히 근신한다.

堂나무 밑에서 지내는 主祭가 끝나면 退膳하여 물 아래쪽으로 수부제를 지낸다.

朴, 金, 琴의 三姓받이에게 지내는 祭라고 한다. 아마 이것이 이곳 골매기 할배들에게 풀어 먹이는 祭인 것 같다. 堂祭에는 女子들은 飮食준비만 하고 直接參與하지는 못하고, 멀리서 바라볼 뿐이다. 祭後에 떡시루 안에 넣었던 불 종지를 훔쳐간다. 특히 아들 못 낳는 女子들이 가져 가서 정성드리면 아들낳고 福를 받는다고 한다.

祭가 끝나면 시루떡과 술잔을 돌려 飮福을 한다. 解散후 堂主들은 서낭대를 다시 齋舍에 갖다 모셔 保管한다. 전에는 16日 아침에 암 堂主 집에서 堂祭 때 쓰던 종이에 남은 떡을 싸서 堂떡이니 藥떡이라고 하여 每戶에 돌렸다. 이 떡을 먹으면 그 해 病에도 안걸리고 福을 받는다고 하여 온 食口가 나누어 먹고 떡을 샀던 종이를 펴서 글도 쓰게 하였다. 아이들까지도 흘리지 못하게 하여 정성스럽게 먹는다고 하였고, 이것은 上, 下溪가 모두 마찬가지였다. 요즈음은 간소하여 祭後에 役員들과 그 자리에 參席했던 사람들이 飮福하는 것으로 끝난다.

16日 아침 암 堂主집에서 關係者들이 모여 堂祭의 문서를 닦아, 재정을 보고하고 한푼이라도 남으면 洞內基金으로 남기고 술과 밥을 나누며 마무리 짓는다.

大洞會 같은 모임은 없다.

이곳 서낭神이 靈驗하다는 이야기는 몇가지 전하는데 다음과 같다.

癸亥年(1923)쯤 되는 해의 일인데 서낭이 마을을 돌게 되면 먼저 宗家부터 돌린다. 그 때 [주실아재]가 서낭이 들어오니 그 때 돈 1圓을 床에 놓으려고 하자 [주실 아주매]가 50錢을 놓자고 입씨름이 있었는데 서낭이 막 다녀 나가자, [주실 아주매]가 경련을 일으키며 정신을 잃었는데, 그때 머슴이었던 [덕팔]에게 업혀 나가 서낭에게 빌고하여 다시 정신을 차린 일이 있었다. (李潤恒씨 談)

마치 基督教의 初代教會에서 있었던 아나니아의 事件(使徒行傳 V-1)과 방불한 바가 있다.

또 보름달 저녁에는 서낭의 말인 흰범이 따라 다닌다는 말이 전부터 전한다.

이번의 암 堂主인 趙任得씨가 한번은 14日 밤에 溪南으로 마실갔다 오는데 堂나무 밑에 흰것이 어른거려 아마 堂主가 서낭에서 仕官하러 온 모양이라고 생각했더니 흰범이 마을 뒷쪽으로 사라지더라는 것이다.

또 한가지 이야기는 이것은 실지로 있었던 이야기라고 한다. 西後面(安東郡)에 사는 李潤恒씨 七寸벌 되는 이가 말을 잘 기르고 있었다. 丙戌年(1886) 怪疾이 流行하던 때 하루저녁 꿈에 신수 좋은 老人이 나타나 [볼일이 바쁘니 말을 좀 빌려다오] 하기에 그러라고 하고 잠이 깨어 마판에 나가보니 말이 죽어 자빠져 있었다. 새벽녘에 다시 老人이 꿈에 나타나 [너의 말이 걸음 잘 걷더라. 덕분에 잘 다녀왔다]고 하기에 [뉘기신데 어디를 갔다 오십니까]하고 물으니 [나는 疫疾 派員인데 禮安下溪로 다녀오는 길이다. 洞神이 어떻게 억시던지 한사 결단내 내가 못하고 돌아왔다]고 대답 하더란다. 主人이 곧 일어나 나가보니 말이 全身에 땀을 흘리며 서 있더라고 한다. 그 이튿날 下人을 시켜 편지로 下溪에 이 일을 알리니 마을에서 곧 서낭에게 고사를 지냈다고 한다. 그 해 인근에서는 疫疫(天然痘를 말한다고 한다)이 돌았으나 이 洞里만은 무사했었다고 한다.

張籌根씨가 옮긴 이야기는 奉化郡 말먹이는 집 主人의 꿈 이야기로 되어 있다. 傳說이 갖는 本質을 잘 나타낸 이야기일 것이다.

또 堂방울에 관한 傳說도 이 一帶에 퍼져 있다. 지금 退溪先生 墓所가 있는 뒷山에 墓所쓰기 전에는 堂이 있었는데 그 堂에서 방울이 날아 가서 下溪, 宜仁, 遠川 세곳의 堂방울이 되었다고 한다.

한편 윗 土溪(下溪)에서는 堂主인 李源懃씨 (1975년 겨울 作故)의 五代祖가 益山牧使를 지내고 돌아올 때 방울이 같이 따라와 下人들이 지금 서낭堂 자리에 모셨다고 한다.

宜仁(宜村 2洞)에서는 그곳 樊南宅 五代祖母가 新來때 꿈에 방울에 꿩털이 달린 것이 날아들어서 모셨는데, 그 남편이 꿩털을 날리니 뒷山 지금 堂이 있는 곳에 닿아 거기에 堂을 지었다고 한다. 그러므로 지금도 이 집이 서낭의 親庭이라고 하여서 堂을 내리면 이 집부터 먼저 다녀간다고 한다. 上溪 서낭堂을 宗家堂이라고 하는 것과 마찬가지 이야기이다.

이것은 洛東江 流域에서(中流의 栗旨, 下流인 駕洛등지에서) 箱子에 넣은 假面이 와 닿아서 탈을 놀게 되었다는 傳說과 軌를 같이하는 이야기들이다.

下溪에서 堂祭에 대한 面接을 하던 때 (74.2.6) 老人들이 하던 恨嘆을 잊을 수가 없다. [그러나 저러나 우리는 가면 우리 洞神은 어이하고 가나, 모시고 가나 냇버리고 가나 ...]

10여년전에 蔚山工業團地가 들어설 때도 많은 自然部落이 밀려났다. [온 마을이 다 떠나니 나도 이제 가야겠다]면서 서낭이 흰 말을 타고 떠나더라는 그곳 老人의 꿈 이야기를 들은 일이 있다.

바야흐로 이러한 轉換期에 놓여서 自然部落과 民間信仰의 터전이 무너져가는 모습을 여기저기서 볼 수 있다. 願컨대 사라져가는 것들에 대한 忠實한 記錄이라도 남길 수 없을것인지, 目擊者인 우리 世代에게 맡겨진 課業의 하나인 것이다.

이 一帶에선 아이를 낳으면 命이 길라고 하여, 또는 占바치에게 물어서 命이 짧다고 하면 命이 길라고 하여 큰 古木이나 堂나무나 큰 바위에 아이를 판다. 혹은 [어머이] 정한다고 사람에게 파는 수도 있다. 白설기, 메, 미역국, 나물 등 祭需를 차리고 나무나 바위에 왼 새끼줄로 禁줄을 치고, 실도 걸어 놓고 기도드린다. 下溪에서도 堂나무에 아이를 판 집에서는 正月 보름날 堂祭 전에 반드시 祭物을 차려 해마다 기도드린다고 한다. 京畿地方에서 巫堂에게 命다리 바쳐 수양어머니로 정하는 것과 같은 習俗으로 생각된다.

6. 上溪堂祭

上溪 서낭堂은 退溪先生 宗孫宅과 댓골과 그 위에 있는 집들을 합하여 모두 아홉집에서 섬기는 堂이나 앞서도 말한 바와 같이 宗家堂과 같은 성격의 堂이다.

祭日은 下溪堂과 마찬가지로 15日 子正에 지내며, 이곳 서낭도 男서낭이다. 3~400년은

묵은 느티나무밑에 조그마한 기와집 堂이 있다.

正月 初旬에 老人들이 집에 喪主나 解産이 없는 깨끗한 사람 중에서 암 堂主와 수 堂主를 指名하여 選出한다. 宗家에서는 祭官으로 나오는 일은 없다.

전에는 서낭대가 있었으나, 지금은 없고, 마을에서 매구치는 일도 없이 각 집에서 쌀을 거둔다. 각 집에서는 쌀 서되씩 거두나 宗家에서는 전에는 쌀과 실과와 종이를 냈으나 지금은 나락 한 가마를 내는 것으로 대신한다. 이 쌀을 팔아서 祭需로 시루떡, 메, 乾魚物, 祭酒를 마련한다. 여기서도 소나 돼지 고기는 쓰지 않는다. 禮安 장날에(대개 13日) 새벽 일찍 암수 두 堂主는 장보러 가는데 물건값은 달라는대로 주고 사온다.

장보아 온뒤부터는 각 집에서는 도랑에서 빨래도 안하고, 변소 같은 것도 치는 일이 없다.

初旬에 堂主들이 選出되면 堂主집에 禁줄치고, 黃土를 뿌리며 堂主들은 보름날 堂祭때까지 沐浴齋戒를 하며 근신한다. 다른 곳에서처럼 암 堂主는 上位者로 주로 祭需를 마련하며, 수 堂主는 堂祭 지내는데 관여한다. 堂에는 堂祭 하루전인 14日에 禁줄치고 黃土를 뿌린다.

15日 子正에 지내는 堂祭는 암숫堂主가 堂에서 지내는데 祝文는 없고 心祝으로 정성을 드리는데 여기서도 30分 이내로 끝나는 간소한 節次이다. 燒紙는 宗家할 아버지를 위해 먼저 올리고 나서 洞里 사람들을 위하는 燒紙와 家畜을 위해서까지도 燒紙를 올린다. 祭後에 그 자리에서도 洞民들이 飮福하지만 16日 아침에 祭需에 쓴 떡을 조금씩이라도 各戶에 나눈다. 이것을 福떡이라고 하여, 조금씩이라도 먹으면 감기도 안걸리고 病도 안걸린다고 하여 정하게 나누어 먹는다.

宗家에서는 飮福에도 參與하지 않고 食前에 떡을 가져온다고 한다. 어느 곳이나 班村에서는 堂祭는 常民들이 主導하고, 兩班家에서는 뒤에서 후원하는 것이 보통이나 全然信心이 없는 것도 아니다.

여기서도 李根必씨 曾祖父께서 眼疾이 심하게 되어 다시 堂을 위하기 시작했으며 나락 한 가마씩 보태어 堂祭를 계속하고 있다고 한다.

여기 한가지 追記할 일은 마을 入口 堂 부근에 있는 香나무에 관한 傳說이다.

6.25事變 때 宗家宅에서 忠淸道로 피난갔는데, 그때 香나무가 죽더니 피난에서 돌아오니 다시 살아나더라는 것이다. 이것은 新羅 鄕歌인 信忠의 [怨歌] 以來 오랜 樹木象徵의 傳統속에 뿌리박은 傳說이겠다.

7. 宜仁堂祭 (安東郡 陶山面 宜村 2洞)

50戶 가량 되는 宜仁 마을의 堂神은 婦人堂 서낭이라고 하여 女福이다.

앞서 소개한 傳說에 의하면 꿈에 방울이 셋이 날아왔는데, 각각 定座하여 宜仁과 土溪한 서낭은 내외 또는 오누이가 되고, 遠川洞 싹시리에 座定한 서낭은 어머니가 되었다고 한다. 그러므로 지금도 堂祭가 끝나면 遠川洞(20戶가량) 堂에 祭物을 조금씩이라도 나누어 보내고 또 받기도 한다. 一說에 의하면 高麗 恭愍王 때 慶州에서 방울이 날아와 뒷산에 떨어져 그 곳에 堂을 지었다고 한다. 그러나 10년 전에 도난당한 서낭의 木像은 셋이어서 가운데가 女서낭 像이고, 그 왼쪽에 女神像, 바른쪽에 男神像이 있었다고 한다. 堂主도 이곳에서는 上中 下의 三堂主를 뽑는다.

樊南宅 뒷산이 堂山이며 소나무 숲속에 기와집 堂이 있다. 堂집은 1958년에 重修하여 기와는 그대로 두고 기둥과 其他 木材는 갈았으며, 祭壇 밑 板木은 옛 것이라고 한다. 四面에 壁은 없고, 마루만 깔려 있으며, 15㎝ 가량의 무쇠말(鐵馬)과 2.5m가 되는 소나무로 된 서낭대가 保管되어 있었고, 洞民들이 바친 헝겊이며 작은 女子저고리가 또한 保管되어 있었다. 그 헝겊들에 적은 기원문을 옮기면 디음과 같다.

原文은 헝겊에 縱書로 되어 있다.

[우리마을 무사태평 만복례 임자년 의인대표]
[갑신생 사남매 건강하며 객지에
나가있는 신묘생 건강을 빌며
병사생 병신생은 더욱 공부 잘 하기를
기해생 빕니다]

앞의 祝願文은 壬子年(1972년) 正月堂祭 때 마을 대표로 堂主가 바친 祝願인 것 같다. 祭順에는 祝文은 없고, 燒紙만 올린다고 하였는데 여기 바친 헝겊이 祝文 대신이라면 儒敎式 祝文 보다는 古型의 것이 아닐까 생각된다.

祭日은 陰正月 14日 子正이므로 正月 3~4日에 서낭대를 내려서 堂主를 뽑는다. 서낭대는 그 끝에 꿩털을 꽂고, 그 밑에 낮보를 매고, 또 방울 셋을 매달고 헝겊이며 저고리, 주머니, 바늘꽂이, 종이(祝願文) 등을 그 아래 주렁 주렁 매단다. 서낭대를 잡게 하고 입심좋은 사람이 징과 북을 치며 마을 사람들의 生氣를 넣어 대가 내리면 내림으로 堂主를 뽑지만, 아니면 입(구두호천) 堂主를 뽑는다. 서낭대를 내리지 않을 때는 正月 5~6日께 모여서 입堂主를 정하고, 每戶 쌀 한되반씩을 堂主집에 갖다 주어 祭需를 준비케 한다.

神이 내려서 새 堂主(上中下)가 뽑히면 서낭대를 모시고 풍물을 울리면서 樊南宅에 들려서 밤까지 놀고 上堂主집에 서낭대를 모신다. 每日 아침 井華水를 떠놓고 仕官드린다. 다음날부터 서낭대를 모시고 풍물이 뒤따르며 집집마다를 돌며 乞粒하여 錢穀을 거두는데 10日頃까지 계속한다. 이때 各 집에서는 福을 받는다고 女子들이 옷을 거는데 (주로 새저고리) 특히 새로 시집온 색시는 福을 빈다고 새옷을 거는데 보통 매해 4~5戶는 새댁이 있었다고 한다.

11日에 장보러 가는데 上堂主는 서낭당을 모시고 있고, 中堂主와 下堂主가 다녀온다. 장을 보고 오면 堂主집에는 禁줄을 치고 上堂主집에 合宿하며 每日 아침 서낭대에 井華水를 떠놓고 仕官드리며 밤에 자기 전에는 인사한다. 堂山에 까지 다녀온다. 담배를 禁한다.

堂主들과 그 부인까지 합쳐 5~6名 정도의 사람이 올라와 堂祭를 지낸다. 祭物은 甘酒 석잔, 떡시루 셋, 메도 세그릇, 湯도 세그릇, 포(명태나 대구), 三色 果實을 놓는다. 그리고 특기할 것은 떡시루안에 넣을 불종지에 깨를 짠 기름(두종지 정도)으로 불을 켜는데, 이 기름을 짤때 쓰는 틀과 주머니와 돌이 따로 堂主집에 保管되어 온다.

甘酒 부어 넣고 마을이 安過泰平하고, 豊年이 들고 牛馬도 잘 되라고 축원하고(祝文은 없다) 燒紙를 올린다. 洞內 燒紙와 堂主 僥紙를 올리고 飮福한 다음 그 이튿날 아침 每戶에 祭物을 돌려 飮福시킨다. 서낭대를 내릴 때 16日 낮에 간단히 祭物차려서 올라가 解體해 保管한다.

7月 百中 풋굿때에도 正月 堂主가 절하고 祭物을 堂神에게 바치고 나서 먹고 논다고 한다.

이곳 서낭의 영검 전설로는 祭米로 쓰기 위한 나락을 말리는 것을 쪼아 먹는 참새가 即死했다든가 혹 마을의 나쁜 堂主가 祭米를 몰래 빼 돌렸다가 家族에게 不幸이 연달아 일어났다든가, 또는 堂祭後에 遠川洞으로 보내는 祭物을 전하지 않고 자기가 먹어 버린 사람이 돌아오자 피를 토하고 욕을 보았다는 이야기들이 전한다.

8. 섬마 (宜村 1洞)의 堂祭

섬마의 시낭은 男서낭이고, 堂집은 느티나무 밑에 正東南間으로 위치한 높이 2.7m의 아담한 기와집이다. 서낭대는 몇 해 전부터 江건너 陶山書院에 모셔간다고 한다. 이곳 堂집

처마밑이 짧아서 서낭대 양쪽이 밖으로 노출되어 비바람에 삭아 떨어지기 때문이라고 한다. 이곳 서낭대에도 역시 꿩털을 꽂고 낯보를 달고 방울은 하나이며, 五色 헝겊이며 종이를 매단다. 福을 받기 위헤 아이들 옷을 달 때도 있다.

堂主는 內外 堂主를 섣달 그믐날 대를 내려 뽑는데, 안 堂主가 서남대를 모신다. 여기서는 14日밤 子正에 堂祭를 지내기 전에 대를 내리게 하여 祭를 받겠느냐고 神意를 물어 내림이 오면 서낭대를 解體하고 종이로 封하여 올린 다음 堂祭를 지낸다고 한다. 이렇게 堂祭에 대한 神意를 대를 잡아 묻는 일은 東海岸 別神굿에서 흔히 볼 수 있었다.

9. 보름(대보름) (一月十五日)

보름날 아침에 밤, 대추, 팥을 넣은 찰밥(또는 오곡밥)을 해서 먹는다. 그리고 콩을 볶아 먹기로 하고(加流洞), 검정나물을 먹어야 한다고 하며 김, 취나물, 콩나물, 무나물 등을 먹는다. 귀밝기 술이라고 하여 찬술을 마시고, 加流洞에서는 아침에 찰밥을 성주에게 차려 놓고 모시는데 이때 성주께 바쳤던 술을 귀밝기 술이라고 마신다.

아침에 눈을 뜨자마자 (쥐)부스럼 깨문다고 하여 밤을 깨문다. 아침 식사 뒤 소를 먹이는데, 오곡밥과 나물을 소에게 주어 소가 나물을 먹으면 凶年이 들고 밥을 먹으면 豊年이 든다고 한다.

安東地方에서 널리 行하던 祈豊 行事에 [보리타작]이 있다. 14日 저녁 수수깡으로 보리, 수수, 조 등 곡식과 연장 등을 만들어 거름위에 꽂아 놓았다가 15日밤 달이 뜨면 타작해서 두엄에 넣어 버린다. 또는 태워 가지고 그 제를 꿀밤딱지(도토리)로 섬수낸다고, 몇 섬 있다고 되고, 두엄에 넣는다. 집집마다 돌면서 노는데 약 50年전까지 盛하였다.

世祖 實錄에 보이는 假農作과 같은 것으로 오랜 遺習임을 알 수 있다.

이날 바느질 하면 생손 앓는다고 하여 일 안하고 놀며, 널뛰기, 연날리기 또는 진장구(農樂)치고 노는데도 있다.

아이들이 횃불을 들고(요즈음은 깡통에 불을 넣어 돌린다) 높은 데서 달맞이를 한다. 달을 남보다 먼저 보고, 절하고 所願을 빌면 이루어진다고 하여 특히 處女 總角들이 시집가고 장가들 것을 빈다. 달을 보아 豊年을 占지기도 했다.

이날 집에서 기르는 개에게는 아무것도 먹이지 않는다. 이날은 달 뜬 뒤에 개를 먹이는데, 그 전에 주면 여름에 비계 먹는다고 하고, 파리가 많이 꾀고 여위기 때문이라고도 한다. 여기서 [개보름 쇠듯]한다는 俗談이 나온 것 같다. 嫁樹와 厄연날리기도 전에는 있었다.

加流洞에서는 보름에 다음과 같은 말들이 전한다.

이날 맨발로 나가면 콩나무 구루터기 밟게 된다고 하고, 찬물 미리 먹으면 여름에 소나기 맞는다. 묵나물 먹으면 더위 안 먹는다. 찰밥에 놓은 콩을 미리 먹으면 꿩알을 줍는다. 등

10. 귀신닭이 날 (正月十六日)

加流洞에서는 이날 밤 入口門을 닫고, 鬼神 쫓기 위해 밖에 채를 걸어 놓는다. 또 이날 닭귀신이 나와 아이들 신을 가져가면 잡혀 간다고 하여 저녁에 신을 감추거나 엎어 놓는다. 또 門밖에 개똥, 쇠똥, 말똥을 쌓아 불을 피워 놓는다. 東國歲時記에 보이는 元日夜光鬼와 元日 燒髮과 같은 行事이나 보름에 行하는 것이 다르다.

이날 달이 밝은데 자기 그림자가 머리나 팔이나 몸의 一部가 없으면 그 해에 죽는다고 한다.

또 이날 찰밥을 집집마다 龍단지에 바친다.

Ⅲ. 二月

1. 영 등

영등할머니는 물편(海岸地方)에서 더 위하지만 加流洞이나 下溪에서도 初하루부터 보름까지 每日아침 찬물(淨水) 떠서 소반에 받쳐 뒤안 같은 淨한 곳에 놓고 致誠 드린다 .영등 할머니를 모시고 나서야 朝飯 준비를 한다. 혹시 집에서 변소를 쳤어도 不潔하다고 물을 다시 간다. 그러나 安東地方은 영등할머니 위하는 집이 드물다고 한다.

이날 초하루날 조밥을 해먹으면 부뚜막에 개미낀다고 조밥을 해먹지 않는다. 수수밥을 해먹으면 닭이 잘된다고 한다. 또, 이날은 마지막 노는 날이라고 하여 일 안하고 논다.

東國歲時記에는 이날을 奴婢日이라고 하였는데 역시 관련이 있는 것으로 생각된다. 볏가리, (장)대내리기는 없었고, 노래기를 쫓기 위해 [香娘閣氏速去千里]라고 써붙이는 일은 있었다.

2. 寒食

二日에 寒食이 들면 省墓하는 곳도 있다. 이날 찬밥을 먹는다. 그러나 土溪에서는 四名節에

는 祀堂에 祭祀를 지내고, 九~十月에 墓祀를 지낸다. 正朝茶禮, 流頭나 七夕에 밀때에 밀국수로 천신하고, 가을에 秋夕이나 重九에는 新穀으로 제사 지내며, 冬至에 팥죽 제사를 지낸다. 근래에는 冬至 팥죽 제사가 드물어졌으나 그밖의 三名節은 제사를 계속하고 있다고 한다.

3. 좀생이별 보기

6日에 좀생이 별(參星)과 달과의 거리를 보아 豊凶을 占치는데, 달에 가까우면 凶年이고, 멀리 떨어져 가면 豊年이 든다고 한다.

이날 女子가 남의 집에 먼저 들어오면 재수가 없다고 하여 삼간다.

Ⅳ. 三 月

1. 花煎놀이

삼월 삼짇날(三月 三日)이 아니라 진달래꽃 필 때 여유있는 사람들이 꽃구워 먹는다고 하고 주로 부인네들이 花煎歌 짓고 놀았다고 한다. 嶺南의 內房歌辭는 유명한데 그 속에 花煎歌가 있다.

Ⅴ. 四 月

1. 四月初八日

初八日에 부인네들이 절구경 간다. 즉 佛供 드리러 간다. 加流洞에서는 부처님 믿는 집에선 主婦가 밤에 佛供드린다. 淸水, 흰떡, 삼색과일, 김 등으로 佛床을 차리고, 불받침 쌀을 놓고, 불을 켜고 절을 (四拜)한다.

Ⅵ. 五月

1. 端午

4日에 약쑥을 베고, 5日에 말린다. 端午날 쟁피(창포)나 궁궁이 풀을 달여서 미리 감았다.

창포 이슬받아 화장하고, 머리에 창포를 깎아 꽂았으나, 요즈음은 궁궁이 풀잎을 꽂는다.

이날 別食으로 쑥떡을 해먹고, 또 名節이라고 하여 飮食을 잘 차리고 새옷으로 갈아 입고 논다.

특히 그네뛰기를 한다. 이날 그네 뛰어야 그해 모기에 안물린다고 한다. 즉 모기가 바람에 날린다고 한다. 이때가 앵두철이므로 祠堂에 앵두천신한다.

Ⅶ. 六月

1. 流頭

流頭에는 집에서 만든 밀가루로 밀국수를 마련하고 영계와 햇과일(수박, 외, 자두, 토마토 등)과 함께 祠堂에 流頭薦新을 한다. 낮 점심시간에 지낸다. 시절이 빨라서 밀이 나지 않으면 七月 七夕으로 미룬다.

2. 伏 날

伏날(보통 中伏날)에 龍祭를 지낸다. 술과 떡을 마련하여 일꾼들에게 주면 미루나무나 버드나무에 흰 종이를 매서 龍대라고 하여 논 가운데 꽂고, 논 머리에 가서 밀떡을 논에 던지고, 農事 잘 되기를 祝願한다.

加流洞에서는 논에 가기 전에 그날 성주에게 고사 지낸다고 하였고, 또 들에 갖고 간 음식은 다시 집으로 못갖고 돌아온다고 하여 남에게 나누어 주고, 남으면 묻고 왔다. 提報者들은 初, 中, 末伏 중 하루를 일꾼들에게 떡해 주고 놀게 하는 것이라고 說明한다.

伏날은 伏땜이라고 酒幕에서 개를 잡고, 各 마을에서 개 잡고 모여 논다. 그러나 加流洞에서는 佛敎 믿는 집이 많아 개는 덜 잡는다고 하였다.

Ⅷ. 七月

1. 七 夕

七月 七夕은 牽牛 織女가 만나는 날로 까막까치가 銀다리를 놓으려 갔다가 머리벗겨졌다고 傳한다.

七夕날 저녁은 牽牛 織女가 만난다고 늘 흐리는데 불켜지 않고, 바늘 일곱에 실을 꿰서 아이들 옷을 만들면 좋다고 한다. 乞巧와 비교되는 針線에 관계된 俗信이겠다.

2. 百中날

七月 百中에는 農事 다 지었다고 하여 풋굿을 한다.

풍물치고 논다. 七月 中에 하루는 술과 떡을 장만하여 이웃간에 논다.

七月 百中날은 巫堂이 자기집에서 百中굿을 하는 날이라고 한다. 전에는 下溪에서 20里밖 月谷面 증산동에 巫堂村, 白丁村이 있었다고 한다. 지금은 巫堂이 필요하면 大邸에서 부른다고 한다.

Ⅸ. 八月

1. 秋夕

退溪宗家에서는 秋夕에 祠堂에 祭祀를 지낸다. 祭需는 떡과 메, 三湯, 각색 나물, 고기, 특히 소간으로 부침 한다. 이때도 점심시간에 祭祀를 울린다. 山所에는 九月墓祀때 가고 秋夕에는 안 간다.

加流洞에서는 햇곡식으로 茶禮를 지내는데 송편과 메와 술, 닭잡고, 과일과 나물 등을 祭需로 쓴다. 아침에 성주床을 차리고 나서 茶禮를 지내는데 正初와 같이 한다고 하였다.

그러나 下溪에서의 이야기는 八月 秋夕 때는 新穀이 아직 나지 않아서 그냥 지내며 대개 重九에 茶禮를 지낸다. 그러나 입는 것은 장가 갈 때처럼, 먹는 것은 秋夕 같았으면 좋겠다는 말은 傳한다고 하였다. 요즈음 安東 같은데선 秋夕이 큰 名節로 된 것 같다고 하였다.

Ⅹ. 九 月

1. 時 祀

宗家宅 墓祀는 退溪先生 墓祀부터 지내는데 보통 下旬에 날을 잡아 지내나 陽曆과의 관계로 날씨가 추울 것같으면 初旬에 지낸다.

退溪先生의 遺言에 따라 祭物은 남에게 맡기지 않고 宗孫집에서 직접 차리는 것이 慣例이다. 찹쌀 大斗 한말, 멥쌀 小斗 서말로 떡을 하지만, 하나 앞에 조금씩 밖에 돌아가지 않는다. 그만큼 參拜者가 많다.

初獻은 宗孫이 올리고 亞獻, 終獻은 他處에서 온분들이 올리고 添酌을 두분이 한다. 저쪽에 있는 退溪先生 夫人墓에 술, 실과, 건어 등을 갖고 奠酌하고, [가서 잡수시오]라고 하여 魂을 退溪先生墓쪽으로 모시고 와서 함께 墓祀를 지낸다. 祭需도 떡 두틀, 구이 두틀, 실과는 한 틀이다.

退溪先生 다음으로 時祀를 모시는 분은 여덟분인데 윗톳계, 양평 등 가까운 곳은 祭需를 차려 가지만 먼곳에 있는 墓는 墓지기에게 祭物 준비를 부탁한다. 74년부터는 祭需도 簡素하게 하려고 하지만 退溪先生 墓祀와 忌祭祀만은 전부터 내려오는 대로 빠짐없이 마련해야 된다.

XI. 十月

1. 성주모시기. 용단지. 삼신바가지 갈기

新穀이 나면 龍단지, 삼신바가지(단지)를 갈고, 성주를 모신다. 龍단지에는 皮穀 즉 생나락을 넣고, 삼신바가지에는 수지 즉 햇곡식을 찧은 것을 갈아 넣는다. 날짜에는 별로 定한 날이 없다지만 上溪 宗家에서는 十月 三日 단군절에, 有故時에는 午日에 성주를 모신다. 성주 모시는 일은 새로 집을 上樑했을 때나, 새로 이사 왔을 때 占바치가 날字를 잡아 主祭한다. 밥, 떡, 魚物, 나물 등을 갖추어 마루나 정지에 祖上 茶禮 같이 지낸다. 祭物외에 쌀을 큰 양푼에 떠다놓고 쌀은 祭後에 占바치가 갖고 간다. 富家에서는 五穀을 갖추어 놓고, 祭後에 일꾼을 시켜서 보내 준다. 떡은 팥을 넣은 시루떡이다. 성주 神體는 白紙로 온 종이를 접고, 실을 또한 온 타래를 걸고 마루 위 대들보에 모신다. 그리고 이듬해 같은 날에 종이를 한장 더 붙이고, 성주 生日을 모시는데 전에는 大小家 親戚들도 모였으나, 지금은 그런 일이 없고, 이웃간에 떡을 나눠 먹지도 않는다. 이사 갈 때는 성주를 떼어내어 나무에 걸어 놓고 간다.

上溪 宗家에서도 성주모시고, 龍단지는 庫房에 모시고, 삼신바가치(지)는 다락에 모셨고, 10月 햇곡식으로 갈아 넣는다.

龍단지는 小斗 서말들이의 크기인데 富農일수록 많이 넣는다. 보통 마루나 고방에 모신다.

삼신바가지는 占바치에게 물어서 삼신을 앉혀야 아이를 낳게 된다고 하며 날짜를 받아 모신다. 박바가지(나일론 바가지가 아니고)에 수지(햇곡식 찧은 것)를 넣고 白紙로 싸고 묶는다. 바가지 대신 단지를 쓰는 경우에는 값을 깎지 않고 부르는대로 사온다. 안房 시렁에 모시고 아기 낳기 전에는 찬물을 떠다놓고, 아기를 出産했을 때는 쌀밥과 미역국을 바쳐놓고, 아이가 잘 자라고 命이 길게 해달라고 빈다. 아들은 七七日, 딸은 三七日 동안 바친다. 難産時에도 삼신에게 쌀과 미역과 井華水를 받쳐놓고, 順産을 빈다. 아이가 아파도 빈다. 삼신은 아이에 관해서만 致誠 드리고, 아이가 10여세가 되면 그만이다.

龍단지와 삼신바가지에서 갈아 낸 쌀은 팔지 않고 밥을 지어 먹고, 깨끗한 사람이면 남이라도 나눠준다. 龍단지와 삼신바가지는 햇곡식을 갈아 넣으면 그만이고 그 以上 위하는 일은 없다.

가난한 집에서는 七月에 햇밀을 찧어서 수지 밀가루를 갈아 넣었다가 가을에 햅쌀로 갈아 넣는 일도 있다. 이러한 단지 갈기는 안에서 하는 일이고 사랑에선 모른다고 하였다.

伏날에 지내는 龍祭와 함께 龍단지의 存在는 물과 관련된 水神인 龍은 農神이요, 穀靈으로서의 存在임을 알 수 있다.

龍단지는 祖上단지와의 比較에서 祖靈 곧 穀靈인 것과 다른 存在로 이 고장에서는 祠堂이 있으니까 그렇지 않겠느냐는 兩班層의 說明이었다.

XII. 十一月

1. 冬至

冬至에 팥죽 끓여 門마다 돌아가며 뿌린다. 솥에 뿌리고, 성주, 龍단지, 삼신바가지에 바친다. 새알심을 넣어 먹는다. 동지 제사를 지내는 집도 있다.

冬至전에 참새 세 마리 먹으면 황소 한 마리 먹인 턱이 된다고 하여 새를 잡아 아이들에게 먹인다.

XIII. 十二月

1. 除夕

下渓에서 전에는 그믐날에 서낭을 내렸는데 이달 보름부터 매구를 쳤다고 한다. 除夕에는 잠을 자면 눈썹이 센다고 하여 잠을 자지 않고 守歲하였다. 祠堂앞과 집 四方에 불을 밝혔다. 正月 十四日이나 보름에도 불을 밝혔는데 기름단지나 촛불을 썼다.

그리고 묵은 歲拜를 다니는데 代數가 먼 祠堂부터 찾아 다니고 새해 歲拜는 자기집 祠堂부터 歲拜드린다.

XIV. 閏月

閏달은 공달이라고 하여 집修理며 이사가기, 壽衣만들기 등 百事를 不忌한다고 하여 여러가지 일을 한다.

參考文獻

金邁淳 撰 洌陽歲時記, 1819

洪錫謨 撰 東國歲時記, 1849

韓國民俗綜合調査報告書(慶尚北道篇 金宅圭: 歲時風俗條)

文化公報部 文化財 管理局 1974

野口隆 編 移民と文化變容 日本學術振興會, 1976

末成道男 稿 韓國安東地方における 眞城李氏の墓祀について, 1975

『新羅伽揶文化』 9 · 10級 (1978)提載

安東儒林의 渡滿經緯와 獨立運動上의 性向

趙 東 杰(國民大學校 教授)

Ⅰ. 머리말

獨立運動關係의 滿洲와 北京 또는 上海의 記錄을 보면, 安東地方의 儒林出身 人士가 독립운동 단체나 독립운동상의 중요한 사건이 있을 때마다 中心的 人物로 부각되어 있다. 李相龍, 金東三이 대표적이었지만, 그들은 滿洲의 新興武官學校, 西路軍政署, 統義府, 正義府, 革命議會 등의 단체와 北京의 軍事統一會, 上海의 臨時議政院과 國民代表會 등의 모임에 거의 責任者로 관여하여 독립운동사에서는 빼놓을 수 없는 중요하고 다양한 行蹟을 남겨 놓고 있다.

그런데 安東儒林이 渡滿하여 그곳에 정착하기까지에는 舊韓末의 抗日結社였던 新民會와 結緣됨으로써 가능했는데 新民會는 大韓每日新報의 梁起鐸과 安昌浩가 1907년 4월경 서울에서 결성한 地下 團體였다.

新民會는 당시 在京 愛國志士가 거의 망라된 조직으로서 먼저 兩西地方, 다음에 畿湖地方에 확대되어 있었다. 祕密結社였으므로 大韓自强會나 大韓協會 처럼 教科書的 理解에는 미치지 못한 점이 있을지 모르나 舊韓末 愛國啓蒙運動이나 庚戌國恥 후 海外 獨立運動의 基地開拓에 선봉적 役割을 담당함으로써 독립운동사에서 특별한 주목을 받고 있다.

그런데 新民會의 조직은 中部地方 이북에 국한되어 있었지 嶺湖南까지는 미치지 못했다. 또 新民會에서 亡命基地 개척을 위하여 자금을 모을 때도 嶺湖南은 그 대상에서 제외되어 있었는데 新民會가 개척한 西間島의 耕學社나 新興講習所의 관계 기록을 보면, 이때부터 安東地方 儒林의 名單을 쉽게 발견할 수 있다. 그렇다면 安東儒林이 어떻게 亡命의 길을 텄고, 또 新民會 開拓地에 정착하게 되었던가를 규명해 보는 것은 安東鄉土史의 視角에서는 물론 독립운동사 연구에서도 의미있는 작업이 될 것이다.

그리고 安東儒林의 亡命은 傳統的 衛正斥邪의 思想을 基底로 한 것이 아니라 新民會와 結束한 愛國啓蒙主義的 獨立軍 基地 開拓을 위한 것이었는데 萬人疏나 乙未義兵史를 통하여 알 수 있듯이 儒教의 保守 理念을 고수하던 安東의 儒林社會가 어떻게 啓蒙主義로 개화했던

가도 주목할만한 일일 것이다. 또 渡滿후의 去就도 규명해 볼만한 일이다.

근래에 李相龍의 『石洲遺稿』(1973)와 柳寅植의 『東山全集』(1978)이 刊行되어 다소 의문의 실마리를 풀게 되었으나 연구되어야 할 문제가 해결된 것은 아니다. 여기서 安東儒林의 한 특수성인 人脈的 連結도 분석하면서 독립운동상의 관심을 풀어 볼까 한다.

Ⅱ. 安東儒林의 開化過程

지금까지 알려진 바로는 安東地方 儒林에서 啓蒙的 開化와 獨立運動의 先驅者는 石洲 李相龍(1858年生)과 東山 柳寅植(1865年生)과 一松 金東三(1878年生)이었다. 三者間에는 許交의 處地가 안될 정도로 연령의 차이가 있었지만, 世代的 人脈을 이루며 儒林 開化에 적지 않은 영향을 끼치면서 결국에는 깊은 인연을 갖게 됐다. 그 중에서 激情이 넘치는 東山이 먼저 愛國啓蒙運動에 投身했는데 그의 思想 轉換은 1903년에 上京하여 申采浩와 交遊하고, 또 新書籍을 읽는 데서 비롯되어 특히 露日戰爭(1904)을 눈 앞에 보면서 一變하게 되었다. 申采浩는 당시 成均館에 있었는데, 1905년에는 弱冠 26세에 成均館 博士 皇城新聞 論說委員, 1906년에는 大韓每日新報 主筆에 발탁될 정도로 才志 兼全한 青年이었다.

思想이 一變한 東山이 安東으로 돌아온 1906년경은 日帝의 侵略으로 亡國의 壓迫이 전국에 擴散되고 있던 때였다. 乙巳條約에 의한 主權의 制約은 물론 統監府가 설치되어 韓國政府는 그의 監督下에 들어 갔고 전해 財政顧問이던 目賀田種太郞이 조작한 貨幣改革으로 錢慌(금융공황)이 일어나 全國을 휩쓰는 經濟破綻이 農村에까지 밀어 닥쳤고, 公立普通學校에서는 1학년에 日本語를 週當 6시간이나 부과하는 植民化教育이 시작된 때였다. 한편, 그와 같은 日帝侵略에 항거하여 到處에서 蜂起한 義兵이 勝敗에 불문하고 抗戰을 벌이고 있던 때였으니, 政治, 經濟, 社會, 文化의 모든 영역에서 나타난 緊迫한 상황으로 愛國志士라면 선비를 핑계하고 讀書修身만 하고 있지 못할 형편이었다.

東山은 乙未年의 事變과 改革에 항거하여 義兵에 참가한 바 있는 衛正斥邪的 儒學者였다. 純祖 당시 老洲吳熙常은 『近來文勝而至於滅道質亡矣』라고 한탄하며 道(質)를 경솔히 하고 글재주만 부리는 儒林의 퇴폐상을 규탄했지만, 乙未年을 당했을 때 특히 華西 李恒老 學統과 西山 金興洛 學統의 儒林은 質을 고집하여 義兵을 일으켰으니 滄江 金澤榮이 兩者를 朝鮮朝 儒林의 마지막 人物로 評價하고 있는데, 東山이 그 儒林에서 成長하였으니 義兵에 참가했던 그 激情의 바탕은 이해될 수 있는 것이다. 그런데 그러한 義兵的 氣質의 東山의 思想이 一變하였다면 그 新思想의 관철을 위한 方法도 역시 그 氣質에 의해서 激情的인 것이 될 수 밖에 없었다.

그러므로 서슴지 않고 削髮하고, 削髮하고 온 東山은 愛國啓蒙運動도 격렬하게 추진하였다. 그는 新書籍을 配布하면서 그가 面長으로 있는 臨河面 川前洞 靑壯年의 同調를 얻어 協東學校를 설립하고, 保守儒林 開化에 뛰어 들었다. 協東學校는 川前洞에 설립하였는데, 一松 金東三이 校監의 任에 당하니 여기서부터 金東三이 歷史에 부각되는 것이다.

한편, 安東邑 法興의 石洲 李相龍은 川前洞(내앞)을 據點으로 퍼져가는 新思潮에 때맞추어 1908년부터 大韓協會 地方組織에 착수하여 1909년 봄부터는 정식으로 安東支會를 결성하여 활약하니 安東의 愛國啓蒙運動은 본궤도에 올라 급속도로 발전하게 됐다. 安東社會는 儒林的 權威와 親戚族 관계가 社會變化에 큰 영향력을 가지고 있는데 東山의 三山, 一松의 川前, 石洲의 法興 또는 陶谷이 開化의 本山이 되었다는 것은 安東地方에 적지 않은 變化가 올 것을 예상케 하는 일이었으며, 더구나 李相龍은 52세로 당시에는 노장이었을 터이고, 當代 追仰을 받던 西後面 金溪洞 西山 金興洛에 師事하였고, 臨淸閣의 主人인 그가 愛國啓蒙團體를 결성했다는 것은 柳寅植의 思想 一變과 함께 劃期的 사실로 봐야 할 것이다. 평범한 儒林이라면 몰라도 乙未義兵 때, 保守斥邪를 고집한 柳寅植과 李相龍이 開化 一線에 나섰다는 것은 安東地方이 아닌 全國的 例로 봐도 稀貴한 일이었으니 革命的 變化였음에 틀림이 없다. 東山이 石洲가 大韓協會 安東支會를 창설함에 兩家에 내려오던 爭訟의 원한을 씻고 握手했다는 사실도 주의 깊게 볼 일이다.

그런데 東山의 思想 變化는 時期나 契機 모두 上述한 바와 같이 그 狀況이 명확한데 石洲의 경우는 분명치 않다. 여기서 잠시 그 문제를 추적해 보겠는데 石洲는 東山보다 한 두 해 늦어서 思想 變化가 온 것 같다. 그것은 石洲가 乙未義兵에 참가한 이후 乙巳義兵 때도 鄕中 義兵에 대하여 軍資 支援을 했다는 것으로 알 수 있다. 그는 敗戰의 소식을 듣고 충격받아 東西列强의 서책을 읽으면서 世界 大勢도 알게 되었으며, 따라서 民衆이 合心하여 人材를 敎育하는 길이 根本事業이라는 것을 판단하게 됐다는 것을 보면, 특히 兩次에 걸친 義兵 敗戰에 크게 자극을 받은 것 같다. 石洲는 義兵戰爭 당시 乙未義兵은 직접 일으켰지만, 乙巳義兵때는 安東邑 臨淸閣을 떠나 門中山村인 東後面(月谷) 陶谷洞에 들어가 軍資金 등 支援活動만 했다고 한다.

이와 같이 石洲는 歷史의 進路를 自己 自身의 反省에 의해서 修正한 것 같다. 그러나 당시 이미 柳東山에 의해서 전개되고 있던 革新運動에 鈍感했을 턱은 없다. 더구나 東山이 설립한 協東學校가 있는 川前洞은 石洲의 妻鄕이며 法興과는 數十里의 相隔에 불과하다.

妻男이면서 後日 함께 渡滿하는 賁西(白下) 金大洛과의 年積한 觀分으로 보나, 協東學校의 一松과 年輩이며 後日까지 同志的 結束이 되어 있던 白下의 아들 衡植과의 관계를 보더라도, 이미 石洲가 新文明과 접해 있었던 것을 짐작하기란 어렵지 않다. 그외에도 石洲는 開化 儒林과 交友한 흔적을 발견할 수 있다. 『石洲遺稿』에 그의 姑母夫인 英陽郡 日月面 注谷洞 趙銖容에게 보낸 書簡이 특히 많은데 內容에서 그곳 趙銖容의 再從叔 秉禧에 대한 소식을 자주 묻고 있고, 秉禧와는 交信이 있었는데 趙秉禧는 注谷洞에서 開化 先驅者로 알려져 있고 이미 삭발을 하고 다닐 때였다. 石洲가 1911년 渡滿할 때 姑從인 趙萬基(銖容의 子)도 함께 간 점과 아울러 생각해 보면 人脈關係를 경시할 수 없고, 그 戚族人脈을 통하여 石洲는 新文明에 이미 접하고 있었던 것이다. 이러한 작은 安東地方 戚族關係의 社會構造的 性格을 이해하는 사람이면 누구나 짐작이 갈 것이다.

이와 같이 石洲는 義兵戰爭에서 얻은 自己 經驗의 反省과 直接 間接으로 開化 人士와의 交分에 의해서 대체 1907년부터는 開化思想으로 轉向했다고 보겠다. 그러므로 1908년 大韓協會 安東支會 結成을 中央本會로부터 종용받고 快히 승낙했던 것이며, 支會를 결성한 뒤에는 協東學校 등의 私學을 적극 지원하며 愛國啓蒙에 전력을 쏟았다.

이렇게 보면 安東地方 開化 儒林의 形成은 柳寅植(東山)의 革新的 活躍에 의해서 革命的으로 추진되어 金東三(一松)을 前衛로 한 協東學校의 教育的 普及, 그리고 李相龍(石洲)이 창설한 大韓協會 安東支會의 社會運動을 통하여 擴大되어 갔다고 말할 수 있으며, 여기에는 儒林社會의 척족관계가 의의있게 관여됐다고 할 것이다.

思想의 近代化에는 정도의 차가 있으니 한 말로 묶을 수도 없고 여기서 장황하게 검토할 겨를이 없으니 要點만 추려서 볼 수 밖에 없는데, 먼저 東山의 경우 1908년에 노비를 解放한 것을 보면 자신의 말대로 維新的 一變相을 보이고 있는데 이것은 당시 新文明에 접한 內面的 發展에도 이유가 있겠지만, 日帝 侵略으로 인한 각박한 客觀 情勢에 對處하려는 民族的 意志로도 봐야 할 것이다. 그는 民族과 國家를 사랑하는 것이 激烈했기 때문에 歷史에 대한 反省도 철저했고, 반면 檀君史와 渤海史에 대하여 강렬한 관심을 표현한 民族史觀에 투철했던 人士이기도 했다.

石洲의 경우는 箕子東來說을 비판하고 渤海에 대하여 韓國史的 愛着을 담고 있어서 과거

儒家的 慕華史家의 경지에서 脫皮하고 있다. 그리고 世界列强은 民權으로서 강하게 되지 않은 나라가 없다고 하면서 사람이 時論을 전개하는 것은 國民의 義務라고 하기까지 民主主義 思想家 또는 民權鬪爭의 지도자로서의 一面을 보여 주고 있다. 그리고 1908년 大韓協會에 보낸 答書 內容을 보면 普魯(프러시아) 法國(프랑스) 意國(이태리) 희랍 등의 例를 들며, 結社 組織에 의한 民權運動을 역설하고 있어 그의 思想的 幅을 짐작케 한다.

그런데 당시 大韓自强會나 新民會의 正統開化派의 啓蒙思想家에 비한다면 石洲나 東山의 思想은 儒家的 性格을 遺稿 곳곳에서 발견할 수 있는데, 이러한 점에서 石洲, 東山, 一松 등을 중심한 安東儒林을 開化派의 啓蒙家의 구별하여 革新儒林이라고 규정해야 할 것이다.

儒家的 處地에서 注目되는 것은 華西 學統의 儒林은 끝내 思想變化가 없었던 것과 비교되는 점이다. 舊韓末에는 물론 특히 3.1운동후까지도 그 들의 스승 金平默(春川地方 設門) · 柳重敎(楊平 · 平山地方 設門) · 朴文一(泰川地方 設門) · 崔益鉉(抱川地方 設門) · 柳麟錫(春川 · 堤川 · 楊平 · 平山 · 殷栗 · 龍川 · 价川地方 設門)이 모두 故人이 되었는데도 (마지막으로 柳麟錫이 1915年 作故) 그의 門人 朴長浩, 白三圭, 全德元 등은 大韓獨立團(1919)이나 義軍府(1923)등을 조직하여 衛正斥邪의 抗爭으로 一貫하였는데 安東儒林은 萬人疏와 乙未義兵의 전통을 가지고 있으면서 石洲, 東山, 白下처럼 一角에서는 反省的 思想 變化를 가져왔고 또 在滿 獨立運動에 있어 乙未義兵史的 獨立戰爭을 계승한 사람이 없다고 하는 점이다. 이것은 亂世에도 讀書修身之道를 강조하던 艮齋 田愚 學統과의 比較와 더불어 儒學史의 과제라 하겠다. 물론 社會史的 理由가 있다면 그것 역시 규명되어야 할 과제인 것이다. 이 문제는 특히 民族運動的 視角에서 지금까지 試論으로 提起된 바도 없으니 이 방면 研究者는 깊은 관심을 쏟아야 할 일이다.

그리고 石洲와 東山의 開化思想에는 儒教的 性格이 그대로 있어 革新儒林이라고 한다는 점은 이미 지적한 바인데 安東 革新儒林이 전개한 그의 獨立運動이 反帝的 抗日運動, 攘夷的 抗日運動, 民族的 抗日運動 어디에 속하느냐 또는 어느 쪽에 기울었느냐 하는 점은 複合的인 것 같다. 乙未義兵에서 출발한 것은 攘夷的 抗日運動에서 비롯된 것인데 그후에 思想 一變이 있었으니 攘夷的 限界性은 脫皮했다고 해도, 論理的으로 보면 帝國主義와 民族主義에 대한 理論 展開가 상세하지 않았으니 複合的이라고 말할 수 밖에 없는 것이다. 民族主義라고 해도 近代的 市民意識에 의한 思想 定立이 그렇게 쉬운 것은 아니기 때문이다.

Ⅲ. 協東學校와 大韓協會 安東支會

安東地方의 愛國啓蒙運動에서 中樞的 位置에 있던 것은 協東學校였다. 協東學校는 1907년 川前洞에 설립됐는데 可山書堂을 개수하여 이용했다. 당초에는 保守的 抵抗에 부딪쳐 순탄치 못했던 것은 保守의 전통으로 메워진 安東儒林이니 오히려 당연한 일이었다.

東山이 그의 스승 拓菴 金道和(龜尾洞)에게 올린 글을 통해 보더라도 몇번이고 좌절된 흔적이 역력하다. 學校의 財源을 鄕校나 몇몇 門中 財産으로 충당할 계획이었으니 더욱 어려웠을 것이다. 그런데 결국 成就했던 것은 東山과 一松등의 열성과 한편, 保守儒林의 寬容的 轉向에도 이유가 있었지만, 당시 日帝 統監府에서 鄕校 財産과 市場稅 등을 公立學校 財源으로 돌리려는 作業을 추진하고 있다는 日帝 侵略狀況도 作用됐던 것으로 보인다. 그것은 東山의 글에서 [協東學校 發起時 如干儒物 已爲宋郡守之調査 故協東人 奔走京鄕]이란 대목으로 그 사실을 확인할 수 있다. 당시 安東郡守는 宋憲冕이었다.

그러나 財源 염출에 많은 門中이 찬동한 것 같지는 않다. 關係 記錄도 없고 證言으로도 상세히 알 길이 없으니 확실한 내용을 알 수 없는데 川前洞 등의 義城 金氏門中 財産이 가장 많이 충당됐을 것은 協東學校가 川前洞에 設立된 것을 보나, 虎溪書院(退溪 · 鶴峰 祭享) 財産이 들어 갔다는 것으로 보나 틀림이 없을 것 같고, 다음은 東山의 鄕村인 禮安面 三山洞을 비롯한 臨西面의 全州 柳氏門中 財産이 갹출됐다고 봐야하는데 그것은 柳東山이 校長職에 있었다고만 해서 아니라 그것도 전연 無意味인 것은 아니겠지만, 後日 東山이 柳東泰에게 맡겼다고 하는 것을 보면, 柳東泰는 臨東面 朴谷洞 사람이니 全州 柳氏 門中 財産도 상당히 염출됐던 것으로 보인다. 또 學校 職員에서 柳. 金氏이외에 河中煥이 있는 것으로 보아, 西後面 松野洞 河氏 門中도 관여된 것이 아닌가 한다. 그러나 鄕校 財産이 제공되었다고 하면 安東 鄕中이 多少間 거의 관여된 鄕中 私學으로서의 協東學校라 해야 할 것이다. 여기에 協東學校가 安東 鄕中에서 愛國啓蒙運動의 中樞役이 될 수 있는 根據가 있다고 하겠다.

이와 같이 鄕中의 힘이 多少間 모두 모였고, 鄕中의 合意에 의하여 設立한 協東學校였기 때문에 文獻에 따라 設立者의 이름이 柳寅植, 金東三, 李相龍 등으로 나타나 있다. 主役은 東山이었지만 財團 形成의 측면에서는 各其 門中 나름으로 主人格이 될법도 한 일이다.

이러한 이야기는 그만큼 各門中이 관심을 쏟은 協東學校로서 愛國啓蒙運動의 本營 구실을 했다는 점을 말하고 있기도 하다.

協東學校의 職員은 東山과 一松외에 金厚秉(蒼菴), 河中煥(砥峯) 그리고 外地 人士로 金基洙, 李觀稙이 있었는데 당시의 寫眞을 보니 教員과 學生이 모두 삭발을 했고, 1907년 卒業生이 23명인데 모두 교모와 교복(韓服)을 着用했다. 그리고 教員은 7명인데 金東三은 洋服을 입고 있다.

證言에 의하면 漢文 修學한 各 門中 子弟를 學生으로 했으며 學生들이 읽던 梁啓超의 『飮氷室集』은 지금도 이 地方에 많이 남아 있다는 것으로 미루어 中等 水準의 課程이 부과됐던 것 같은데 그렇다면 常民은 入學할 수 없었을 것이니 儒林的 테두리를 벗지 못한 協東學校의 限界性을 보는 反面, 높은 水準의 教育으로서 그 役軍을 통한 儒林開化에는 크게 貢獻했다고 봐야할 것이다. 즉 協東學校는 安東地方으로 보면, 직접 民衆的 民族力量의 成長을 위한 目標가 아니라 儒林 開化, 또는 民衆 開化의 要員을 養成하는 구실을 했다고 봐야 할 것이다.

1912년 臨東面 馬谷洞 柳淵熹의 學籍簿를 보니 그는 1學年인데 당시 23세였다. 그리고 學制는 3年制로 편성되어 있는데(1911年 朝鮮教育令公布) 第 3學年의 教育課程은 修身, 國語, 歷史, 地誌, 外地(外國地誌), 漢文, 作文, 美術, 代數, 物理, 化學, 生理, 動物, 植物, 博物, 唱歌, 體操등 17科目으로 짜여져 있다. 資料가 없어 教科別 課程과 內容은 검토할 수 없으나 이 教科目만을 보아도 中等學校였음을 알 수 있다. 1912년의 일이라면 그것은 다소 科目變更은 있어도 程度는 그전의 것을 계승했다고 봐야 할 것이다. 그런데 위의 學籍簿를 보니 柳淵熹는 1915년(大正 4년) 4월 17일 卒業 豫定이고, 第2回로 표시되어 있다. 그렇다면 庚戌國恥후의 入學 즉 1911년 봄부터의 入學을 起算한 回數이니 1907년 設立한 學校로서 日帝의 支配下에서 어떤 變動이 있었다는 것을 示唆해 주고 있다. 第3回 卒業 寫眞을 보니 卒業生이 6명 뿐인데 第3回가 卒業한 1916년에는 前年의 私立學校令 때문인지 몰라도 1907년 23명 卒業生에 비하여 쇠퇴했다는 것을 말해 주고 있다.

大韓協會는 大韓自强會의 後身이었다. 大韓自强會는 海牙密使事件으로 高宗이 강제로 退位당하는데 항거하다가 해산 당했으니 大韓協會는 빨라야 1907년 말경에 창립되었다. 『東山文稿』에 丁未春에 창설됐다는 것은 年代 착오일 것이다. 『石洲遺稿』의 行狀을 검토하니 大韓協會 支會를 설립하기 위하여 本會와 書信 連絡이 있은 후 鄕中 人士와 더불어 支會를 倡起했으나 會員이 잘 모이지 않았다고 收錄되어 있다. 이것은 1908년의 일이고 그러한 準備中에 石洲가 監獄에 갇혔다가 1909년(己酉) 3월에 석방되어 支會를 조직하고 會長에 被選

되었던 것이다. 그리하여 不幾月에 會者가 殆數千이나 되었다고 하니 창설과 동시에 會勢는 대단했던 것을 알 수 있다. 그런데 安東에서 創立總會를 가진 것은 1909년의 일이었지만 前年에 이미 本會의 부탁을 받아 支會創設의 협의가 있었고 行狀의 內容대로 곧 支會를 창기했던 것이니 安東에서 大韓協會의 활동이 시작된 것은 실제 1908년의 일이었을 것이다. 1909년初에 警察에서 石洲를 拘禁했던 일은 義兵과의 連絡 혐의라는 구실이었지만 警察의 內心은 支會 創設을 방해하는 一端일 수도 있었겠다. 그것은 石洲의 拘禁中에 民衆이 몰려와 울면서 抗議했다는 점이나, 또 석방되자 곧 支會를 결성할 수 있었다는 점으로 봐서 짐작할 수 있는 일이다.

1908년부터 추진하여 1909년 봄에 정식으로 支會를 창립하자 數千의 會員을 확보하게 되어 활동도 자못 활발하게 전개되었다. 會報를 통한 홍보활동, 講演會의 개최 등, 그외에도 宋憲冕 安東郡守에게 보낸 글을 보면 私立學校가 公立學校로 흡수되어 教科가 減廢되고 학생이 흩어지는데 항의하면서 植民教育現象에 항쟁하는 安東支會로서의 모습을 보이고 있다. 한편 여기에서 協東學校외에 여러곳에 私立學校가 있었다는 것도 알수 있겠다.

中央의 大韓協會는 一進會에 말려들어 變質되어 갔다. 그런데 注意할 것은 地方의 支會도 한가지로 해석하는 誤謬는 없어야 할 점이다. 石洲는 中央處事에 대하여 신랄하게 공박하여 安東支會만이라도 본래 대로 유지하려고 노력했다. 그러나 이때『民心之解放 何以收拾也』라고 외쳤던 것을 보면 本會의 變質로 그의 뜻과는 달리 支會도 쇠퇴할 수 밖에 없었다. 드디어『不幸不死 坐受窮天難洗之辱』이라 하며 걱정하던 石洲에게 결국 庚戌國恥가 닥치고 말았는데 이 때에 新民會로부터 渡滿移住의 교섭이 전달되었으니 주저할 이유가 없었던 것이다.

Ⅳ. 儒林의 渡滿經緯

大韓協會 支會의 協東學校를 중심으로 愛國啓蒙運動을 펴던 安東의 革新儒林은 庚戌國恥와 더불어 西間島로 亡命하여 新民會 계획에 따라 新興武官學校 설립에 참여하여 亡命 同胞의 定着地와 獨立軍 基地 開拓에 心血를 쏟았다. 그리하여 亡命 民族은 있어도 亡命政府는 없던 韓國 亡國史에 있어 흡사 亡命政府와도 같이 在滿 同胞社會 形成의 기초를 닦아, 이것은 후일 獨立戰爭의 기반이 되었는데 당초 新民會의 주선에 따라 渡滿한 李相龍, 金東三 등의 安東儒林은 그 在滿 獨立運動史에 있어 不朽의 業績을 남기고 있다. 그런데 庚戌國恥 전에 國

內에서 愛國啓蒙運動을 폈던 安東의 革新儒林이니 新民會와 思想的 脈絡이 이어지는 것은 사실이었지만, 그렇다고 運動上 連絡의 흔적은 없던 彼此에 그것도 短時日內에 어떻게 유대가 이루어졌으며 또 安東地方에서 그토록 많은 人士가 渡滿하게 되었던가에 주목하지 않을 수 없다.

新民會는 당초(1907) 愛國啓蒙團體로 조직되어 祕密地下組織을 통하여 愛國教育과 物産獎勵運動을 펴다가 1909년 봄부터는 海外의 獨立軍基地 開拓을 계획하여 獨立戰爭을 표방하게 됐다. 이와 같이 愛國啓蒙團體의 新民會가 獨立戰爭團體로 變化한 것은 지금까지 各其 별도로 추진되던 義兵戰爭과 愛國啓蒙運動의 反省的 統合으로서 이것은 日帝 侵略의 緊迫性앞에 보여 주는 民族運動의 새로운 發展方向인 것이다. 새로 편성할 獨立軍은 前近代的 性格과 方法을 止揚하여 愛國啓蒙的 思想을 精神的 支柱로 하고, 近代的訓鍊과 裝備를 갖출 것을 의도하고 있었다. 따라서 新民會의 獨立戰爭 戰略은 그러한 獨立軍 養成을 위한 武官學校 設立부터 추진할 수 밖에 없었다.

그런데 海外에서 獨立戰爭을 계획한 것은 新民會에서 계획한 것이 처음의 일은 아니다. 朴容萬이 美洲에서 네브래스카 少年兵學校를 설립한 사실이나 柳麟錫이 李範允과 함께 沿海州에서 十三道義軍을 조직한 것이 國恥 전의 일이니 보다 앞선 것이다. 그러나 美洲의 경우는 國內와 斷絶된 것이고, 沿海州의 경우는 종래 義兵戰爭의 계승으로서 高宗의 亡命을 추진할 정도로 封建的 殘影이 投射되어 있는 것이다. 그에 비해 볼때, 新民會의 계획은 당초 국내에서 계획하여 海外로 발전한 것이며, 또 地域的으로 봐도 직접 國內 進擊戰을 계획할 수 있는 西間島였다. 그리고 梁起鐸, 安昌浩, 李東寧 등의 주요 名單이 말하듯이 愛國啓蒙思想을 주축으로 하고 있어 앞의 두 경우와는 다른 것이다.

그리고 당시의 獨立軍 基地는 滿洲가 海外 어디 보다 客觀的 條件이 유리했다. 그 유리했다는 것을 나열해 보면 다음과 같다.

① 滿洲는 高句麗나 渤海의 故地로 한국인에게는 歷史의 고장일 뿐 아니라 특히 間島(通俗北間島)地方은 肅宗 以來 朝淸間에 領土紛爭이 있던 곳이며 舊韓末에는 그곳에 間島管理使를 파견하여 行政的 管轄을 해오던 곳이어서 한국인은 韓國勢의 延長地域과도 같이 意識하고 있었던 점

② 地理的으로 鴨綠江 · 豆滿江등과 경계한 隣接地域으로 移民의 交通條件, 그리고 獨立戰爭上의 戰略으로 적절했다는 점

③ 歷史的으로 移民이 있었고 특히 庚戌國恥와 3.1운동을 계기로 亡命 移民이 격증하여 同胞社會가 形成되었으니 獨立軍의 社會的 및 人的基盤이 있었다는 점

④ 광활한 황무지가 많아 開拓의 여지가 많았다는 점

⑤ 傳統上 또는 오랜 政爭으로 行政과 治安의 空白地帶가 많고 또 그렇지 않더라도 中國에서는 移民의 近代的 概念이 정립되어 있지 않았던 때였으므로 그들의 비위만 상하게 하지 않으면 누구라도 移民이 가능했던 점

⑥ 韓國 移民이 항상 傳統的 友誼를 내 걸고 있었듯이 兩國民 사이에 交流하는 友好的 분위기가 있었다는 점

⑦ 그런데 새로 韓國人에 의해서 개척되는 벼 농사는 그들이나 移民者나 經濟的 利益에 크게 이바지했다는 점

이와 같은 客觀條件이 있었으므로 獨立軍 開拓地를 滿洲로 선택하였고, 中國에 대하여는 他國人이 銃을 들고 武裝活動을 한다는 것은 近代的 主權 槪念에 어긋나 미안한 일이었지만, 亡國의 韓國人 處地로서는 그만한 곳도 없으니 신세질 수 밖에 없었던 것이다.

그리하여 新民會도 西間島를 선택한 것이다. 新民會가 移住計劃을 시작한 것은 1909년 봄부터의 일이었으나 구체화된 것은 중도에 安重根의 義擧事件으로 많은 人士가 구금됐다가 석방된 1910년 3월부터의 일이었다. 3월의 幹部會議에서 具體案을 마련하고 곧 실천에 옮겼다. 그 계획에 따라 安昌浩, 李甲, 柳東說, 申采浩, 金羲善, 李鍾浩, 李鍾萬, 金志侃, 李剛이 靑島로 亡命하여 이른바 靑島會議를 가졌고, 그해 가을에는 沿海州로 옮겨 추진하고 있었다. 그런데 上記 亡命 人士의 추진은 巨富 李容翊의 손자 李鍾浩, 李鍾萬의 出資 約束에 의지한 것인데 그것이 庚戌國恥와 더불어 차질이 생겨 亡命 人士의 계획은 霧散되고 말았다. 그리하여 당초의 계획은 다시 國內人士에 의해서 새로 추진하게 되어 庚戌國恥 직후인 1910년 9월 李東寧, 李始榮, 張裕淳, 李觀稙 그리고 朱鎭洙가 獨立軍 基地 候補地를 물색하러 四間島 일대를 답사하고 예정지를 결정하게 되었다. 李東寧 등이 돌아오자 이 계획은 急進展하여 그해 12월 중순에 梁起鐸, 安泰國, 朱鎭洙, 李昇薰, 金九, 李東寧, 金道熙 등이 西間島 移住를 위한 마지막 會議를 열고, 農土 購入과 武官學校 設立基金 75만원 募金計劃을 세웠으며, 또 移住民은 人當 1백원 이상 휴대할 것을 결정하고 年內에 募金 完了할 것도 決定하였다. 이 때의 일이 얼마나 주의깊게 추진됐던가는 이 일의 總責任者인 梁起鐸이 친아우

演鐸에게도 祕密히 했다는 점으로 알 수 있다.

이와 같은 계획이 安東儒林에 침투된 것은 募金 擔當 江原道 責任者인 朱鎭洙에 의해서 1910년 12월 하순에 石洲 李相龍에게 전달됨으로써 비롯되었다. 朱鎭洙(1878年生)는 蔚珍郡 遠南面 金梅星(梅花二區) 출신으로 원래는 완고한 선비였는데 金道熙와 交遊하면서 思想變化를 일으켰고 또 新民會에 加入하여 前述과 같이 직접 四間島를 답사하는 등의 열성을 보였다. 鄕里에서는 新民會 事業의 일환으로 晩興學校를 세워 新教育에 헌신하기도 했다.

그는 移住計劃에 따라 平海地方의 儒林 黄氏 宗宅의 黃萬英의 同調를 얻어 그와 함께 1910년 12월 安東 李相龍을 찾아가 同意를 얻게 되었다.

李相龍은 朱鎭洙, 黃萬英의 제의에 同調하여 곧 家事를 정리하고 奴婢를 解放하고 이듬해 陰正月에는 滿洲로 떠났으니 이와 같이 短時日内에 모든 일을 完了한것은 일의 탄로를 우려하여 지체할 수 없었기 때문이었을 것이다.

이때(1911.1) 소위 安岳事件과 梁起鐸 등의 保安法違反事件 때문에 梁起鐸, 朱鎭洙, 林蚩正, 金道熙, 金九, 安明根등이 구금되는 등 新民會關係者에 대한 檢擧, 旋風이 불었는데 李相龍은 尙州에서 그 소식을 듣고도 위험을 무릅쓰고 北行 渡滿했던 것이다.

新民會가 日帝警察의 情報網에 발각된 것은 1909년 봄의 일이었다. 그뒤 日帝는 新民會動靜을 계속 추적하다가 新民會 出國 직전인 1911년 1월부터 총검거에 나서 安明根事件을 기화로 黃海道一帶의 新民會員을 모두 검거하니 이를 安岳事件이라 하거니와 이때에 피검된 志士가 160명에 달했다고 하며, 이 기회에 日帝 警視總監部는 新民會 中央幹部를 검거하니 이것이 梁起鐸, 朱鎭洙 등의 소위 保安法違反事件이며, 뒤이어 그해 9월에는 平安道를 중심하여 600~700명을 검거하니 이것이 이른바 105人事件이란 것인데(105人은 有罪判決 人員), 이것으로 新民會의 中樞府의 地方 組織이 다 함께 거의 붕괴되었던 것이다. 이것은 韓國獨立運動史에 있어 最大 不幸中의 하나라 할 것이다.

그리고 李東寧, 李始榮 등은 제일 먼저 건너 갔고 뒤따라 李相龍, 金東三이 檢擧旋風을 뚫고 渡滿하였으며 이때에 土人들이 놀랄 정도로 韓人의 搬車가 줄을 이어 한국의 皇子가 온다고 와전되기 까지 하였다는 것을 보면 新民會員은 거의 검거되어도 新民會의 新韓村 建設의 理想은 實現되고 있었다.

李相龍은 渡滿問題를 그의 妻男인 川前洞의 金大洛(賁西 · 白下)과 함께 계획하였고, 두 사람은 男妹之情 이상으로 親分이 두터웠으므로 그후에도 行動을 같이 하였다. 川前洞은 前述

한 바와 같이 協東學校가 있던 마을로 愛國啓蒙運動이 활발하던 곳이다. 李相龍과는 當代는 물론, 兩門中의 世交가 깊었고 또 李相龍의 法興洞이나 陶谷洞 어디라고 해도 川前과 數十里 相隔에 불과한데 그위에 儒林으로서의 開化 또는 愛國啓蒙主義의 思想的 共通性이 있었으니 庚戌國恥를 보면서 新韓村 建設에 뜻을 같이 하기란 어렵지 않은 일이었다. 金大洛, 金衡植의 父子, 그리고 一松 金東三을 비롯하여 많은 사람이 家庄을 정리하고 西間島로 떠났다. 日帝가 1934년에 발행한 『國外에 있어서 容疑者 朝鮮人名薄』에 川前洞으로 明示되어 있는 在滿獨立運動家는 金東三, 金衡植, 金秉達, 金圭植, 金秉萬, 金定默(金東三 子), 金章植, 金政植 등인데 모두 正義府 所屬으로 되어 있다. 이외에도 많았을 터이지만, 시골 마을에서 8명 뿐이라고 해도 家庄을 모두 팔고 渡滿한 雰圍氣를 상상해 보면, 川前洞 온 마을이 亡國의 恨을 씹으며 滿洲 新韓村에 마음을 쏟고 있있을 것이다.

在滿 獨立戰線에서 金東三과 1920年代 行蹟을 함께하고 있던 金元植은 西後面 金溪洞 출신으로 川前 金氏와 同族이다. 역시 金東三의 同志였던 李源一은 陶山面 下溪洞 출신으로 川前의 門客(妻鄕)이다. 그리하여 陶山面 宜村洞의 李祁鎬와 李源博의 渡滿도 李源一과 역시 有關한 것이다.

李相龍(石洲)의 本宅은 安東邑에 있었지만, 舊韓末義兵活動 때문에 잠시 그의 族村인 東後面 道谷洞에 居處하였다. 그리하여 陶谷洞 그의 門中에서도 李炳華(大用), 李永衡, 李璿衡이 渡滿했으며 石洲의 祕書格으로 활동하던 鳳羲는 그의 季氏이다. 그리고 石洲의 姑從이며 川前門客인 趙萬基도 渡滿했는데 그는 英陽郡 日月面 注谷洞 출신으로 당시 派內 一族을 거의 同伴하였다.

이상과 같이 安東 儒林의 渡滿은 新韓村 建設 또는 獨立軍 基地開拓을 목표한 思想的 共通性이 있었다고 하더라도 戚族 人脈과 儒林的 親疎關係가 중요한 구실을 하였다. 당초 李相龍의 同調를 받은 朱鎭洙와 黃萬英이 同志的 結束이 이루어진 것도 朱鎭洙의 金梅里와 黃萬英의 沙銅里가 30里 近接한 마을로서 원래 儒林的 連結과 世交가 깊었던 背景 위에서 成就된 것이고, 金梅 沙銅을 비롯한 蔚珍 南部地方 儒林은 당시 江原道라고 해도 黃萬英이 英陽 注谷이 妻鄕이었던 것처럼 慶北 北部地方과 姻戚關係를 맺어 왔다. 儒林의 移民이었으므로 당시의 狀況을 보면 宗宅일 경우는 奉祭祀의 田庄만은 남겨두었고, 그외의 경우는 家庄을 모두 팔아 갔으니 渡滿 光景은 亡國民의 慘狀 그대로였다.

安東 儒林 開化에 中核的 役割을 한 卯寅植도 1911년 여름에 渡滿했다. 그런데 家産을 정

리하기 위하여 그해 겨울에 歸國했다가 日警에 被檢되니 斷念하고 석방된 후에는 安東을 중심으로 愛國啓蒙運動을 계속했다.

V. 獨立運動上의 性向

이상과 같이 1910년 4월 新民會 亡命人士의 靑島會議者는 新韓村(海外基地) 개척의 組織에서 離脫하였고, 國內에 있던 梁起鐸, 朱鎭洙 등 新民會 中樞 人士는 渡滿 直前에 소위 安岳事件을 계기로 日帝에 被檢됨으로써 계획이 좌절되었다. 그리하여 新民會 移民計劃은 李會榮, 李東寧을 비롯한 몇몇 人士와 渡滿 計劃 때 비로소 참여한 李相龍 등의 安東儒林이 主軸이 되어 實現을 보아 新韓村을 개척하게 되었다.

그들은 渡滿 즉시 耕學社와 新興講習所를 설치하고 新民會가 계획한 대로 獨立軍 基地 開拓에 착수했는데 1930년경까지만 해도 主客觀的 與件에 따라 多樣한 變遷, 形容할 수 없는 형극의 길을 걸었다. 그동안 新興講習所를 주축으로 한 在滿 獨立運動 團體의 明滅變遷을 보면, 耕學社(新興講習所) 扶民團(新興武官學校) 韓族會(西路軍政署) 統義府 正義府 革新議會 또는 國民府로 이어져 있다. 그런데 注目되는 것은 3.1운동 후 李東寧 李始榮도 上海臨政으로, 李會榮은 北京으로 떠나고 西間島 또는 南滿洲 일대의 上記한 獨立運動 團體는 李相龍 金東三에 의해서 指導되었다는 점이다. 1926년 4월 당시 正義府가 있던 吉林에서 과거 新民會長 梁起鐸을 委員長으로 高麗革命黨이 조직될 때, 安東儒林의 渡滿을 주선한 朱鎭洙도 있었으나 이미 자기 갈 길이 따로 있을 때였다. 이때 李相龍은 69세의 老齡이었지만, 金東三은 49세로 新興武官學校 北岔分校 또는 白西農場의 責任者(1913), 上海臨政議政院 議員(1919), 西路軍政署 參謀長(1919), 統義府 總長(1922), 上海 國民代表會 議長(1923), 全滿統一議會 議長(1924), 正義府 外交委員長(1925)을 역임하면서 滿洲 風霜에 15年을 成長해 온 歷戰老將이었으니 이제 獨立運動界에서는 梁起鐸, 朱鎭洙에 比할 바 이니었다. 그는 在滿 獨立運動界의 核心的 位置에 올라서 있었다. 新民會의 당초 理想에도 이와 같은 人物 輩出을 目標하고 있었던 것이다. 金東三은 獨立運動 戰略上의 出衆한 人物이었을 뿐 아니라 人格面에서도 尊敬을 받은 것은 生存 獨立運動家들의 異口同聲이다.

그러면 여기서1931년 金東三이 日帝에 被逮때까지 活動上의 特殊性을 살피는 것으로 本項을 메우기로 한다. 安東儒林 모두를 검토하는 것은 불가능하고, 또 安東 人士는 始終 金東

三과 行蹟을 함께 했으므로 무리가 없을 것으로 안다. 그리고 李相龍에게 관심이 안갈 수 없는데 그는 西路軍政署의 督辦을 고비로 해서 1925년 臨政 國務領 就任問題를 마지막으로 獨立運動 一線에서 물러났고, 실제 1922년에는 金東三이 統義府 總長을 맡았던 것이 말하듯이 이미 世代 交替가 이루어졌던 것이다.

金東三은 줄곧 滿洲에서 활약했는데 出他한 경우는 1919년 臨時政府 樹立을 위한 議政院 議員으로서 上海에 갔고, 1923년 國民代表會 代表로 역시 上海에 갔던 두번 뿐이다. 첫번째 上海에 갔을 때부터 그의 특징이 나타나고 있는데 그가 議政院에서 大統領을 選出할 때, 唯獨 李商在를 추천하고 있어 儒林 出身의 新民會系 다운 一面과 政派에 말려들고 있지 않은 점을 보여주고 있다. 이러한 中庸的 特徵은 1922년 統義府 總長을 역임한 자체에서도 나타나 있다.

즉 1920년 日軍의 소위 間島出兵과 靑山里 및 鳳梧洞 戰鬪 이후 獨立戰線이 대단히 어지러웠는데 그 복잡한 事態收拾의 임무를 맡은 것이 統義府였고, 統義府의 總長이 金東三이니 그는 事態收拾의 主役을 맡은 것이다. 그리하여 전해에 北京軍事統一會가 成就하지 못한 獨立軍 統合의 課題를 해결하였다.

그러한 獨立運動上의 整備問題는 在滿 同胞社會에서만 있던 일은 아니다. 臨時政府 周邊에서도 李承晩의 委任統治論과 大統領으로서의 獨走로 말미암아 政府改編論이 번지고 있었다. 그리하여 國民代表會 召集이 추진되었다. 원래 朴殷植, 元世勳, 安昌浩, 呂運亨 등이 提唱하였고, 北京의 軍事統一會, 滿洲의 額穆縣會議의 合勢에 의하여 2년간의 연락 끝에 1923년 초에는 그 開會를 보게 되었다. 여기에서 金東三이 議長으로 활약했지만, 國民代表會는 獨立運動의 反省과 總整理作業으로서 그의 成敗間에 독립운동사에 있어서는 중요한 의미를 갖는 것이다. 獨立運動의 反省作業이었던만큼 자연 獨立運動의 總帥인 臨時政府 改編作業으로 나타났고, 따라서 臨政 閣僚는 처음부터 관여할 바가 못되었다. 그러나 金奎植, 安昌浩, 呂運亨 같이 과거의 臨政閣僚와 議政院 議員들은 참여했고, 各處의 代表가 參集한 독립운동 기간중 前後無한 일이었는데 여기에서 金東三이 議長이고 安昌浩(美洲代表), 尹海(露領代表)가 副議長이었다는 것은 金東三의 平素 人品과 路線을 말해준다. 거기에는 在滿 獨立運動이 美洲와 露領보다 그 공적이 뛰어났다는 점도 여실히 反映되고 있다. 그러나 個人的 人品이 國內外 全獨立運動代表者大會를 주재할 調停役에 적당했다는 것을 말하고 있는 것이다.

金東三은 國民代表會가 李承晩 大統領때문에 臨時政府의 創造論과 改編論으로 맞서 兩論

에 妥結點이 없고 解決이 전연 불가능하자 改造論者인 그는 5개월餘의 會議를 박차고 滿洲로 돌아가고, 安昌浩, 呂運亨 등의 改造論側도 會議에 불참하니 尹海를 議長으로 한 創造派만의 會議에 의해서 上海 臨時政府를 부정하고 金奎植, 申肅, 金應燮, 尹海등에 의한 朝鮮共和國이란 새政府를 創建하여 露領으로 들어 갔다.(露領에서 곧 追放命令을 받음)

大韓民國臨時政府는 3.1운동에 의한 國民的 意志의 總和로써 수립한 韓國史에 있어 最初의 國民政府인데 統治權의 有效한 行使問題 때문에 國際法上으로는 限界性을 면하지 못하나 國民的 主權意思에 의한 政府임에는 틀림없다. 그 政府에 어느 누구의 失策이 있다면 그의 免職으로 끝나야 하는 것이고, 運營과 體制에 결함이 있다면 그의 是正으로 그쳐야 하는 것이지, 臨時政府 自體를 부정할 수는 없는 것이다. 그것은 臨時政府가 3.1운동의 民族血戰의 結實인 것이고, 民族意志의 結晶體였기 때문이다. 李承晩의 獨走와 그의 委任統治論 같은 政治的 遊戱에 대한 民族的 激忿과 人間的 感情은 이해되지만, 그렇다고 國民的 基礎 위에 수립된 臨時政府조차 부정하는 것은 歷史意識을 缺如한 주장이었다. 金東三이 國民代表會를 박차고 나온 것은 歷史的 慧眼으로 評價받을 것이다.

金東三이 上海에 체류하는 동안 滿洲 統義府가 또 문란해졌다. 그 위에 歸順 馬賊團으로 편성된 中國軍一部隊의 襲擊까지 받아서 解散 危機에 봉착하고 있었다. 그러므로 金東三은 歸滿하는대로 착수한 事業이 다시 在滿 獨立運動界의 統合作業이었다. 그리하여 1924년 11월에는 吉林에서 全滿統一議會가 召集되었고, 金東三은 그의 議長으로 활약하였다. 그 會議에서 조직한 것은 正義府였다.

正義府가 結成되어 활약하던 1925년경에는 參議府, 正義府, 新民府가 南北滿洲를 三分割하여 관할하고 있었다. 이제는 80萬 同胞가 南北滿洲 그 넓은 곳곳에 移住하여 있었고, 소위 三矢協定(1925)으로 張作霖의 東三省 官吏도 독립운동을 탄압하니 全同胞 社會를 中央集權的 하나의 機構만으로 통할할 수는 없었다. 그리하여 三府는 區域을 분할하여 대체 參議府는 南滿, 正義府는 中滿, 新民府는 北滿을 통할하게 되었다.

이무렵, 國內外 獨立運動上에 民族唯一黨運動이 전개되었으니 또 試鍊期에 접어 들었다. 國內에서는 1927년 新幹會 結成으로 일단 成功한 셈인데 海外의 경우는 모두 失敗하고 말았다. 滿洲에서는 三府 統合作業으로 나타났다. 唯一黨促成運動은 以黨工作을 표방한 1924년 中國 國民黨의 國共合作에 영향 받은 것인데 蔣介石의 北伐과 함께 國共이 分裂되었으니 그 여파는 곧 海外 獨立運動界에 미쳐 1928년을 고비로 唯一黨運動은 瓦解되고 말았다. 뿐만 아니라 종래의 三府 體制도 무너지고, 더구나 코민테른의 指示로 1928년 朝鮮共産黨 滿洲總局의 解體가 겹쳐, 獨立運動界는 자못 혼란이 거듭하게 되었다.

金東三은 이때 金佐鎭, 李靑天과 더불어 革新議會와 唯一獨立黨在滿策進會를 결성하고 그의 議長과 中央執行委員長으로 활약하면서 수습해 봤으나 左右 分裂의 混亂, 日帝의 밀정 등 走狗輩의 策動, 日帝官憲의 追擊, 東三省 當局의 行政的 無秩序 등으로 걷잡을 수 없는 濁流에 휘말린 위에 金佐鎭, 金奎植 將軍(政治人 金奎植과 同名異人)조차 暗殺된 悲劇 속에서 活路를 찾을 方途가 없었다. 그럴 수 밖에 없던 것이 共産黨과 日帝의 侵略 組織網이 南北滿洲에 擴大되고 있는데 그 그물을 뚫고 民族陣營의 活路를 개척하기란 쉬운 일이 아니었다. 金佐鎭이 이 무렵에 無政府主義로 轉向해 갔다는 것도 이해될 수 있는 일이다.

東三省 當局인 東北政務委員會(張學良)는 南쪽의 日帝와 北쪽의 러시아共産黨의 危脅이란 國際 力學關係를 놓고, 그 組織網이 滿洲(東三省)에 침투하는 것을 막지 못한다면 自身의 安危가 보장될 수 없는 일이었다. 그러므로 張學良이 國民黨과 제휴하고 靑天白日旗를 게양하게 되었지만, 韓國人에는 共産黨員과 日帝의 走狗輩도 적지 않았으니 韓國人에 대한 탄압도 날로 加重되어 갔다. 이때에 金東三은 申肅, 金國賓과 함께 同胞社會의 自治로서 日帝 走狗輩와 共産黨 索出을 계획하고, 그 自治機構로써 墾民管理局案을 가지고 東北政務委員會와 交涉을 벌이며 奉天을 來往하고 있었다.

그러다가 1931년 滿洲戰爭의 먹구름 속에서 金東三이 日警에게 체포되니 그의 20년의 파란 많은 그러나 분명히 華麗하고 榮光스러운 獨立運動의 幕이 내려졌던 것이다.

以上 金東三이 활약한 獨立運動의 內容을 그가 處했던 位置를 놓고 골격을 세워 봤다. 이를 통하여 몇가지 性向을 지적해 보면 다음과 같다.

① 始終 獨立運動의 統一, 總和, 綜合을 指向했다. 때문에 金東三은 統合이나 分裂의 克服을 위한 會議때마다 上述한 바와 같이 그 議長의 任을 맡고 있었으며 統義府 總長 당시는 全德元 등의 復辟論者까지 포섭하고 있을 정도였다. 이러한 경향은 李相龍의 활동 과정에서도 발견되고 柳寅植의 國內活動에서도 지적되는 일이다. 柳寅植의 경우, 대게 融合할 수 없던 小作會運動과 民立大學 推進運動을 함께 전개하고 있는 데서 발견되는 것이다. 이러한 점은 安東 革新儒林의 理想이면서 限界性이기도 하다.

② 思想的 側面에서 金東三은 筆文을 남기고 있지 않아 經歷을 통하여 추적할 수 밖에 없는데 協東學校를 통하여 啓蒙主義者로 開化하여 渡滿후 自由主義 思想이 深化됐을 것이며, 1923년 國

民代表會 당시 議長이며 改造論者로 臨時政府를 옹위한 것을 보나, 統義府, 正義府 등 民族陣營 本營의 總師이고 보면, 在滿獨立運動界에서 民族主義의 代表格이었음은 의심할 여지가 없다. 그리고 1930년 전후 墾民管理局 設置를 위하여 활약한 점은 그 診斷을 더욱 補强해 준다. 단지 끝무렵에 金佐鎭과 觀交한 것으로 봐서 無政府主義에 관심을 가지고 있었던 與否에 대해서는 알 길이 없다.

③ 獨立運動 方略이 獨立戰爭이었다는 짐은 再言이 不要하다. 在満獨立運動으로 獨立軍 團體運動에만 始終一貫했던 점이 이를 立證하고, 따라서 制限獨立說(委任統治 등)을 철저히 배격하였다. 이러한 점은 李相龍이 安昌浩에게 보낸 글에서 教育 · 외교 등에 우선하여 獨立戰爭이 강조되어 있는 것으로도 알 수 있다. 義兵傳統 위에 獨立運動을 전개한 安東儒林이니 그들의 體質에 다져진 方略이라 하겠다.

Ⅵ. 맺는 말

以上으로 安東儒林의 開化過程과 渡滿經緯, 그리고 獨立運動上의 性向을 정리해 봤다. 獨立運動의 性向은 資料 관계로 金東三의 行蹟을 살피는 것으로 대신하였다.

儒林의 開化過程은 柳寅植 같은 革命的 樣相으로도 나타났지만, 李相龍 처럼 露日戰爭, 乙巳條約, 義兵戰爭 등의 一連의 歷史가 自己否定的 方向으로 치닫는데 대한 反省으로서 新文化와 世界情勢에 관심을 쏟는 가운데 漸進的으로 開化한 경우가 一般的이라 하겠다. 開化의 推進에 있어서는 協東學校와 大韓協會 安東支會가 中樞的 役割을 담당했는데 특히 協東學校는 中等教育機關으로 開化運動의 役軍을 輩出함으로써 安東地方 愛國啓蒙에 공헌한 바가 컸다.

이와 같은 開化過現으로서 啓蒙思想家로 一變한 安東儒林이 庚戌國恥의 더불어 獨立戰爭을 표방하여 新民會의 주선에 따라 西間島로 갔는데, 이것을 新民會 正統 人士가 獨立戰爭을 표방한 것과 비교하면 그 性格이 다소 다른 점이 발견된다. 그것은 安東 革新儒林의 경우는 義兵戰爭의 經驗者였으므로 언제나 戰爭方略을 獨立運動의 첫번째의 手段으로 하고 있었다는 점이다. 때문에 獨立運動中에도 滿洲를 떠나는 것을 거부하였다. 그러나 新民會의 本會員은 義兵戰爭에 참여한 사람은 아니었다. 따라서 獨立戰爭論도 언제나 流動的이었다. 또 獨立運動 方略에서도 獨立戰爭 보다는 實力培養이나 外交 등을 앞세우는 경향이 많았다. 이러한 差異는 같은 啓蒙思想家라 할지라도 당초의 經驗過程이 달랐던 데서 온 것으로 봐야 할 것이다.

그런데 義兵史的 經驗過程이 같은 華西系 儒林과 비교하면 義兵史를 獨立運動史로 발전시킨 共通點은 있어도 獨立運動은 그들과 같이 斥邪衛正이 아닌 啓蒙的이었다는 점에서 크게 다르다.

安東儒林의 渡滿經緯는 庚戌國恥 직후 新民會의 海外 新韓村 建設計劃에 따라 西間島 獨立軍 基地 開拓이 具體化될 때, 新民會의 幹部였던 蔚珍의 朱鎭洙가 역시 蔚珍 沙銅의 黃萬英을 仲介로 李相龍의 同調를 얻은 데서 비롯되었다. 李相龍은 鄕中 척족 인맥을 통하여 광범하게 추진함으로써 隣近의 수많은 人士가 家庄을 팔고 率眷 移民하게 되었다. 정작 新民會員들은 安岳事件을 계기로 거의 被檢되어 당초의 계획대로 안되었는데 新民會의 渡滿 段階에 비로소 同調한 安東儒林은 대거 西間島로 갔던 것이다.

安東儒林의 開化와 渡滿에는 本文에 詳述한 바와 같이 거의 척족 人脈을 따라 추진 되었다. 開化와 특히 渡滿에 있어 지금까지의 奴婢는 동행하지 않았다. 協東學校 生徒는 門中 子弟었으며 渡滿할때에 奴婢는 本鄕에서 (李相龍) 또는 渡滿 途中(趙萬基)에 解放하고, 儒林만이 亡命하였으니 이것은 從者 解放과 儒者獨存의 新舊가 交叉하는 喜悲劇으로 人脈問題와 더불어 儒林의 特性이기도 했다.

獨立運動의 性向은 一松 金東三(肯植)의 行蹟을 통하여 살폈는데 同鄕 同志的 結束이 在滿 獨立運動上에서도 一貫되었고, 分裂의 克服과 諸團體의 統一 指向性, 그리고 특히 金東三의 高邁한 人格性에 의해서 八道 獨立運動家의 追仰을 받았다. 줄곧 民族主義 路線을 고집하여 西路軍政署, 統義府, 正義府 등 民族陣營本營의 指導級에서 활약했다. 安東儒林은 같은 儒林이면서 獨立運動에 있어서는 華西門人과 思想을 달리했고, 新民會 正統人士와는 같은 啓蒙主義 路線을 취하면서도 方略에서 달랐던 점은 위에서 말한 바와 같다.

이상의 이야기는 1930년경까지의 일이다. 그런데 資料 및 現地의 調査가 未盡하여 歪曲分析된 점도 있을 가능성을 배제하지 않는다. 獨立運動史를 공부하는 한 學徒의 安東地方에 대한 試論이므로 앞으로 더욱 補强되어야 할 것이다.

『大丘史學』15, 16合輯(1978)揭載

成均館 風俗考

李 東 歡(高麗大學校 教授)

Ⅰ. 成均館 風俗

成均館은 李朝의 最高 學府다. 古代 大學의 일반적인 異稱인 太學 · 泮宮 등으로 주로 불려져 온 이 成均館은 후기에 이르러 다소 쇠퇴한 느낌이 있으나, 太祖 7년(1398년) 창설이래 역대 군왕의 장려책에 힘입어 19세기에 新教育 制度가 실시될 때까지 王朝의 大學으로서의 면모를 면면히 지속해 왔다. 이조의 成均館은 역대 국립대학의 전통적인 기능인 官僚 養成機關으로서의 기능 위에 편협성을 지니긴 했지만 朱子學의 硏鑽 普及이라는 學問의 殿堂으로서의 기능을 겸유하게 되어 大學으로서 한걸음 나아간 體貌를 갖추었다고 할 것이다. 그러나 科擧制와는 이미 제도적으로 밀착, 갖가지 科擧上 特典이 부여되어 역시 전자의 기능에 더 치중되었으며, 학생의 대부분을 차지하는 京子弟들의 단순한 출세의 관문으로 이용된 바도 없지 않아, 학문상의 실질적인 효과에 있어선 在野 精舍類의 高級私學에 오히려 미치지 못했다고 할 것이다. 아무튼 수용 학생이 그래도 生進試에 합격한 보통 이상의 知識層인 生員, 進士들이 주체가 되었던 만큼 成均館은 역시 李朝 知性의 殿堂임에는 틀림 없다. 그래서 이른바「賢士之關 · 首善之地」로 항상 尊重視되어 왔고, 儒生들 자신의 士氣도 대단하여 政治的 社會的으로 무거운 비중을 차지해 왔던 것이다. 그들의 成均館 儒生로서의 生活 전반은「學令」과 이를 보충하는 諸規定에 의해 규제되었지만 寄宿舍制에 의한 그들의 學內 生活은 齋舍와 食堂을 중심으로 전개되었는데, 여기엔 매우 다양하고 특이한 風俗的 事實들이 있었다. 특히 강력했던 그들의 自治活動은 政治에 관여하고 士論을 일으키기도 하여 그들의 주장이 관철되지 않으면 「捲堂」이라고 하여 國王에 抗拒하는 同盟休學에 들어가기까지 했던 것이다. 이에 그 주요한 것들을 考究, 紹介한다.

齊中 諸節

(가) 儒生 游居所

儒生들이 常時 居處하는 東西齋의 各房에는 거기 따른 名稱들이 있었다. 每 二間을 一房으로 하여, 東齋 第一房을 藥房, 그 다음을 右第一房, 그 다음을 掌議房, 그 다음을 進士間, 그 다음을 下一房, 그 다음을 下終房이라고 했고, 그 다음이 寄齋生들이 거처하는 下齋가 된다. 西齋 第一房을 西一房이라 하고, 그 이하는 東齋와 같다. 儒生이 入居하면 반드시 친한 사람을 찾아 동거했다. 유생의 거처는 東西齋뿐이 아니었고, 享官廳에서도 거처했고, 혹은 泮村(성균관 주변의 마을)으로 나가서 거처하기도 했다. 齋舍에서는 學業외의 一切 游戱가 금지되어 있어서, 바둑이라도 두며 놀려면 享官廳이나 泮村으로 나가야 했다. 그리고 上齋生은 下齋에 가지 못하도록 되어 있었는데, 이를 齋體라 했다.

(나) 服色

成均館 儒生의 服色은 몇 번의 개정이 있었다. 초기에는 明 國子監生의 예에 준하여 儒巾藍衫을 착용한 것 같으나, 成宗代에 와서 유생의 복색은 學內用과 外出用의 두 가지로 정해져, 學內에서는 종래의 儒巾(緇布巾과 儒巾은 같은 것이다)과 藍衫을 착용하고, 街路를 다닐 때에는 青衿團領에 갓(笠)을 쓰도록 된 것 같다. 그런데 어느 때부터인지는 확실하지 않으나, 英祖 17년에 다시 개정될 때까지 줄곧 紅團領을 입어 왔다.

여기서 문제되는 것은 成宗代에 정해진 青衿團領의 「青衿」의 해석인데, 英祖 17년에 儒生의 服色問題가 나왔을 때 領相 金在魯는 王의 문의에 답하는 자리에서, 青衿의 出典인 詩經 子衿篇의 註와 기타 字書의 해석을 들어 「衿」은 곧 「領」이라고 하여 위의 青衿團領이란 곧 紅衣青領, 즉 깃만 青色으로 하고, 다른 부분은 紅色으로 한 옷이 아닌가 보고서, 필시 紅衣가 祖宗朝의 舊制일 것이라 했다. 이에 의하면, 것은 紅衣 를 입어 온 것은 기실 成宗代부터가 된다. 어쨌든 增補文獻備考에 의하면 英祖 17년에 이르러 金在魯의 의견에 따라, 유생들이 聖廟에 들어갈 때는 青衣를 착용하고, 食堂 및 齋會 때에는 紅衣를 착용하도록 했다가, 그 뒤 英祖 22년에 이르러 幞頭 · 欄衫으로 生員 · 進士의 服色이자 太平生의 服色으로 決定되었다.

(다) 相揖禮 · 大相揖禮

新進이 館에 入學할 때 相揖禮가 있었다. 守僕(成均館에 딸린 하인)이 먼저 某榜 生員, 또는 進士 아무라고 쪽지에다 적어 齋會의 座中에 돌리고, 曹司(성균관의 자치기구 임원의 하나, 유생의 서열상 최말단 자가 했음)가 下庭하여 新進에게 揖하면, 新進은 答揖하고 曹司를 따라 大廳으로 올라 와 掌議(成均館의 자치기구 임원의 하나, 가장 우두머리였음. 아래「自治活動」掌色條 참조) 앞에 선다. 이때 守僕은 新進에게「齋直(아래「食堂故事」泮隸條 참조)이 唱한 뒤에 揖禮를 行하되, 모름지기 땅에서 一寸 떨어지게 하여 行禮를 심히 공손히 하실지다」라고 윈다. 齋直이「揖」이라 唱하면, 新進은 掌議에게 揖하는데, 이때 또 守僕은 新進에게「바로 拜하는 것이 옳소이다」라고 하여 去地一寸으로 低頭하여 揖을 하느니, 바로 拜禮를 行하라고 하여 掌議의 尊嚴함을 과시하는 한편, 은근히 新進의 氣를 누른다. 잇달아 齋直의 唱揖에 맞추어 色掌(成均館의 자치기구 임원의 하나, 아래「自治活動」掌色條 참조) 및 堂長(成均館 자치기구 임원의 하나, 아래「自治活動」齋會條 참조)에게도 차례로 揖하고, 몸을 돌려 대청 동편에 서 있는 諸生들과 마주 揖함으로써 相揖禮가 끝난다. 이 상읍례를 한 뒤에라야 食堂에 參坐할 수 있었다. 상읍례가 끝나면 守僕이「만약 職名이나 庶名이 있으면 公事에 참여할 수 없소이다」라고 新進에게 이른다, 朝士로서의 入學者나, 庶出로서의 入學者는 泮巾의 士論에 참여할 수 없었기 때문이다.

生員, 進士의 放榜후 第三日에 及第者들은 반드시 文廟 謁聖하게 되어 있다. 이날 掌議는 新進들을 맞아 相揖禮를 행했는데, 相揖者가 이때 가장 많았기 때문에 특히 大相揖禮라 했다. 大相揖禮를 행한 뒤, 守僕은 草榜冊의 及第者들 성명 위에다「揖」字를 써서 相揖禮에 참석했다는 표시를 해 둔다. 이런 뒤에 食堂에의 入參이 허락되었다.

(라) 供給

齋生에 대한 供給은 食供에만 그치지 않고, 日用 備品이 모두 官給되었다. 매년 十月이 되면 各房에 窓戶紙, 塗壁紙, 火爐, 요강, 대야, 약탕관 等物과 燈油, 木炭 등을 들이었다. 그리고 유생이 질병이 나면 藥方文에 의하여 약을 製給하되 人蔘과 牛黃만은 허락되지 않았다. 儒生의 병이 위독해지면 泮村으로 나가고, 죽으면 官에서 경비를 지급하여 治喪, 本家로 返柩하고, 諸生은 물론이려니와 齋直輩까지도 모두 賻助가 있었다. 매월 壯紙 百묶음과 靑黃筆 각 百자루, 墨 百자루을 지급하되, 이는 朔望 焚香때의 擧案(公會 參席의 증표로 바치는 명

함)에 의거하여 나누어 주었다. 다만 掌議와 色掌들은 焚香에 불참해도 나누어 주는 것이 관례로 되어 있었다. 科擧 때의 試紙도 역시 焚香 擧案에 의거하여 나누어 주었는데, 增廣試, 別試, 式年試, 庭試에는 紙筆墨이 다 지급되었으나, 節製와 黃柑製에는 試紙만 주었다. 下齋生에 대한 支供 凡節도 대개 上齋에 준했으나, 다만 매월 주는 朔紙는 上齋의 半만 지급했다. 위와 같은 공급들도 후기로 내려올수록 박해졌고, 그것은 주로 공급의 실무를 맡은 成均館下輩들의 농간 때문이었다. 우리 속담에「進士 房에 불 때듯 하라」는 것도 사실은 이 成均館 下輩들의 농간에서 유래된 것이다.

(마) 謁聖試

謁聖試는 成均館의 盛事 중의 하나다. 三年 또는 四, 五年마다 한 번씩 國王이 親히 文廟에 參謁하고 나서 文. 武 大科를 試驗 보이는 행사를 말한다. 吉日을 택하여 날짜가 정해지고, 謁聖의 명이 내리면 各司의 官들이 대령, 館中의 門墻屋壁이 모두 새롭게 단장된다. 有司는 기일에 앞서 成均館으로 들어오는 길을 청소하고, 大路를 끼고 白布帳을 설치하며 泮橋 근처에 수많은 軍幕을 쳐서 百官을 供待할 준비를 차려둔다.

당일 國王은 百官을 거느리고 成均館에 거동, 親히 食堂에 임하기도 하고, 또는 明倫堂下에다 食堂을 設하도록 명하기도 했다. 謁聖의 儀節은 春秋 釋奠과 마찬가지로, 謁聖을 행한 뒤에 王은 不闡堂에 거동하여 文科 試題를 내걸고 나서 下輦臺로 거동하여 武科를 시험했다. 謁聖文科는 製述 單一科目으로 시험했으며, 即日 唱榜이다. 그래서 試官은 무려 30人으로 差定되어 試券을 나누어 考閱했다. 밤 깊어 出榜한 때도 있었으나, 正午가 못되어 唱名하는 수도 있었다. 唱榜이 끝나고 鑾輿가 還宮할 때에는 文武科 新及第者들이 머리에 御賜花를 꽂고 鑾輿 앞에 左右로 榜次대로 列짓고, 그 앞에는 俳優들이 雜戲를 연출하며 간다. 試場은 때로 明倫堂의 뜰을 內庭으로 하고, 不闡堂의 뜰을 外庭으로 하여 一, 二所를 設한 때도 있었고, 때로는 集春門을 통해 昌慶宮으로 回駕, 春塘臺에 거동하여, 거기서 科場을 열 때도 있었는데, 주로 英祖 때에 그렇게 했다.

成均館 儒生을 主對象으로 한 科擧는 이 밖에도 節日製, 黃柑製, 到記科 등이 있었다.

(바) 面 責

언제부터인지는 알 수 없으나 成均館에 面責의 古風이 있어 왔다. 前榜이 後榜을 부르면

東西齋直輩가 뛰며 모여 들어 呼出당한 齋生이 있는 곳으로 몰려가 그를 에워싸고 마구 姓名을 불러댄다. 그뿐 아니라, 이 兒童輩들이 몰려들어 옷을 잡아다려, 혹은 밀고 혹은 당기고 하여 엎어지락 자빠지락하며 呼出을 한 前榜의 앞에까지 끌고 온 뒤에야 흩어져 가는 풍속으로서, 요컨대 困辱을 주자는 의도에서 나온 것이다.

Ⅱ. 食堂 故事

食堂은「圓點制」와 關聯되어 齋生들의 日常生活에서 매우 중요한 몫을 차지했다. 圓點制란 儒生들의 居館을 권장하려는 의도에서 그 居館 日數를 계산하여 각종 科擧 應試의 資格基準을 삼은 것인데, 朝夕의 食堂에 連參해야 一點을 주고, 그 중 한 때만 參坐한 것은 半點으로 했으며, 이를 위해「到記」라는 出席簿가 있어 參坐한 이들은 여기에 署品을 했다. 이 食堂을 중심으로 한 갖가지 儀節과 慣習을 통해 우리는 당시 儒生들의 共同生活의 一面을 알아 볼 수 있다.

(가) 泮隷와 食鼓

食堂은 東齋 東편에 있었다. 朝夕食堂을 위시하여 갖가지 심부름에 당하는 泮隷輩로서는 一人의 食堂直兩齋 각 四人의 負木, 그리고 館婢 所生의 兒童들인 齋直이 名房에 소속해 있었다. 食鼓는 東齋 最上房의 西窓 밖에 매달려 있었는데, 이 東齋 最上房을「藥房」이라 불렀다. 매일 未明에 食堂直이 북을 쳐서 起寢을 알리고, 다시 세 번을 쳐서 洗手를 알린다. 食堂直은 食鼓를 치기에 앞서 到記를 안고 목소리를 빼어「어느 房 到記 차례」라고 외쳐, 그 날의「到記 차례」를 부른다. 各房의 齋直들이 輪番으로 到記 받는 일을 맡았기 때문이다. 食鼓가 울리고 난 뒤 兩齋 負木은 齋舍를 돌면서 庭揖을 재촉한다. 이때 各房 齋直인 兒童들은 明倫堂 뜰 槐樹 사이를 서로 끼고 돌며 높이 읊조리는데, 그것이 歌도 아니고 誦도 아니라 무슨 소린지 모른다는 것이다. 自古로 전해 오기는 그 兒童들의 吟咏을「鹿鳴章」(詩經의 一篇)이라 했다는 것이며, 朝食堂과 齋會 때만 그렇게 했다고 한다.

(나) 庭揖

庭揖의 재촉이 있으면 東西 上下齋의 儒生들은 正服을 차리고 뜰에 나와 줄지어 선다. 마주 서서 負木이 「揖」이라 부르면 서로 揖하고 食堂으로 들어간다. 夕食堂에는 相揖禮가 없다. 그리고 文廟에 延香, 焚香할 때와 國忌日 및 食堂 公事 때에는 朝食堂에도 相揖禮가 없다.

(다) 坐 次

食堂에 들어갈 때에는 生員은 東門을 통해 東軒에 들어가고, 進士는 西門을 통해 西軒에 들어가 앉는다. 東西의 下齋生도 각기 東 · 西軒에 들어가 生員 · 進士의 아랫자리에 앉는다.

이들이 곧 「寄齋生」이다. 正祖 무렵에는 庶出의 生員, 進士들이 있어 南軒에 들어와 앉았다. 이들을 「南班」이라 칭했다.

食堂의 坐次 문제는 長幼 .尊卑의 次序가 倫理上의 중요한 문제로 관념된 시대였던 만큼 역대로 논란이 많았다. 초기에는 榜次(生進科 합격 순서)에 의거해 왔던 모양이나, 中宗 때 嶺南儒生 裵紳, 李濟臣들이 의논을 일으켜 東西下齋生에게 序齒(나이 순서)를 적용하고 上齋에도 시행하려 했으나, 知成均館事 成世昌이 孔子 門下에 齒坐의 例가 없다 하여 學官들 사이에 의견이 엇갈려 시행되지 못했다. 宣祖 때에 잠시 齒坐가 행해져 栗谷도 이를 지지했으나, 얼마 안있어 폐지되었다가, 顯宗 4년에 大司成 閔鼎重의 건의에 의해 비로소 序齒制를 행하기 시작했다. 그러나 肅宗 23년에 大司成 李寅煥의 청에 의하여 序齒禮가 定制로 되었다. 그런데 이렇게 확정되기까지의 중간, 孝宗 9년에는 諸生들이 黨色別로 食堂에 나누어 앉은 적도 있어, 당시 大司成 曹漢英이 파면되기까지 했다.

(라) 典 布

齋生들이 정좌하면 그 앞은 겨우 한가닥 베를 펼 정도의 공간이 남는다. 그래서 食盤 대신에 麻布를 上座에서부터 下座로 편다. 이 麻布를 속칭 「典布」라 했는데, 여하한 일이 있어도 典布는 타넘지 못하게 되어 있어, 부득이 빠져 나가야 할 일이 있을 때에는 食堂直을 시켜 布를 가르게 한 다음에야 나갈 수 있었다.

이 典布 위에 每人分의 음식이 놓여졌는데, 正祖 무렵의 食單을 보면 밥, 국, 간장, 김치, 나물, 식혜, 자반, 생나물 여덟 가지가 각 한 그릇씩 놓여졌다. 이들 음식은 食母, 菜茶母, 湯茶母, 魚塵 等屬에 의해 供饋되는데, 平頂巾에 紅團領을 입은 館吏가 北軒下에 서서 이들을 감독하고, 首奴輩들이 또 분주히 검사하여, 이때는 매우 분잡했다고 한다.

(마) 勸飯과 進水

供饋가 다 되면 食堂의 東西 門內에 대기히고 있던 兩齋의 日次負木(當番 負木)이 「勸飯」이라 부른다. 그제서야 齋生들은 일제히 수저를 든다. 숭늉을 들일 때가 되면 日次負木들은 또「進水」라 부르고, 상을 물릴 때가 되면 「退床」이라 부른다. 이들이 「起坐」라 부른 다음에 일시에 파한다.

(바) 到記

食堂에 參坐한 증거로 到記를 쓴다. 到記冊은 井間을 그어 每一人씩 그 한칸에다 姓名을 기입하고, 그곁에 手決을 둔다. 署名의 차례는 座次와 같다. 班首(序齒면 最年長者)에서부터 曹司(序齒면 最年少者)에 이르기까지 다 쓴다. 다음에 下色掌이 그 밑에다 「몇 분(分)」이라고 써서 磨勘한다. 下色掌이 有故하여 불참했을 때에는 曹司가 대신 쓰는데, 이를 피하면 벌을 받았다. 到記는 朝到記와 多到記가 있었고, 圓點 계산의 증빙이 된다.

(사) 素饌

國忌 때에는 食堂直이 「某朝忌辰」이라 써서 손으로 높이 들어 東西堂에 頒示하고 나서 素饌을 들인다. 素饌은 不祧廟에만 限하고, 祧廟에 대해서는 않는다.

(아) 巡堂

生進 및 文科 唱榜 뒤 新及第者들이 文廟에 謁聖하고 나서 桂花를 꽂는 등 及第 服色 그대로 食堂 勸飯전에 西食堂門으로 들어와 西軒을 두르고 다시 東軒을 둘러 東食堂門으로 나가는 慣習이 있어, 이를「巡堂」이라 했다. 巡堂은 요컨대 榮譽를 과시히기 위함이다.

(자) 別味, 別供

每月 1 · 6日(1字, 6字가 든 날)에는 大別味, 3月. 8日 (3字, 8字가 든 날)에는 小別味, 그리고 寒食과 秋夕을 除外한 正朝 · 上元 · 三日. 端午 · 初伏 · 流頭 · 七夕 · 九日 · 冬至 등의 여러 節日에는 別供이 있었다. 大別味 때에는 庫直이 미리 각 儒生들의 먹고 싶어 하는 것을 물어, 그 요구대로 장만하여 大碗에 담아 들이었고, 小別味는 俗稱 「別佐飯」이라 하여 佐飯 대신에 국이나 炙을 들었으며, 別供 때에는 특별히 大平盤에다 豊盛하게 차려 들이었으나,

이들 特別供饋가 점차 감삭되어, 正祖 무렵에 이르러서는 대부분이 넉넉잖은 돈으로 대신되었다고 한다.

Ⅲ. 自治活動

成均館 儒生들의 自治體制는 매우 강력한 것이였다. 비록 後期로 내려올수록 掌議의 專斷과 守僕의 操作에 좌우된 嫌이 없지 않았지만, 그러나 그들의 자치활동은 政治的 社會的으로 중요한 의의와 비중을 차지하고 있었으며, 그것은 주로 그들의 大義에 입각한 士論의 제기로 특징지어진다. 國學의 學生으로서의 儒生들에게는 물질적인 후대와 함께 엄격한 규제가 가해진 반면에, 大義名分에 입각한 그들의 發論은 君主의 權威로도 이를 억압하지 못했으며, 오히려 그들의 士氣를 배양해 주는 방향으로 정책의 기초가 잡혀 있었다. 이는 그들이 장차 大科를 거쳐 朝廷에 설 사람들이었던만큼, 그 때를 위해 忠義에 찬 直臣의 氣槪를 함양하려는 의도에서였던 것이며, 한편 儒生들 자신의 입장에서 보면, 이 自治의 體制와 活動은 후일 그들이 政治舞臺에 설 때를 위한 훌륭한 수련이 되었던 것이다. 黨論에 휩쓸린 폐단이 없지 않았고, 또 그 활동에는 한계가 있어, 때로 제재가 가해지기도 했으나, 君主體制下에서 그같이 強力한 現實參與가 허용되고 보장되었다는 점은 주목할 만한 일이라고 할 것이다. 이에 그 活動 사항을 살펴 본다.

(가) 掌色

成均館의 自治機構는 齋生들의 集會인 齋會이고, 이 齋會를 움직여 가는 任員으로 掌議와 上色掌, 下色掌이 東, 西齋에 각 1人씩 도합 6人이 있었다. 新榜중의 門閥이 있는 者로 下色掌을, 그 前榜 중에서 上色掌을, 또 그 前榜 중의 門地가 出衆한 者로 掌議를 擇差하되 每 春秋 釋奠으로 交遞期限을 삼았으나, 간혹 國王의 特敎로 교체의 잦음을 피하기도 했다. 이들 齋任은 輪回로 守齋했으며, 食堂 定員외의 별도 대우를 받아 정원에 구애없이 食堂에 入參할 수 있었고, 朔紙(매월 지급해주는 종이)의 지급에 있어서도 반드시 朔望焚香에 參禮하지 않더라도 다 같이 지급되었다. 그러나 圓點은 餘他 生進의 예와 동일했다.

齋任 가운데서도 齋會를 주재하는 掌議는 齋生의 리더격으로, 成均館의 自治活動은 사실이 掌議에 의해 좌우되었다고 할 것이다. 東·西齋에는 각기 掌議房이 따로 있어 他儒는 감

히 이에 들어가 거처하지 못한만큼 掌議는 尊嚴視되었다. 掌議의 擇差는 宣祖 12년부터 시작된 것으로 보이며, 대체로 門地가 빼어나고 名望이 있는 京儒 중에서 택차해 오다, 英祖 40년에 이르러 四祖에 顯官이 없는 鄕儒 중에서 천거하도록 그 薦望의 規例가 개정된 적도 있었으나, 그 뒤 正祖朝에 이르러 李明徽가 尤庵을 疏斥한 사건에 대해 太學에서 明徽를 討罪하는 아무런 擧事가 없자, 이는 전혀 齋任의 擇差가 옛과 다른 소치라 하여, 다시 옛 규례로 회복되었다. 그런데 당시의 이른바 蕩平策은 太學 齋任에도 적용되어 東齋 掌議는 少論 중에서, 西齋 掌議는 老論 중에서 擇差하여 他色의 참여는 제외되었으며, 이는 色掌의 경우에 있어서도 마찬가지였다. 掌議의 出代는 掌議가 반드시 掌議를 천거하는 것이 규례로 되어 왔다. 즉 時任 掌議가 자기의 아는 범위에서 사람을 천거하되 前任 掌議들의 의견을 물어 보게 되어있고, 前任 掌議들은 可當하면 「謹悉」이라 써 준다.

三人의 「謹悉」을 받아야 비로소 完薦이 되고, 한 사람이라도 謹悉을 써 주기를 꺼려하면 敗薦이 된다. 完薦된 사람은 齋中의 薦册에 올려 두어 日後 擬望의 資로 삼는다.

(나) 掌議 入泮

掌議가 泮中에 들어올 때의 威儀는 대단했다. 그가 入泮할 때면 守僕輩들이 미리 香橋(성균관 정문 앞 시내에 놓여 있었던 다리) 곁에서 待期하고 있다가 迎拜하여 모셔 들여오는데, 이때 兩齋의 房色掌들이 雙行으로 執杖 前導하고 齋任房 齋直 7, 8名이 容貌, 服飾을 아름답게 꾸미고 무리를 지어 그 뒤를 수행한다. 당시 官位가 없으면서도 이와 같이 앞에서 인도하고 뒤에서 호위하는 행차는 오직 掌議가 入泮할 때 뿐이었다. 掌議는 泮門에 들어서면 儒巾으로 改着하고 掌議房을 향해 가는데, 그가 지나는 곳의 諸生들은 모두 창문을 닫고 목을 움츠려 잠잠하다. 掌議房 앞에 이르면 齋直輩들이 목소리를 늘쩡하게 하여 「창문을 열어라(開窓門)」고 외친다. 당시 太學 掌議의 준엄함을 이로써 짐작할 수 있다.

(다) 齋會

齋會는 掌議의 主宰下에 열리고 무릇 齋中의 公事들은 이를 통해 행해졌다. 齋會의 通報가 發하면 齋直輩들이 朝食堂 때와 마찬가지로 明倫堂 뜰 槐樹 아래에 나와 서로 끼고 높이 읊조리고, 이 소리가 그치면 兩齋의 日次負木들이 각기 齋舍 앞을 돌면서, 公事에 참석하라고 고성으로 외고 西齋廳 위에 자리를 편다. 諸生들은 會集場所로 와서 年齒順에 따라 北쪽을 上座로 하고 西向으로 꿇어 앉는다. 어쨌든 諸生들이 다 모이면 守僕이 掌議를 맞아 오는데, 齋直이 벼루 匣을 받들고 前導해 온다. 守僕이 먼저 「起坐」하고 口令하면 諸生들은 일제히 起立하고 掌議는 會場의 上頭에 東向으로 諸生과 마주 서서 서로 揖하고 나서 착석한다.

齋會 때에 만약 色掌이 없으면 諸生이 중에서 公事色掌을 差出하여 守僕이 인도해다가 掌議의 다음 자리에 앉힌다. 다음엔 堂長을 定하는데, 堂長은 班首(座中最高齡者)로부터 충당해 가고, 그 수는 掌議가 參會者의 多寡에 비추어 1人, 3人, 5人, 7人으로 재량하기 때문에 일정하지 않다. 堂長이 정해지면 그 수와 같은 인원의 曹司를 差定한다. 1堂長이면 曹司도 1人, 3堂長이면 曹司도 3人, 5堂長이면 曹司도 5人으로 差定하되 일찌기 齋薦과 都陳設(釋菜時 所任의한 가지)을 겪은 사람은 제외된다. 이들은 年齡順에 따라 最年少者부터 번차례로 齋直의 唱에 맞추어 掌色이 앉은 자리 앞에 마련된 좌석에 올라와 앉아 記錄의 任을 맡는다.

무릇 公事는 掌議가 발의하면 守僕이 그것을 가지고 먼저 色掌에게 禀한다. 色掌은 이의가 없으면 擧袖한다. 다음으로 堂長에게 禀하면 堂長 역시 이의 없으면 擧袖한다. 色掌, 堂長들 사이에 이의가 없어 모두 擧袖하면 守僕은 그것을 諸生들에게 布告한다. 이렇게 하여 議案의 決定을 보는 셈인데, 掌議의 발의에 이의를 제기하는 경우는 매우 드물었던 것으로 보이며, 게다가 守僕輩가 威嚇로 擧袖를 강요하는 수가 허다했다.

뿐만 아니라 諸生들의 發言權은 미약하여 실상 齋會라고는 하지만 齋中 公事의 대부분은 掌議中心으로 행해졌다고 할 것이다. 齋會는 掌議가 더 의논할 公事가 없음을 선포하면 일제히 일어나 相揖禮를 함으로써 끝나는데, 居齋生으로서 齋會에 참석하지 않으면 到記를 參考하여 黜齋의 罰을 가하기도 했으나, 朝士나 庶出의 生進은 齋會에 참여할 수 없었다.

(라) 齋任罰人(儒罰)

成均館의 掌議가 중심이 되어 행하는 儒士에 대한 施罰은 公的인 效能이 保障되어 있어서 罰을 받은 儒生은 公的인 活動의 資格에 상당한 制約을 받았다. 施罰은 儒生에만 한하지 않고 벼슬하는 朝官에게도 大義에 어긋나는 일이 있으면 青衿錄(儒籍)에서 이름을 削除하는 등의 罰을 가하여 當者를 引責케 했던 것이다. 이 儒罰의 施罰과 解除는 館學 儒生의 한 特權과도 같아서 大司成은 물론 國王도 섣불리 간여하지 못했으니 부당한 처분이 내리면 王命에도 不服하는 수가 있었다. 儒罰은 본래 藍田呂氏鄕約의 「過失相規」의 정신에서 출발되어 化民成俗에 도움이 된 것도 사실이나, 시대를 따라 부당한 남용의 폐단이 없지 않아 朝廷으로부터의 規制가 또한 없을 수 없었다. 특히 朝官 削籍같은 것은 朝士의 通塞이 儒生의 손에 매이게 된다고 하여 肅宗朝부터 문제로 대두되어 英祖朝에 와선 續大典에 그 禁斷의 條項에 오르기까지 했다.

儒罰은 물론 齋會를 通해 行해졌다 掌議가 발의하면 守僕이 座中에 공포하여 異論이 없으면 施罰하게 되는데, 거의 掌議 中心이어서 비록 公論이 아니더라도 말 한마디 없이 이끌려 가는 수가 허다했다. 曹司가 붓을 잡고 守僕이 그 앞에 罰紙를 펴고 먹을 갈고 대령하면 掌議가 罰名을 부른다. 크면 永削付黃(儒生名簿에서 이름을 삭제하고 黃色 종이 쪽을 붙이는 것인듯), 다음이 永削(유생명부에서 이름을 삭제하는 것) 등으로 그 저지른 罪의 深淺에 따라 罰目도 高下한다.

罰目은 「八」字로 서 色掌과 掌議가 그 밑에 署名하고 手決을 두어 守僕이 西一房 外壁 위에다 붙인다. 그리고 罪罰이 크면 鳴鼓하여 嫌惡의 깊음을 보여 주었는데, 食鼓를 떼어 와서 齋直輩가 북을 구을러 치며 泮橋가 울리도록 當者의 이름을 불러대어 그 恥辱이 막심했다, 작은 일이면 罰目을 쓸 것도 없이 黑齋를 宣言할 뿐이었다. 施罰하고 나선 守僕이 그 曲折을 詳記하여 大司成과 齋任들에게 즉시 통보한다.

(마) 諸生發論

諸生으로서 發論하려면 食堂 會坐 때에 守僕을 불러 發論의 뜻을 즉시 齋任에게 고한 뒤에 他儒生들에게 알린다. 만약 齋任이 食堂에 入參하지 않았을 때에는 守僕을 시켜 兩齋 班首에게 통고한다. 兩班首가 다 좋다고 하면 이를 「停當」이라 했다. 이어 守僕이 左右食堂의 諸生들에게 두루 전달하여 衆議가 歸一하면 東齋에 모여 簡札을 띄워 齋任에게 문의하여 행한다.

(바) 儒疏

斯文有事나 討逆 등이 있을 때 掌議나 諸生의 發論으로 聯名 上疏한다. 이 聯名 上疏야 말로 大義名分을 추구하는 李朝 知性의 殿堂으로서의 成均館의 面貌를 躍如히 드러내는 것으로서, 齋生의 自治活動 가운데서 가장 중요하고 활발한 전개다. 治疏가 결정되면 누구도 감히 개인적인 이론을 제기하지 못한다. 만약 異論을 세워 따르지 않는 자가 있으면 그 정상의 경중에 따라 혹은 施罰, 혹은 鳴鼓하기도 했다.

먼저 諸生은 明倫堂에 大會하여 疏頭, 疏色, 製疏, 寫疏 등의 諸疏任을 差出하고 東夾室에

다 疏廳을 설치한다. 이를 「大議事」라 했다. 座次에 따라 諸生들이 列坐한 가운데 掌議가 疏任을 呼名 差出하되 먼저 疏頭를 지명한다. 疏頭는 세 번 사양한 뒤에야 疏頭席에 나가 앉고, 疏頭가 最上座에 앉고 난 다음에 曹司는 掌議의 부름에 따라 「大議事記」를 써 나간다. 첫머리에 疏頭의 姓名을 쓰고, 다음에 疏色 두서너 사람을 쓴다. 疏色도 모두 名流에서 뽑는다. 疏色 다음에 製疏人과 寫疎人의 姓名을 쓰고, 끝으로 「某日 封章」이라 쓴다. 大議事記를 쓴 다음에 下齋 掌議를 불러 뜰에 세워 두고 傳給하면 그는 四學을 위시하여 外方의 儒生들에게 전달한다. 그러면 外方의 儒生들은 혹 儒疏에 참여하지 못 할세라 다투어 疏廳으로 名帖을 보내온나.

이는 疏에 가담하지 않으면 異論을 내세운다는 지목을 두려워한 까닭도 많다. 疏文 다음에다 儒生들의 姓名을 列書, 着押하는데 때로는 數百張이 되기도 했다고 한다. 疏가 다 작성되면 詣闕 拜疏하기 전에 讀疏의 절차가 있었다. 본래는 內讀과 外讀이 있어, 明倫堂 안에서 生進들을 상대로 일차 읽고 난 뒤에 四學 儒生들을 廳下에 序立시키고 廳上의 生進들이 일어선 가운데 外讀을 행했으나, 內讀의 규례가 폐지된 뒤로는 外讀만 행했다. 즉 疏의 작성을 마치면 이를 封하여 函에다 담고 紅袱로 덮어 씌워서 泮人을 시켜 明倫堂으로부터 받들어 내오게 하고, 儒生들은 階下에 列立, 讀疏人 한 사람을 정하여 階上에서 床 위에 펴놓고 읽는다.

이렇게 읽고 난 다음에 詣闕 拜疏한다.

疏行이 成均館에서 출발하기 앞서 먼저 兒房使令으로 하여금 疏行이 지나갈 길의 청소를 周旋케 한다. 청소는 路傍居民들을 시켜 하는데 이들을 督責하는 下人輩의 호령에는 바람이 일 정도였다는 것이다. 疏行이 출발하면 泮人들이 앞서서 侍陪하는데 길 양편으로 갈라져 가는 行列이 눈길 닿는 데까지 장장히 뻗쳤다는 것이다. 이 泮人의 行列을 앞세우고 疏頭가 疏函을 따라 길 한가운데를 따라가고, 掌議와 疏任들이 그 뒤를 따르고, 그리고 그 뒤를 諸生들이 東 · 西齋로 갈라 連續不絕, 緩步로 行進하는데, 모두 巾服을 갖췄다.

이들 生進의 뒤에는 四學 儒生들이 學隷들에게 네 개의 青衿錄櫃(유생명부를 넣은 제)를 짊어지워 앞세우고 掌色을 앞 머리로 하여 뒤따랐다.

疏行은 곧바로 闕門에 이르러 正門 앞에 設한 朱卓 위에다 疏函을 놓아 두고 班을 지어 連坐한다. 그 뒷자리에 四學 儒生들이 네 개의 青衿錄櫃를 앞에다 벌려 놓고 앉는다. 그리고 守僕이 먼저 闕內로 들어가 政院에 통보한다. 이 疏班 앞으로는 비록 大臣이라 할지라도 감히 騎馬하고 지나지 못한다. 이를 犯한 者가 있으면 皃房使令이 禁하고 듣지 않는 者가 있으면 그 下人을 잡아다가 笞杖을 친다. 疏는 大闕 正門의 御路를 통해 들여가고 疏頭가 夾門을 통해 따라가서 政院에 들어가 바치고 나온다. 疏틀 바치고 批答을 받기 전에는 諸生들은 멀리 떠날 수 없다. 그래서 紅馬木近處나 또는 公廨, 村舍 等處에다 依幕을 치고서 食堂을 移設, 각기 依幕에서 食事를 하고 到記는 次序를 無視하고 닥치는 대로 썼다. 王으로부터 批答이 내리면 즉시 讀批人을 정하여 疏班이 꿇어 앉은 가운데 批答을 읽고 나서 일제히 四拜禮을 행하고 몰러 나온다.

만약 批答이 만족할 만한 것이 못되면 다시 上疏할 것을 모의, 즉시 齋會를 열고 疏廳을 설치하여 大議事를 한다. 이때 疏頭를 위시한 諸疏任은 다른 사람으로 교체한다. 再三 上疏해도 王으로부터 만족할 만한 批答이 내리지 않으면 드디어 捲堂으로 들어간다.

(사) 捲堂, 空館

捲堂과 空館은 오늘날의 同盟休學과 같은 것이다. 上疏로 주장이 관철되지 않는 일이 있거나, 또는 齋中의 士論에 대해 王으로부터 부당한 처분이 내리면 儒生들은 食堂에의 入參을 거부하거나, 또는 심하면 館을 비워 두고 나가버림으로써 행동으로 저항했다. 捲堂키로 결정하면 儒生들은 食鼓가 울려도 食堂에 들어가지 않는다. 守僕이 大司成이나 또는 同知館事에게 달려가 捲堂을 보고하면 즉시 入泮하여 諸生을 明倫堂에 불러모아 그 緣由를 묻고 타이르되, 不應하면 書面으로 所懷를 陳述하게 하고 이에 의거하여 草記를 써서 올린다. 草記에 대해 王의 批答이 내리면 그것으로 다시 諸生에게 타이르고 食堂에 들어가도록 권한다.

諸生은 批答이 만족할만 하면 이에 따르나 그렇지 않으면 여전히 불복하고, 이에 大司成은 다시 草記를 올린다.

諸生들이 끝내 불복하면 때로는 王으로부터 外方의 다른 儒生들을 入堂하도록 권하라는 명령이 내리기도 했다. 그러면 大司成은 外方의 儒生을 찾아 들어오도록 권했는데, 거의 강압적이었고, 또 3人 이상이 되어야 食堂이 成立되었다. 이는 最少限 東西班首로 2人이 있어야 하고, 曹司로 또 1人이 있어야 비로소 到記에다 署名하고 「몇 분(分)」이라 써서 磨勘할 수 있기 때문이었다. 그래서 반드시 3人이상으로 食堂이 成立된 뒤에야 大司成은 다시 이를 草認하여 올리고 退去한다. 그러나 만약 外方의 他儒마저 끝내 들어오지 않으면 드디어 空齋에 이르고, 空齋에서 끝나지 않으면 마침내 空館에 들어간다. 空館은 諸生들이 文廟의 神

門 밖에 나아가 四拜禮를 行하여 聖廟에 下直을 告하고 館을 나가는 것이다. 사태가 이에 이르면 大司成이하 成均館 官員은 물론이요, 本館 외의 詰堂上과 郎廳들까지도 入泮하여 東·西齋에 分處, 聖廟를 守直하게 되고, 承旨가 와서 王의 開諭를 傳한다. 承旨의 宣諭에도 諸生들이 就館하지 않으면 禮曹判書가 역시 王旨를 띠고 와서 勸諭하고, 그래도 承服하지 않으면 大臣이 와서 招諭하여 기어이 就館하게 한 뒤에야 草記를 올리고 물러나는데, 儒生들이 一旦 空館을 決行하여 館을 나가면 일이 해결되기 전에는 館內에 들어오지 않기 때문에 空館 중에 이들을 招集 勸諭하는 일은 中石橋 밖에다 幕을 設하고 이곳에서 행했던 것이다.

이 捲堂·空館의 始初는 확실한 것은 아니나 宋代부터인 것으로 전하며, 이조에서 가장 유명했던 것은 明宗 6년에 僧 普雨를 誅罰할 것을 청하던 끝에 행한 空館이다. 儒疏와 더불어 捲堂·空館과 같은 一連의 行動은 館學의 士論으로 집약되는 李朝 知識人의 輿論과 王權의 對決로 블 수 있으며, 당시와 같은 君主體制下의 王權이라 하더라도 이를 일방적으로 억압하지만은 못했다. 大義에 입각한 士論을 좌절시킨다는 것은 士風의 墮落과 頹廢를 가져오는 동시에 바른 王政을 위해 요구되는 正常한 言路를 막는 일로서, 국가장래를 위해 결코 바람직한 처사가 아니다는 관점에서 오히려 賢哲한 臣僚들에 의해 士氣의 培養 伸長이 促求되어 왔다. 儒生들의 氣概도 대단한 바 있어, 때로 는 幾個月에 亘하도록 空館을 決行한 적도 있었으니, 學問과 參與를 兼有했던 과거 선비들의 氣風은 이를 知悉할 수 있다.

(高大 民硏刊 韓國文化史大系 所載「韓國文教風俗史」에서 抄錄)

永嘉文化 題字解說

編輯部

永嘉文化 題字 四字는 조선초기, 태종 3년 계미(1403)년에 鑄造된 銅活字인 癸未字다. 현재 국립중앙도서관이 소장하고 있는 國寶 제148호로 지정된 「17史纂古今通要 卷之十七」의 大字에서 集字한 것이다. 化字는 大字 중에 없었기 때문에, 小字를 참조해서 쪽자로 만든 것이다.

고려 때에 이미 금속활자가 만들어져 사용되었으나, 조선 건국 초에는 사회가 어지러워서 서적의 인쇄가 활발하지 못했다. 태종은 서적을 찍어 분포하기 위해 주자인서를 하기로 했다. 예문관 대제학 리직, 총제 민무질, 지신사 박석명, 우대언, 이응 등을 제조로 삼아 鑄造를 감독하게 하고, 강천주, 김장간, 류이, 김위민, 박윤영 등이 그 일을 관장했다.

활자의 주조를 위해 내부에 있는 동전을 내놓는 한편, 더 부족한 것은 대소 신료들에게 자진 공출하게 해서 충당시키도록 했다. 자체는 經筵에 소장된 古注의 南宋版 詩 · 書 · 左氏傳을 字本으로 해서 鑄字했다.

태종 3년 3월 19일에 鑄造하기 시작해서 수개월 뒤에는 수 십만字를 모두 鑄造하였다. 이 해가 계미년이었으므로, 그 鑄造한 해의 干支를 따서, 이것을 癸未字라고 부른다.

癸未字로 인쇄된 것 중에 현재에도 남은 것은 중앙도서관에 소장된 17史纂古今通要와 같은 책의 제 16권이 서울대학교 도서관에 있고, 역시 거기에 宋朝表전총류 제7권이 있으며, 東萊先生校正北史詳節 제4 · 5권이 간송미술관에 있다. 또 新刊類編歷學三場文選對策 제5 · 6권이 誠庵文庫에 소장돼 있고 陶隱先生詩集 제3권을 故金完燮씨가 소장하고 있었다.

현존하는 금속활자로 인서된 것으로 최고본은 프랑스 국립도서관에 소장돼 있는 「白雲和尙抄錄佛祖直指心體要節」이다. 이것은 고려 우왕 3년(1377)에 청주 흥덕사의 주자로 찍은 것이어서, 계미자보다 거의 40년이 앞서는 것이다. 그래도 이 계미자는 서구 최초의 금속활자인 요한 구텐베르크의 활자 인쇄가, 1440년대 말에 시작된 것 보다는 40여년이 앞선 것이니, 흥덕사 사주본은 그 보다 80여년이나 앞섰던 것이다.

이것은 어디까지나 금속활자로 인서된 것이 현존해 있는 경우이며, 그 인쇄물은 남아 있지 않지만 활자를 주조해서 인서했다는 기록은, 이보다 훨씬 앞선다. 이 기록이 최초로 나타나는 것은 고려 고종년간(1234~41)이다. 이 내용은 동국이상국집에 수록된 신인상정예문발미에 기록돼 있다. 거기에는 강화 遷都 때에 예관이 미처 가져오지 못한 상정예문이, 다행하게도, 家藏하고 있던 한 권이 있어서, 주자를 써서 28권을 찍어냈다는 사실을 밝히고 있다. 이것을 최고의 금속활자 인서라고 본다고 해도, 구텐베르크 보다는 200여년을 앞서는 것이다.

그러나 이 상정예문을 주자 인서한 때는 몽고의 침입으로 강화 천도를 해서 얼마되지 않을 때이니, 그 북새통에 금속활자의 발명이 이루어졌으리라고는 믿기 어렵다. 오히려 그보다 더 전에 그것이 발명되었고 사용되고 있었기 때문에, 그 난중에도 그것을 써서 인서했을 것이라고 생각할 수도 있는 일이다.

이 기록에 있는 주자 인서를 신빙성 있는 것으로 보는 것은, 직지심체요절이 淸州牧 외의 흥덕사에서 주자 印施됐다는 사실이다. 정부에서 주자를 계속해서 하게 되면, 그것은 차츰 지방으로 전해져 가게 된다. 그것에 대한 인식과 기술이 보급되기 때문이다. 지방의 사찰에서 주자를 만들어 책을 찍었다는 것은, 중앙에서는 그것이 더 성행했었다는 한 반증이 되기도 한다.

이 계미자 이후로 庚子字, 甲寅字 등을 비롯해 조선시대에는 銅, 鉛, 鐵 등 각종 금속활자가 여러 종류 주자돼서 사용되었다. 그 많은 금속활자 가운데서 題字로 계미자를 선택한 것은, 그것이 국내에 금속활자로 찍은 책으로 남아 있는 최고의 것이기 때문이다. 〈張相燮〉

〈永嘉의 뜻〉

永嘉라는 안동의 옛 이름이 어떤 연유로 해서 생겼는지는 그리 알려져 있지 않다. 그것을 안동의 地誌인 永嘉誌서문이 상세히 밝히고 있다. 永嘉誌를 편찬하던 분들은 책 이름에 어떤 지명을 쓸 것인가에 대해 생각을 많이 하였다.

지명으로 花山과 永嘉 두 가지를 써놓고 오래 동안 어느 것으로 할 것인가 애를 썼다. 梅湖가 『그대들은 永嘉란 이름의 뜻을 아는가. 永이란 글자는 곧 2水이니 두 줄기 물이다. 府治에는 북쪽에서 흘러 오는 포항(개목)과 동쪽에서 흘러 드는 瓦釜의 두 물줄기기 가장 아름

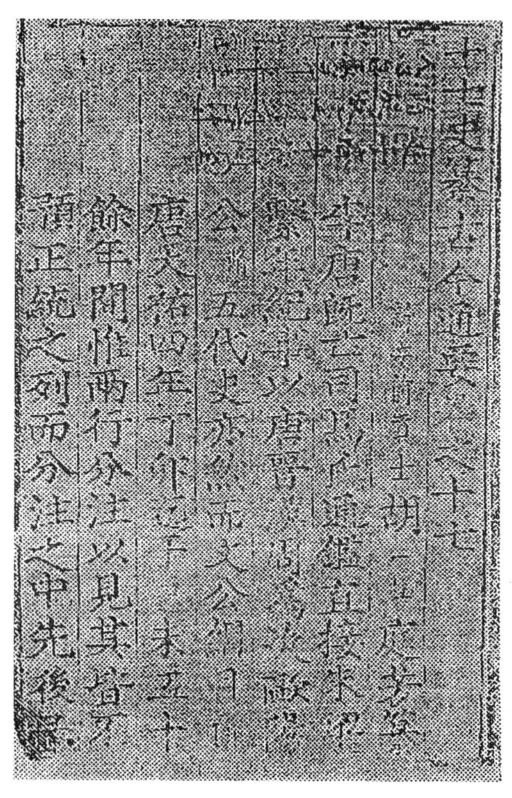

답기(最嘉) 때문에 永嘉라고 한 것이다. 하필 먼데서 花山을 취해 이름할 것인가』라고 하여서 그렇겠다고, 붙인 것 이라고 한다.

陶山을 거쳐 흘러 내려와 현재의 안동댐을 지나 法興으로 흘려 드는 물을 개목(浦項 또는 犬項)이라고 했다. 내앞과 琴韶 쪽에서 흘러 오는 세칭 南江(지도에는 半邊川)이 仙漁臺를 돌아 흘러 드는 물을 瓦釜灘이라고 불렀다. 이 두 물줄기가 모여 드는 합강의 아름다움이 이 고장의 가장 아름다운 (最嘉) 경치를 이룬다고 해서 二水最嘉를 모아 永嘉라는 이름이 생긴 것이다.

두 물이 합쳐진 곳부터 洛東江이라 불렀다지만, 永嘉誌에는, 서쪽으로 흘러 映湖樓, 青城山, 輞川, 曲江, 屛山, 花川, 九潭을 지나 尙州에 이르러 洛東江이 된다고 했다.

安東地方 人文環境
- 東部地域「菊蘭里」의 경우 -

金麟九(檀國大學校 講師)

Ⅰ. 序言

本稿는 安東地域을 東西南北으로 區劃했을 때, 東部地域에 位置하는「菊蘭里」를 대상으로 人文環境調査를 試圖하여 본 것이다. 이러한 試論이 安東市를 제외한 安東外廓地域 人文環境을 部分的으로 透視함으로써 安東地方 全般의 文化環境을 鳥瞰하는데 소요되는 一資料가 될지 모른다. 「菊蘭里」는 安東 東部地域에서도 靑松郡과 隣接한 山間奧地인 一點 地域일 뿐만 아니라 比較的 近代文明의 浸蝕圈에서도 다른 村落에 比하여는 保護된 地域이라 할 만하다.

이 地域에는 上位文化네 下位文化네 하는 階層的 評語라든지 大衆文化까지도 水平的 均衡에서 離脫된 僻地性 特性을 保存한 地域이라 하겠다. 하지만 儒敎文化의 殘影 속에서 투박한 方言, 亡失되었거나 變形되기 시작한 固有의 風俗 등은 새로운 生活樣式을 渴望하면서 徐徐히 倒壞되어 가고 있는 것은 必然的인 秩序가 아니겠는가? 「菊蘭里」는 51家口 329名의 人口가 두 마을에 分散 居住하는 僻地에 位置한 山間의 村落이다.

安東 東部地域에서 이 村落을 택한 것은 이 村落이 첫째, 정부가 1976년 安東 다목적 댐을 완공한데 이어서 臨河 댐 건설을 제5차 經濟發展 5個年計劃 1차연도 事業計劃의 하나로 1982년度에 着工한다는 發表가 1981년 8월 8일字 紙上에 일제히 報道됨으로써 水沒의 可能性이 높아졌기 때문이며, 둘째, 이 村落이 交通이 不便한 僻地寒村이기 때문에 自然이 그런대로 제 모습을 잃지 않고 있다는 점에서다. 그밖에 傳來되어 온 農耕文化的 風俗, 同族村落으로서의 原型, 變型에 관한 移行過程 등은 考究하여 볼 만한 가치가 있는 것들이다. 그러나 本稿에서는 다음과 같이 論議의 制限點을 두지 않을 수 없었다. 村落의 史的考察, 交通, 人文, 風俗 調査 및 地名, 物名調査에 그친 것이 그것이다.

聚落地理學이나 社會學的 分析方法의 適用이 이루어지지 않았음을 意味한다.

그것은 筆者의 專攻이 그 쪽이 아니어서 그 方面의 專門知識을 동원하기에는 力不足이었기 때문이다. 風俗도 항목 조사에 그쳤고 原型調査 紹介는 後日 다른 지면을 기약하고자 한다. 끝으로 本稿는 「安東文化」 5輯(安東學會, 1976, 大邱)에 發表하였던 것을 大幅 改稿한 것임을 밝힌다. 앞으로 南部, 西部, 北部에서 一村落을 標本으로 삼아 이와 같은 人文調査를 試圖할 것을 이 方面 關心者에게 提議하면서 그러한 作業에 本稿가 보탬이 되는 바가 있다면 영광이겠다.

Ⅱ. 安東地方 文化環境의 虛實

「菊蘭里」의 人文環境 論議에 앞서 安東地方의 生活, 文化環境의 현실을 살펴볼 당위성이 요망된다. 「菊蘭里」는 安東地方 生活, 文化環境의 末端的 樣式 혹은 그 片鱗으로 實在하기 때문이다. 安東地方 生活 · 文化環境은 이 地域이 지니고 있는 先祖로부터 남겨진 文化遺産으로서의 側面과 오늘날 누리고 있는 現實的 側面이 있다. 前者를 肯定的으로, 後者를 否定的으로 筆者는 보고 싶다. 否定的인 後者의 側面을 肯定的인 方向으로 探索하여 진지한 모색이 이루어져야 할 것이다. 그것은 安東市를 中心으로 着手되어야 할 것임은 두말할 나위도 없다. 安東市가 慶北 北部 據點都市로 均衡 있는 發展이 이루어질 때 주변지역인 安東郡 전역에 그 효과가 파급될 것이기 때문이다. 安東市는 현재 人口 10 만명을 헤아리는 中都市에 속한다. 大都市 人口集中 현상은 앞으로 도 그 熱氣가 식어지지 않을 전망이다. 1980년현재 우리나라 總人口의 절반이 40개都市에 集中하여 살고 있다. 서울, 釜山, 大邱, 仁川, 光州, 大田의 順이며 安東市는 全國 34位로 102,024名이다. 그래서 人口分散, 人口再配置計劃이라는 政策이 나온 것이다. 이를 治癒하는 處方은 大都市 人口集中을 抑制하는 효과적인 方案과 이른바 衛星都市 개발 및 中都市의 開發이라는 것임은 이미 상식에 속하는 이야기다. 그러면 安東市를 中心으로 先人들이 남긴 歷史文化의 遺跡과 典籍을 어떻게 保存하고 效果的으로 管理할 것이며, 현실적 生活 · 文化環境을 어떻게 改善하고 造成할 것일가에 관한 문제를 검토하기로 하겠다.

1. 傳來 文化遺産의 實像

慶州를 新羅 佛教文化圈, 安東을 朝鮮 儒教文化圈, 星州 · 高靈을 伽倻 南方文化圈으로 나누어 그 地域性 文化에 독특한 의미를 부여한 사례와 같이 安東은 朝鮮朝 儒教文化를 잘 保

存하고 있는 地方의 하나일 뿐만 아니라 先史 遺跡地, 寺刹, 寺址, 古塔 등 朝鮮朝 이전의 遺跡이 다른 지역에 비하여 많이 남아 保存돼 있는 곳이기도 하다.

朝鮮時代 安東을 中心으로 勃興한 退溪學은 退溪를 이은 名賢達士들에 의하여 흔히 세상에서 이르는 朝鮮朝 性理學 兩大學派의 一大動脈으로 漣綿히 계승되지 않았던가? 적어도 性理學에 관한 한 金鶴峰, 柳西厓, 李大山, 柳定齋, 金四山, 金拓庵외 諸賢들이 退溪의 學風을 이어 安東의 門戶는 이 碩學들 先祖 · 後孫 · 後學들에 의하여 發展 保存되어 왔다하여도 지나치지 않다.「嶺南人物考」(王命撰, 姜周鎭譯, 探究堂, 1967) 序文을 보면,

「嶺南人物考」는 李朝 初期부터 正祖時代에 이르는 동안에 慶尙道에서 輩出한 學者 · 政治家 · 文學家 등 영남과 깊은 인연이 있는 人物을 소개하고 評한 全嶺南人物論이다. 따라서 이책은 각 고을마다 朝臣中 一人 又는 二人의 당대 명사들이 분담 집필하여 評論한 총영남 인물론과 같은 것이다.「擇里志」에 의하면 嶺南에 인물이 많다고 했다.「朝鮮人才半在嶺南」이란 말이 그것이다. 이렇게 自古로 영남에 인물이 많다고 했는데 이 嶺南人物考는 이러한 사실을 뒷받침해 주는 著書라 하겠다고 했다.

全10卷에 收錄된 人物總數는 655名인데 이 가운데 安東(禮安포함)이 178名으로 총수에 대하여 27%이다.

열여덟 고을의 하나인 安東으로서는 河陽의 2名, 義城의 20名, 大邱의 25名등과 좋은 대조를 보이고 있다.

이러한 선비 思想을 背景으로 庚戌國恥를 당하여 憤起한 人物들 곧 李相龍 · 金東三 · 金趾燮 · 李晩燾 · 李晩煃 · 李中彦 · 金道和 · 柳憲植 · 柳林 · 金始顯 · 李陸史 등 愛國 烈士 · 思想家들이 安東에서 輩出되었다는 것은 偶然이 아니었던 것이다.

安東 各地에 散在해 있는 先史遺跡地 600餘基, 寺刹 및 寺趾 56基, 古塔 14基로 미루어 安洓이 朝鮮 이전에 新羅 · 高麗時代 佛敎文化에 깊이 浸潤되어 多層的 · 重層的 文化遺跡의 寶庫라는 地域임은 쉽게 알 수 있는 일로서 鳳停寺極樂殿은 이나라 最古의 木造建物로, 法興洞 七層塼塔은 稀貴한 樣式으로 각각 國寶로 지정된 바 있는 것은 世人이 다 아는 사실이다.

이밖에 車戰 · 놋다리밟기 · 河回假面劇 · 저전논매기 등의 固有民俗, 陶山書院을 비롯한 朝鮮時代의 書院 · 書堂 · 祭廳 · 亭閣 · 樓臺 · 民家建築物들과 典籍 · 民謠 · 傳說 · 時調 · 歌辭등이 全域에 흩어져 있다. 때문에「安東文化研究所」「河回假面劇研究會」「安東文化圈發掘學術調査團」「安東學會」「安東文學」誌 등이 서울 혹은 지방의 大學 · 專門家 · 有志人事들에 의하

여 發足되어 原型調査와 整理, 學術誌 · 論文集 · 文學誌 등을 發刊, 多角的인 活動을 繼續하고 있는 것은 바람직한 일이다.

「新東亞」(134호, 新韓國誌 安東, 東亞日報社 1976)에서 「慶州文化가 裸像的이고 都市的이며 外觀上 화려한 것이라면, 安東文化는 衣冠을 정제하고 자신의 모습을 안으로 감추려는 文化 특히 農耕社會에 넓게 적응하려는 느낌을 받는다」고 하면서,「安東汶化의 다른 하나의 特色으로는 그 文化의 重層的 累積的 性格을 들 수 있을 것 같다」고 指適한 바와 같다.

이와 같이 地域文化의 特色이 두드러지게 認定 · 評價되는 安東은 豊富한 文化遺産 그 자체는 새 時代의 바람직한 價値觀과 傳統을 創造하는데 寄與할 수 있을 것이다. 버려야 할 因襲은 과감히 追放하고 새 時代의 傳統을 창조하기 위하여 새로운 씨앗으로 새뿌리를 내려 가지에 잎을 무성케 하고 꽃을 피우는 作業은 어떻게 시작되어야 할 것인가가 문제가 될줄로 안다.

2. 大學文化 그 序章에의 期待

安東의 地域環境的 性格으로 보아 産業都市보다 教育文化都市로 育成 發展시키는 方向이 바람직할 것이다. 먼저 새시대 安東을 위하여 몇가지 문제를 제기하려 한다. 첫째 交通문제인 것이다. 1980년대의 문턱을 들어서면서 우리나라는 國際社會에서 이른바 先發開發途上國으로 일컬어져 臺灣 · 싱가포르 · 홍콩과 同例에서 工業化를 指向하는 나라가 되어있음은 주지의 사실이다. 이러한 工業化 時代를 따라 戰略 · 輸送레저 등의 欲求를 충족시키기 위하여 많은 高速道路가 건설되고 幹線 · 支線, 國道가 擴張鋪裝되었었다. 그러나 오늘의 安東은 交通死角地帶에서 忘却되어 가는 느낌이 없지 않다. 中央線의 特急列車를 타보면 緩行인지 急行인지 어리둥절할 지경이다. 複線 工事를 기대하는 것은 아직 지나친 욕심이라 하더라도 簡易驛을 증설하여 交行관계로 특급열차가 서 있는 시간이 길어서는 안될 것이다. 청량리—안동간의 주행시간 5시간 10분을 우선 30분이라도 더 줄이는 방안은 없겠는가? 대구—안동간의 버스 운행시간은 無停車 운행 方式 開發로 2시간 30분에서 30분이 단축된 것은 큰 발전이며, 점차적인 路幅擴張으로 더 단축할 수 있을 것으로 본다. 이 交通問題는 國力伸張에 따라 改善될 것이 確實視되지만 早速히 解消될수록 發展에 도움이 될 것이다.

둘째 安東 市街地 再開發문제이다. 현재 市街地는 人口 3, 4萬의 邑規模의 것에 지나지 않는 것으로 市로 승격되면서 區劃整理를 새로 하여 道路網을 整備, 一新하지 못한채인 것이다. 市街地 中心部 貫通道路가 좁고 外廓道路가 넓어 主客顚倒가 돼 있을 뿐만 아니라 한마디로 調和 · 均衡이 缺如돼 있는 不規則形에 가깝다고 할 수 있지 않을까? 豫算問題로 어려움이 있겠으나 官民이 合心하여 決斷을 내리지 않으면 안될 重要한 문제일 것이다.

세째 이른바 安東文化圈으로 일컬어지는 安東郡을 中心으로 한 隣接 각 門中 宗家, 혹은 私家에서 退藏되고 있는 遺品, 漢籍들은 安東大學 圖書館 · 博物館에 收拾 保存해야 한다. 관리상의 문제로 毁損 · 亡失은 勿論 火災의 危險을 안고 있는 貴重한 文化財를 그대로 放置하여서는 안 될 것이다.

安東大學 當局의 힘만으로는 可能하지 않을 것이므로 뜻있는 人士들이 나서서 長期的 眼目으로 이 일에 熱誠을 가지고 大學 當局과 협조하면서 밀고 나가야 하는 推進力이 要請되고 있는 것이다. 大學 當局은 寄贈贈者別 室이나 文庫名稱을 따로 마련, 永久保存의 기틀을 마련하는 誠意가 있어야 한다. 그리하여 장차 安東大學은 安東文化圈 遺物 및 漢籍의 寶庫가 되는 特性을 자랑할 수 있을 때 安東에 位置한 大學으로서의 名實相符한 機能과 役割을 할 수 있을 것이다. 安東大學은 安東文化圈안에 위치한 眞理探究의 道場이요, 最高學府이다. 더구나 安東大學은 國學硏究에 큰 比重을 두는 특성을 부여하려는 것으로 판단된다. 國語國文學科, 漢文學科, 史學科, 民俗學科가 우선적으로 개설되었다. 여기에는 결국 寄贈者의 子女들이 入學하는 大學임을 생각할 때 不可能한 문제가 아닐 뿐만 아니라 멀지 않아 大學院이 開設될 것이고 綜合大學으로 昇格할 밝은 내일이 약속된 大學이다. 政府가 大學을 세웠으면 地方民이 大學發展을 돕는 것이 너무나 당연하다. 그것은 大學만을 돕는 일이 아니고 되려 家門과 祖上을 욕되지 않게 하는 현명한 길이요, 그 典籍들이 活用되고 利用된다는 면에서 오히려 家門과 祖上을 빛내는 일이 아닐 수 없는 것이다.

네째 安東댐에 適切한 慰樂施設을 마련하는 일이다. 零細한 規模여서는 안되고 水準級이어야 한다. 水上公園이나 댐 주변 野山에 宿泊施設, 레저施設을 민간투자로 유치하는 일이다. 이 문제는 交通問題와 根本的으로 聯關돼 있기도 하다.

다섯째 安東에서 오랫동안 傳承되었다가 生産이 鈍化 혹은 中斷된 土産品의 生産 復活이다. 安東燒酒는 慶州 法酒와 같은 차원에서 純穀 · 45°의 土酒로 生産許可돼야 할 것이다. 이름난 安東布는 生産이 거의 시들해졌다가 최근 活氣를 되찾는 기미를 보이기는 하나 이것도 政府次元에서 生産을 支援하여 장기적으로 命脈을 維持하도록 해야 할 필요성이 있다. 왜냐

하면 輸出의 길이 열려 있으므로 國威宣揚에도 一助가 될 것이고, 베틀에 앉아 한올 한올 베를 짜는 아낙의 모습은 살아 있는 教育場이 아닐 수 없기 때문이다.

여섯째 安東에 있는 氣象測候分所를 測候所로 昇格시켜야 한다. 浦項測候所는 海岸地方에서 그 역할을 하는데 그치기 때문에 內陸地方이며 慶北 北部를 커버하는 安東市에 測候所가 없다는 것은 問題가 있다. 앞에서 지적한 바와 같이 安東市의 바람직한 都市性向은 教育文化都市라는데 별 이론이 없을 것이다. 이런 의미에서 安東은 현재 그러한 都市로 遜色이 없는 것 같다. 安東文化圈 住民들의 宿願이던 4年制 國立大學, 安東大學이 1978년 新入生을 맞아 慶北 北部 大學文化의 새 章을 열었고, 2년제 專門大學으로 上智專門大學과 安東看護專門大學외 公私立 中高校가 20餘에 達하고 있는 것이다. 위의 숫자는 安東市內의 경우에 限定한 것이며 各面이나 隣近 市郡邑面의 中高校 出身들이 安東市의 上級學校로 集中 進學하는 傾向도 安東이 教育文化都市임을 입증해 주는 실례라 하겠다. 한가지 흥미로운 사실은 産業의 落後性을 安東人들의 保守的 氣質인 儒教文化的 潛在意識의 所致로 보고 慨嘆하는 安東人이 없지 않다. 安東邑이 市로 승격할 당시 行政當局은 安東市 · 永嘉郡으로 새 지명을 決定해 놓았었다고 한다. 그러나 安東郡民 대표의 완강한 反對로 결국 安東市 · 安東郡으로 당국이 굴복하지 않을 수 없었다. 이것은 결국 安東人만이 가지고 있는 保守的 氣質의 反作用인지 모른다. 이런 예는 전국에서 安東뿐이라는 데서 話題거리가 될 수 있는 것이다. 慶州 1月城, 金泉 — 金陵, 榮州 — 榮豊, 浦項 — 迎日과 같이 市郡의 지명이 각각 별도로 결정되어 온것은 세인이 다 아는 일이다.

第2次 國土開發計劃試案(1982~1991사이 건설부)에 따르면 安東은 서울 · 釜山 · 大邱 · 光州 · 大田등 1次 成長據點都市 다음 순위인 2次 成長據點都市(安東外 原州등 8個都市)로 計劃돼 있다. 크게 期待를 걸어 봄직하다. 하지만 關係 法案의 國會審議 곧 地域區 出身 議員들의 利害 關係와 部處間의 利害등이 얽혀 그 展望을 速斷키는 어려울 것 같다.

Ⅲ. 菊蘭里의 略史

行政上으로 菊蘭里는 慶尙北道 安東郡 臨東面 知禮洞에 속한다. 하므로 菊蘭里는 知禮 1洞의 一部이다. 記錄에 의하여 推定할 수 있는 이 마을 연대는 1608(宣祖41)년경이다. 「景泗流芳」(서울, 景泗會, 1974) 金命欽條에 천성이 考謹하시고 또 자력으로 學問을 하시어 伯兄

參判公과 家學을 이어 받으셨다. 星州李氏에 장가 가시여 요부한 처가집이므로, 花山別庄을 받아서 살고 있었으나, 부인이 돌아가시니 고향에 노친이 계시므로 家庄과 奴婢 30여명을 다 버리시고 돌아오시어서, 臨河 秋月에 와서 집을 짓고 사시다가 火災를 보시고 菊蘭으로 옮겨 定居하셨다. 己丑年(1709)에 백씨 공이 하세하시니 공이 至痛을 참지 못하여 다음 해 庚寅(1710)에 돌아가시었으니 향년이 32세이시다. (傍點筆者)라는 記事가 보인다. 菊蘭里에 儒教 門閥이 發端된 것은 金命欽의 始居에서 비롯되었다. 記錄上으로 확인할 길은 없으나, 그가 菊蘭에서 7年 쯤 살다가 세상을 떠난 것으로 推定하였을 때 1705년이란 年代가 성립되니 지금으로부터 280年 전후가 되는 것이다. 그 以前의 일은 「永嘉誌」(1608)에 「菊蘭里」가 기록돼 있다. 傳해 오는 말에 의하면 그 以前에 方氏 一家가 定着하고 있었다는 얘기가 있다. 마을 앞동산에 유난히 커다란 한 그루의 소나무, 「반소나무」(方松木에서 유래하여「방」이 「반」으로 俗音化된 듯)가 있어 1960년 초까지 이 마을 사람들이 아름드리 이 나무그늘 아래서 「풋굿」(洗鋤宴 혹은 草宴)을 즐겼었다. 그러다가 이 나무는 天壽를 다하고 枯死한 것이다. 이 소나무의 壽齡을 짐작하여 方氏의 始居가 4,5백전 혹은 그 위에 까지 어림을 하는 古老가 있어 「永嘉誌」연대 이전까지 소급이 가능하다. 菊蘭里 동쪽 깊은 丘陵 위 흥골(楡谷)에는 方氏墓로 전해지는 雜草가 우거진 임자 없는 무덤 數基가 있는 것을 보면 方氏가 이 마을 先着住民으로 살았던 일은 事實로 믿어 도 좋을 것 같다. 菊蘭里의 略史를 記述함에 있어서는 이 마을의 金氏 一家의 開祖가 된 前記 金命欽의 曾祖이며 光海君 仁祖年間의 學者인 瓢隱 金是榲의 行跡을 살펴보지 않으면 안된다. 瓢隱은 여덟 아들을 두어 세상 사람들이 이들을 八龍이라 하였는데 맏이인 邦烈을 제외하고는 거의 知禮洞(당시는 芝澧) 川曲里 · 菊蘭里 一帶에 分家 定着시켰기 때문이다. 언제부터인지는 알 수 없으나 知禮里와 菊蘭里를 중심으로 한 金氏 一族의 마을을 知菊通이라고 세상 사람들이 일컫게 된 것은 瓢隱이 別業(臥龍草堂)을 陶淵에 마련, 여러 아들을 陶淵의 물줄기 곧 半邊川 물을 거슬러 올라 살만한 마을 知禮 · 川曲 · 菊蘭里 등처에 터전을 열어준 데 까닭이 있다.

瓢隱은 號요, 字는 以承이며, 이름은 金是榲이다. 本貫은 義城, 세칭 川前金氏 中興祖 成均館生員 青溪 璡의 長曾孫으로 文科 掌令 藥峰 克一의 長孫이며, 進士 澈의 長子이다. 文忠公 鶴峰 誠一의 從孫이며 文科叅議 雲川 涌의 長姪이다. 어머니 善山金氏는 察訪 宋武의 딸이며 文忠公 西厓 柳相公의 甥姪女이다. 瓢隱은 1598(宣祖 31)년에 나서 1669(顯宗 10)년에 歿하니 在世 72年이다. 앞에서 본 바와 같이 그의 家學이 이미 父祖로 하여금 기틀이 잡혔음을 짐작

하기에 어렵지 않다. 게다가 그는 총명하고 학문을 좋아하여 재덕과 행실이 탁월하여 일찍 嶺南에 이름이 알려졌다고 한다. 丙子胡亂 뒤 40년간 글을 읽어 諸子百家를 널리 보았으나 經學을 근본으로 하였다고 한다. 泉石의 景槪를 즐겨 臥龍山下 陶淵에 터를 잡아 臥龍草堂을 짓고 後學과 子姪들을 講磨케 하는 한편 스스로 禮書를 撰述하였다. 安東府使·慶尙監司가 찾아와 학문과 禮貌에 감복하고 나라에 알려 수차 參奉에 임명되었으나 나가지 아니 하였다.

그의 여덟 아들 가운데 長子 邦烈은 成均館 生員이요, 次子 蓴浦 邦衡은 과거에는 오르지 못하였으나 文詞와 筆法이 정묘하였으며, 四子 芝村 邦杰은 文科 大同成에 나갔다.

蓴浦와 芝村 兄弟가 分家한 곳이 芝澧였으니 이로 말미암아 知菊通 金氏 同族村落의 起源이 마련된 셈이다.

따라서 菊蘭里 金門 一族의 開祖 命欽은 芝村의 孫子로서 芝村의 三子 承旨 遠重의 次子이다. 遠重은 川曲(내급)에 分家하였는데 菊蘭里는 그 後孫의 마을이다. 그가 菊蘭里에 始居한 것은 前記한대로 지금부터 280년전인 1705년경이다. 菊蘭은 芝澧와 「지넘재」라는 고개 하나를 사이에 두고 약 1㎞ 떨어져 있으며 陶淵 臥龍草堂과는 半邊川을 따라 西南方 약 2㎞ 거리에 있다.

「菊蘭」은 글자 그대로 淸高雅節을 象徵하는 士林趣向의 마을이다. 이 마을 金氏 一族 先祖의 雅號에서 蘭谷, 菊灘, 東採, 菊圃 등을 찾아볼 수 있다. 菊蘭里는 다시 두 마을로 나뉘어 義城金氏 一族 12家口가 上菊蘭에, 眞城李氏 一族外 安東金氏, 順興安氏 등 諸姓村으로 이루어진 33家口가 下菊蘭에 500m의 間隔을 두고 300年의 聚落을 形成 오늘에 이른다. 특히 上菊蘭은 退溪學 硏究로 學風을 크게 일으킨 碩學 蘭谷 金江漢이 出生講學한 예터요, 孝子 樂有齋 金始器가 살았던, 마을이다. 蘭谷은 芝村의 曾孫이 요, 樂有齋는 蘭谷과 父子間이다. 마을 사람들이 예부터 禮節을 아끼고 讀書를 사랑하여 文章筆法이 連綿이 이어졌다. 까닭은 이 마을의 開祖 金命欽 祖父 芝村 金邦杰, 從祖 蓴浦 金邦衡의 學行에다 그 위로 累代 家學의 傳統을 이어받았기 때문이다. 한 예로서 芝村은 官이 大司成에 이르렀는 바 한 때 外職인 靈岩郡守로 나갔다가 돌아올 때 菊花盆 하나만 가지고 왔다는 것은 淸白한 신비정신을 實證한 사례라 할 수 있다.

Ⅳ. 菊蘭里의 交通

菊蘭里는 安東市에서 東南方 24㎞ 地點 奧地山間에 위치한 마을이다. 太白山脈 支脈이 서

리어 얽힌 僻村으로 마을 앞에는 大霧山(一名, 鷄鳴山), 뒤에는 娥岐山, 떨어져 西南에 藥山, 南으로 昔嶺, 西에 朴谷嶺 등 險山 峻峰으로 겹겹이 둘러싸인 마을이다. 國道까지는 半徑 平均 10㎞나 되는 山路步行으로만 到達할 수 있었던 이 마을에 1977년부터 地方車道가 뚫려 安東市에서 1日 3往復 버스 路線이 開設됨으로써 交通革命을 몰고 왔다. 버스 運行이 可能하게 된 것은 住民代表 金龍大 · 金源宅씨의 指導力에 힘입어 끈질긴 住民들의 熱誠으로 郡費 및 道費등 地方 財政 豫算을 따내 2個所의 潜水橋梁工事가 完工됨으로써 비롯되었다.

이 버스 路線은 安東市에서 盈德方面 國道로 16㎞ 지점에 있는 輞川에서 右廻 거기에서부터 半邊川을 따라 非鋪裝 道路로 走行하여 盆고개를 넘어 「악새」마을 앞을 지나 陶淵을 거쳐 下菊蘭 - 上菊蘭 - 知禮 - 後坪 - 川曲까지의 路程이다. 그러나 이 車道는 暴雨와 洪水 뒤엔 장기간 運行이 不可能하다.

陶淵과 菊蘭 사이에 있는 2個所의 潜水橋가 물속에 자취를 감추는 기간이 길어지기 일쑤인 때문이며 山路 車道가 暴雨에 여기저기 流失되어 住民 自助에 의한 復舊作業이 이루어지지 않으면 안되기 때문이다. 장마때마다 닥치는 이러한 현실적 어려움이 이 地域 住民들에게는 오히려 즐거운 役事가 되는지 모른다. 여름 한 때를 제외하고는 삼철 安東市와 一日 生活圈으로 不便함이 없기 때문이다. 이 道路가 뚫리기 전에는 이 奧地 住民들이 農産物을 일일이 山路 등짐 荷役으로 車道까지 운반한 것을 미루어 보면 쉽게 짐작이 간다. 그래서 이곳 住民들에게는 이 道路가 生活革新의 道路이다. 應急患者의 輸送 · 農産物 輸送 · 郵便 · 子女들 通學 · 各種 情報源으로서의 意味는 실로 큰 것이라 아니할 수 없다. 1976년 이전 道路가 뚫리기 전에 비하여 劃期的인 生活의 變化를 가져온 것이다. 交通路가 이처럼 生活相을 一新하여 준다는 사실을 이 地域 住民처럼 절실히 느끼는 實例는 전국 어느 곳에도 없을는지 모른다.

위의 車道는 菊蘭里를 中心으로 國道에 이르는 네 方向중의 하나이다. 그 밖에 菊蘭里에서 國道에 이르는 交通路 方向을 간략히 說明해 둘 必要가 있을 것이다. 다시 말해서 東西南北의 4方向에 國道로 이르는 交通路가 있다. 위의 車道는 安東市와 直結되는 西方向이다. 말할 것도 없이 나머지 「南東北」 3 방향은 車道가 있을 리 없다. 위의 車道가 可能할 수 있었던 것은 半邊川邊을 效果的으로 利用한 때문이고 다른 「東南北」 方向은 峻嶺으로 싸여 있기 때문에 險한 山路를 거치지 않고는 國道에 이를수 없는 것이다. 東으로는 青松郡 眞寶面 鎭安洞까지의 山路이다. 鎭安洞은 國道가 4 方向으로 交叉되는 交通의 要地인데 盈德邑 · 安東市 · 青松邑 · 英陽邑 이렇게 國道를 東西南北으로 中繼 連結하는 位置에 있다. 菊蘭里에서

鎭安洞까지의 山路步行 거리는 東으로 12㎞정도로 줄잡아 소요시간은 3시간이다. 다음으로 南으로는 安東郡 吉安面 泉旨洞에 있는 國道에 이르는 일인데 泉旨洞 또한 交通路의 中心地라 할 만하다. 東으로 青松邑, 南으로 義城邑, 西로 安東市로 分散되는 國道에 위치한 것이 그것이다. 菊蘭里에서 泉旨洞까지의 거리도 山路 12㎞에 소요시간 3시간이다. 나머지 北으로는 菊蘭里의 面所在地인 臨東面 中坪洞에 있는 國道에 이르는 길이 그 하나다. 中坪洞은 西쪽으로 安東市, 東쪽에 前記 鎭安洞으로 通하는 國道沿道에 위치하고 있는 곳이다. 菊蘭里에서 中坪洞까지는 山路 약 10㎞, 소요시간 2시간 30 분이다. 娥岐山(一名 黃山嶺)을 넘어야 하기 때문에 東西南北 4方向에서 가장 험한 山路라 할 수 있다.

第5次 經濟開發 5個年計劃 1次年度인 1982년에 臨河댐 공사를 着工한다는 政府 發表((1981.8.8.字 都下 日刊紙 報道)가 있었으나 아직 工期 · 規模 · 位置 · 水沒地域을 자세히 알기는 어렵다. 「내일 지구에 종말이 온다 하여도 사과 나무를 심겠다.」고 한 스피노자의 말과 같이 물에 잠길 때 잠기더라도 댐 工事가 진행되는 工期만이라도 이 地域 住民들이 唯一한 車道를 活用, 그들의 生利에 도움이 되어야 한다는 것은 누구나 바라는 바가 아닐 수 없는 것이다. 排水路工事에서 콘크리트 築臺工事에 이르기까지 半永久的인 車道로서 遜色이 없이 地域住民이 福祉를 누릴 수 있게 하기 위한 安東郡의 配慮가 要詩되는 바이다.

이 地域에 車道가 뚫림으로써 일어난 새로운 현상은 陶淵瀑布 勝地에 많은 避暑客이 雲集하여 캠프를 치고 더위를 씻으며 逍遙하는 光景을 볼 수 있게 된 일이다. 自然은 萬人의 것이요, 또한 이 나라의 山水는 우리의 것이다. 處處에 飮酒高聲 放歌까지는 理解가 간다. 都市의 각박함에서 벗어나 大自然의 精氣와 人間의 意氣가 接脈交叉되는 聖域의 모습으로까지 보인다. 이러한 光景이 낳는 反作用 또한 深刻한 바 있다. 치우기 싫으면 유리병을 그대로 버리고 가도 좋다. 돌밭에 마구 박살을 내고 가는 행동은 이해가 가질 않는다. 펄럭이는 비닐 조각이 어딜 가나 어지럽다. 행정당국은 「자연은 사람 보호 사람은 자연보호」 정도의 팻말이라도 설치하는 配慮가 있었으면 하고 아쉬워 한다.

V. 菊蘭里의 人文環境

1. 自然環境

앞으로는 半邊川을 굽어보고 娥岐山을 뒤로 한 전형적 背山臨水의 村落이다. 氣候는 安東

地方 全域과 大同小異하다. 그러나 山間에 位置하여 日較差가 平野地方에 比하여 크며 日沒時間이 빠르다는 것이 특징이다. 太白山脈이 남으로 뻗은 餘脈에 위치한 마을로 그리 높지는 않으나 사방으로 山에 둘러싸인 점에서 이 마을은 奧地 僻村이다. 地圖(1 : 25, 000 地形圖)에 이름과 高度가 明示된 山은 娥岐山(590m), 藥山(560m)정도이다. 이 두 主峰이 群小峰을 거느려서 文字 그대로 疊疊山中이란 말이 여기서 실감이 난다. 아무리 낮은 산이라도 이 지역의 山은 岩盤 위에 앉은 것이 특징이어서 山勢가 험하다. 傾斜가 급하며 돌이 많다. 그리하여 田畓은 階段式일 수 밖에 없고, 그나마 面積이 협소하다. 山林은 재래종 소나무가 大宗이고 雜木으로는 橡木(상수리나무)이 많아 20년 전까지 이곳에 숯가마가 설치되어 참나무숯을 生産하였었다. 山菜로 도라지, 더덕, 두릅, 松栮, 고사리외 有名無名의 산나물이 있다. 속칭 배갱이 골짜기의 늦은 봄 덤불 딸기는 유명하고, 산머루, 오디, 아고배, 보리둑이 흔하여 이 마을 소년들의 味覺을 철따라 즐겁게 한다.

이 마을의 젖줄이라 할 半邊川은 英陽 日月山 方面에서 興邱, 鎭安, 合江, 松江, 枝洞, 川曲, 後坪, 芝澧에서 菊蘭里 앞을 거처 陶淵, 岳沙, 松石, 輞川, 川前, 松川에서 吉安川과 合水되어 安東市 東南方에 이르러 黃池, 陶山을 거쳐 安東市로 들어오는 汾川과 合流, 본격적인 洛東江 上流를 이룬다.

菊蘭里 앞 大霧山을 휘감고 東西方으로 흘러가는 半邊川은 물이 맑은 것이 특징이다. 모래가 곱고 90%이상이 돌밭이어서 水石家들이 찾는 곳이다. 淡水魚가 많아 이 地域 農閑期의 川獵은 예부터 이름 높다. 銀魚, 황쏘가리, 메기, 뱀장어, 자라, 잉어, 붕어, 모래무지, 눈치 등 魚種이 多樣하다.

前記한 바와 같이 菊蘭里에서 약 1.5㎞ 떨어진 半邊川 一曲에는 慶北八景의 하나요, 安東地方 唯一의 大型 瀑布인 陶淵瀑布가 있다. 이 곳을 閑遊하면 옛 詩人筆客에 의하여 河南三絶의 艶稱이 주어진 곳으로 瓢隱高節, 仙遊層壁, 落淵懸流가 그것이다. 奇岩層壁의 佳景은 나그네 발길을 멈추기에 遜色이 없다.

瀑布 목에서 東南方으로 한 눈에 들어오는 赤松林은 松亭과 絶妙한 和音을 이루고, 그 위로 臥龍山, 오른쪽에 藥山, 뒤에는 娥岐山 支脈으로 祕境을 이루었다. 松亭에서 바라보면 隔塵嶺이라 불리는 娥岐山 支脈이 藥山 쪽으로 흘러 뻗어 半邊川 한 가운데 고래처럼 누워 있다. 길이 300m 높이 30 m의 隔塵嶺이다. 이 隔塵嶺은 娥岐山 主峰이 支脈 連峰으로 달리고 또 달려 큰 나무에 가지끝에 핀 탐스런 한 송이 꽃이라 할까? 참으로 아름답다. 그 고래

등 위에는 푸르른 松林으로 덮여 있고 허리에서 발끝까지는 奇岩層壁이다.

隔塵嶺은 娥岐山 支脈에 잇닿아 있었던 것이 분명한데 고래의 머리 쪽과 娥岐山 支脈사이를 隔塵嶺과 잇닿은 娥岐山 支脈一峰을 속칭 마당재 (場嶺)라 일컫는다. 칼로 빚은 듯이 瀑布 목이 돼 있는 것이 奇異하다. 斜角 45° 幅 20m, 높이 15m에 平均 秒噹 100톤의 물을 아래로 쏟아 내리고 있다. 斜角 90° 가까운 喜方瀑布가 가까이 있으나 水量이 여기의 1/4에도 못미쳐 비교가 안 된다.

물이 落下하는 轟音이 요란하고 落下地點에서 위로 뛰어오르는 回歸性 淡水魚群의 絢爛한 銀鱗의 跳躍을 咫尺에서 지켜볼 수 있는 光景은 한 여름의 더위를 식히기에 충분하다. 水量에 따라 차이가 있으나 많을 땐 100여首씩 2,3m 높이를 연속적으로 뛰어 오르는데 그것은 마치 물고기들의 높이뛰기 경기장이라고나 할까? 이 瀑布에 얽힌 傳說이 여러가지 전해 온다. 그 가운데 대표적인 것 하나를 소개한다.

옛적 이 곳에 폭포가 없었다고 한다. 마당재에 격진령이 이어져 있었던 것이다. 이 때 시냇물은 격진령 峰尾쪽을 돌아서 仙遊亭과 仙刹寺 앞으로 흘렀다 한다. 仙遊亭은 커다란 바위 위에 앉아 있던 亭子이며 이 仙遊亭 뒤편 골짜기 入口에 仙刹寺가 있다. (이들 건물은 1949年 12月 軍當局의 戰略上의 필요로 燒却하여 지금은 터만 남았음) 仙遊亭 앞에 깊은 물(深淵)이 있었는데 그 물속에 청룡과 황룡이 살고 있었다.

이 곳에 낚시를 다니는 한 漁夫가 있었다. 어느 날 청룡이 어부에게 이르기를 이 물속에서 천년을 같이 살아온 황룡과 모월 모일 승천을 겨루는 싸움을 할 것이다. 나를 도와 달라, 굳센 살(矢)로 황룡을 쏘아 내가 승천하게 하여 주기만 한다면 마당재와 격진령이 닿은 목을 끊어서 폭포를 만들어 줄 것이다. 그러면 너는 좋은 낚시터를 얻을 수 있으리라. 어부가 문득 정신을 차리니 그것은 꿈이었다.

어부는 살을 정성껏 다듬고 넉넉히 준비하여 그 날을 기다렸다. 문득 번개가 치고 장대비가 퍼부었다. 현몽한 그대로 청룡과 황룡은 電光石火와 같이 어금버금한 싸움 벌이는 것이었다. 산이 움직이고 땅이 흔들리는 늙은 용들의 싸움은 불을 토하며 엎치고 뒤쳤다.

어부의 살은 황룡의 큰 몸뚱이에 꽂히기 시작했다. 한 살! 두 살! 세 살! 마침내 황룡은 허연 거품을 토하며 나자빠지는 순간이었다. 굵은 빗줄기 사이 번개 불빛을 따라 청룡은 장엄한 승천을 하는 것이었다.

넋을 잃고 있던 어부는 더욱 세차게 퍼붓는 장대비에 간신히 몸을 지탱하고 있었다. 때에 우렁찬 轟音을 따라 산들이 요동을 쳤다. 요동이라기보다 그것은 천지개벽의 장관이었다. 격진령 목이 칼로 벤 듯이 내려 앉아 큰 물줄기는 그리로 쏟아져 내렸다. 폭포가 된 것이다. 불을 대로 불어난 滔滔한 대홍수의 濁流는 폭포목으로 세차게 굽이쳐 내려 갔다. 이리하여 青龍의 昇天에 공을 세운 이 어부는 이 곳에서 이름난 고기잡이로 여생을 보냈다고 한다.(菊蘭里. 金時億(68)씨 口述)

지금도 正常水位가 아닌 洪水期의 경우 시냇물은 옛 水路였던 仙遊亭 앞으로 돌아흘러 그 옛일을 말해 주고 있다. 이밖에도 仙刹寺의 부처가 龍을 미워하여 瀑布를 만들어 멀리 떨어진 곳으로 물길을 돌렸다는 전설이 있다. 또 이 폭포에서 위로 약 500m 지점 岩壁에 커다란 굴이 있는데 龍이 昇天할 때 힘을 너무 써 龍頭가 닿은 곳에는 굴이 생기고 龍尾가 닿은 곳은 瀑布가 되었다고 하는 얘기도 있다. (龍溪洞 손광호(53)씨등 口述)

2. 文化環境

表 ①

연령별 가구수＼ 마을별		1세~10세		11~20		21~30		31~40		41~50		51~60		61~70		71~80		81~90		計	
		男	女	男	女	男	女	男	女	男	女	男	女	男	女	男	女	男	女	男	女
上菊蘭	12	6	5	4	3	7	4	3	2	2	1	3	4	2	3		2		1	26	25
下菊蘭	33	35	37	22	20	14	11	19	20	14	17	13	8	8	7	1	4		1	126	125
도장골	3	2	3		1	1				3	3									6	7
뱅골	3	3	3	1	1				2	2	3	1								7	7
計	51	46	48	27	25	22	15	22	22	21	24	17	12	10	10	1	6		2	165	164

表 ①에서 보는 바와 같이 연령별 住民 人口 統計에서 年齡이 높을수록 女性이 長壽하는 것으로 나타나 있다. 이러한 構造 性向은 우리나라 「인구센서스」에서 볼 수 있는 것과 같으며 세계 공통의 性向이다. 表 ①에서 도장골과 뱅골은 菊蘭里에서 각각 약 2 km 떨어져 있는 娥岐山 山麓에 위치한 火田民村이다. 이들의 生活圈이 菊蘭里와 連帶돼 있기 때문에 포함시킨다. 실제 經濟活動 人口로 볼 수 있는 21歲~ 60歲까지의 數는 155名으로 나타나 있다. 이 數字는 전체 인구 329명의 47%에 해당한다. 155名을 다시 총가구수인 46家口로 나누어 보면 1家口當 勞動人口數는 3.4名이 되는 셈이다. 그 안에는 女性이 包含돼 있기 때문에

潛在的 生産性의 勞動力은 실제의 차이가 있을 것이다. 위의 數値로 보아 都市보다 家口當 勞動人口의 數가 낮은 것이니 75년도의 우리나라 平均 경제활동 인구 60%에 비견된다. 10歲 以下 幼年層이 94名인데 이 數字는 總人口數에 대하여 29%이다. 이것을 다시 11歲~ 20歲까지 52名과 비교하면 상당한 차이가 있음을 본다. 여러가지 原因이 있겠으나 이들 연령대가 中高校에 進學하기도 하고 工場地帶로 流出되기도 한 證左로 해석이 가능하다.

表 ②

문맹	무학	국졸	중졸	고졸	대졸
13	224	80	7	4	

表 ②에서는 볼 수 있는 것은 文盲者數가 總人口數에 比하여 4%에 불과하다는 사실이다. 이 地域 唯一의 敎育機關인 知禮里 所在 吉山國民學校가 두꺼웠던 지난날의 文盲帶를 一掃하다시피 하고 知識의 産室役을 감당하고 있다. 무학력층 224名은 學歷이 없어도 國文 解讀이 可能한 사람들이다.

이 吉山國民學校와 함께 이 地域 行政事務를 담당하고 있는 또 하나의 기관으로 臨東面事務所 知禮出張所가 있다. 이 두 機關이 이 地域에서의 役割과 機能은 실로 크다. 出張所가 하는 일은 民願書類의 發給과 간단한 本所의 行政指示를 代行處理하기 때문이다. 이 地域에서는 버스 路線開設과 함께 可히 革命的인 일들이라 아니할 수 없다.

國民學校 開校가 1947年이었고 出張所 開設이 1973年이었던 바 이들이 문을 열지 않았던 그 이전에는 國民學校부터 外地 留學(?)을 해야 했고 戶籍抄本 하나 떼려면 山路 往復 하루 해를 보내야 했다. 그러나 面事務所, 支署, 農協, 郵遞局이 位置한 곳이 娥岐山 너머 山路 10㎞ 소요시간 왕복 6時間인 中坪洞에 있어서 옛날에 비하여는 改善된 것은 사실이다. 그러나 住民들의 不便이 근본적으로 解消된 것은 사실이 아니다. 出張所는 職員으로 所長과 事務員, 하여 2名인데 使命感을 가지고 住民 奉仕에 精誠을 다하여 信賴를 받고 있다. 學校現況은 在籍生이 해마다 減少되고 있어 현재 全校生數 130名에 複式授業을 면치 못하고 있는 實情이다.

全盛期의 500餘名에 크게 뒤떨어진다. 이러한 현상을 통하여 農村人口 都市移動의 모습을 읽을 수 있기도 하다. 그것만이 아니라 가까운 枝洞, 大谷, 龍溪洞에 모두 分校가 개교됨으로써 本小校型가 되려 化를 면치 못한 反作用이라고 金時忠 教師(42 · 知禮洞出身)는 지적하였다.

外部人들의 出入이 적은 탓인지 犯罪는 거의 찾아볼 수 없다. 犯罪라는 말은 오히려 이 地域에서는 生疎한 말인지 모른다. 가령 竊盜라고 할 때 訟事까지 가거나 告發까지 가는 그런 深刻한 것이 아니다. 이런 原因은 이 地域에 깊이 뿌리박고 있는 傳統倫理, 곧 儒教的 道義 觀念 때문인 것으로 풀이 된다. 두 마을 중 上菊蘭里는 義城金氏 同族村落이요, 下菊蘭里는 諸姓村이건 하나 同族村落 못지않은 緊密한 紐帶와 協同으로 團結돼 있는 점이 다른 地域과 다르다. 그러므로 歷代로 무슨 큰 紛爭이나 是非가 없어 相互 依存 協助 愛隣同族의 地域社會를 維持하여 온 곳이라 하겠다. 그리하여 人心 좋은 곳이 되었고 漂泊流離하는 過客들이 이따금 이곳을 찾아오면 며칠씩 묵어 가는 마을이기도 하다.

이 地域에서 버스 運行이 되기 전인 1975년까지 어려웠던 문제는 應急患者의 輸送問題와 救急藥이었다. 지금도 賣藥商은 勿論, 醫師가 常駐하지 않고 있다. 그리하여 웬만한 疾病엔 傳來救急方에 의한 草根木皮로 질병에 대처하였었다. 버스길이 뚫린 이제 安東市와 1日 生活圈으로 좁혀짐으로써 그런 문제는 해소되었다. 하지만 감당할 수 없는 治療費 부담 때문에 住民들이 安東市内의 病院을 찾는 경우는 극히 드물다.

電氣는 1976년도에 家口當 2萬원의 施設費를 負擔함으로써 架設되었고, 새마을 自助事業으로 1974년에 上水道도 設置되었다. 마을 앞을 가로지르는 人道는 車道化되었는데 이것도 地主들의 土地喜捨를 계기로 이루어져 60年代의 모습이 一新되었다. 1963년 마을 앞 개울에 백주임에도 불구하고 늑대가 나타나 어린이를 물고 가는 것을 住民들의 놀라는 소리에 산비탈에 버리고 달아난 일이 있었던 것으로 미루어 70年代 政府政策 事業이 이 골짜기까지 파고 들어 電化, 車道, 上水道에 이르는 劃期的 變化를 일으킨 것이다.

表 ③

신문	잡지	라디오	TV	카메라	자전거	손수레	경운기
13	1	45	10		1	13	2

表 ③으로 미루어 알 수 있는 것은 이 지역 住民들 生活水準을 直感할 수 있는 일이다. 51家口에 雜誌가 1部인데 그것도 面에서 無償으로 배부되는 月刊 「새마을」이며 都市人이 기본적으로 누리고 있는, 아니, 다른 農村에서 누리고 있는 文化生活과는 거리가 멀다는 점이다. 그것은 또한 菊蘭里 義城 金氏 同族村落인 上菊蘭里의 경우 50代 以下는 거의 서울,

大邱로 移住하여서 그들 所有의 土地는 他地方民을 誘致하여 耕作케 하는데 原因이 된다. 上菊蘭 뿐만 아니라 같은 隣近 同族村落인 知禮, 後坪, 川由, 大谷, 回村, 龍溪 등 여러 마을이 이점은 共通된다.

3. 生業과 實態

農業이 生業인데 生産性向의 特徵을 든다면 葉煙草이다. 이 담배는 生産收益 額總의 49%를 차지한다. 表 ④에서 보듯 土地 總面積 12萬坪 가운데 葉煙草를 栽培하는 面積은 29%에 불과하는 것으로 미루어 벼나 잡곡에 비하여 收益이 아주 높다. 그 다음이 田穀, 水稻作의 順이다. 이 地域 農業 生産性은 一言하여 零細性 落後性을 면치 못한다. 앞에 든 바와 같이 葉煙草가 으뜸을 차지하는 것도 最小限의 勞力으로 最大限의 收益을 追求해야 하는 方法에 근거한 것이다. 좁은 農耕地를 最大限으로 活用 비교적 높은 利得을 얻으려고 할 때 논보다 더 많은 밭을 利用할 수 밖에 없는데 밭을 利用함에는 담배를 耕作할 수 밖에 없다. 담배의 耕作도 간단하지 않다. 勞動力 投入이 다른 品種에 比하여 越等하기 때문이다.

表 ④

면적 및 수익 / 품종	耕地面積	收穫量	所得額	備考
葉煙草	34,800坪	23,500㎏	4,000,000원	40,000,000원
벼	20,000坪	3,000斗	22,500,000원	41,820,000원
雜穀	65,200坪	4,830斗	19,320,000원	
計	120,000坪	7,830斗		81,820,000원

主宗을 이루는 葉煙草, 벼, 잡곡외 特殊蔬菜 栽培를 들 수 있는데 그것은 마늘, 고추이다. 그러나 그것을 多量으로 栽培하는 農家가 드물어 여기서는 除外하기로 한다.

결정적인 所得源이 되지 않는다 하더라도 果樹를 빼놓을 수 없다. 果樹의 主宗은 감이며 그 다음이 밤나무, 호두나무이다. 乾柿는 住民들 所得에 一助가 되고 生栗 역시 그렇다.

위에서 볼 수 있는 總生産量을 現金으로 換算한 額數를 다시 人口로 나누어 보면 1人當 248,700원이라는 計算이 나온다. 이것을 다시 美弗로 換算하면 355弗이다. 우리나라 個人 GNP 15,70弗(1980, 經濟企劃院)에 견주면 比較가 된다. 住民들의 이러한 所得額은 營豊運

營費를 計上하지 않은 것이다. 農民들에 의하면 營農費는 收入總額의 절반 가까이 차지한다고 말한다. 뿐만 아니라 菊蘭里 總家口数 51家戶 가운데 自作農이 대부분이기는 하나 6,7家口는 사실상 小作農이라는데 그 어두운 實相이 도사리고 있기도 하다. 이것으로 미루어 表 ④의 實際는 다소 融通性과 伸縮性을 가지고 읽어야 할 것이다. 所得의 절반이나 차지하고 있는 葉煙草나 벼와 잡곡의 生產量은 平年作을 基準으로 하여 時價로 產出한 것이다.

4. 風俗

安東文化圈이 그러하듯이 菊蘭里도 農耕社會로 특징지워지는 範圍안의 한 마을이다. 菊蘭里의 土俗은 이미 亡失되어 그 모습을 찾기 어렵다. 1950年代初까지는 거의 原型대로 保存되어 있었으나 6.25 를 겪고 난 다음, 人口移動이 活潑해지면서 徐徐히 倒壞된 것이다. 人口移動 樣相을 보면 原住民이 都市로 移動하고 都市難民 등이 逆流한 家口數가 46家口 중 약 10家口이다. 上菊蘭里의 경우 12家口 중 7家口가 서울, 大邱 등 都市로 移住한 것을 보면 쉽게 설명된다.

그리하여 菊蘭里의 土俗은 50年代 後半부터 하나 둘 모습을 감추기 시작, 76년 버스運行이 시작되면서부터 그 꼬리마저 현실에서 아슬히 사라져 가고 있는 것이다. 그도 그럴 것이 30年이란 한 세대의 時間과 눈부신 科學文明에 대한 住民들의 必然的인 肯定과 憧憬 都市文化와의 接觸 交流 등으로 不可避한 현상이 아닐 수 없다. 여기서는 古老들의 口述을 근거로 하여 土俗의 種類와 內容을 簡略히 소개하는데 그치기로 하겠다.

元旦의 「茶祀」는 分門한 先祖의 序列대로 같은 祭官들이 여러 집을 차례대로 돌며 祭를 지내고 飮福한다. 同高祖 八寸이란 鄕諺처럼 大家族制度의 모습을 質證한 年例行事였다. 그믐날 밤에 잠을 자면 눈썹이 하얗게 센다는 禁忌 때문에 마을 어린이들이 새벽까지 졸다가 엄마 곁에서 곤히 떨어진 「除夜俗」이 있다. 또 정월 초하룻날 「귀밝이술」을 어린이에게 마시게 한 習俗이 있는 것은 他地方과 같은데 이것을 歲酒라고 한다.

「달맞이」, 「城隍祭」, 「불싸움」, 「보름타작」, 「풀다리기」 등은 上元節에 擧行하는 土俗이다. 이 가운데 다른 地方에서 쉽게 찾아 볼 수 없는 「보름타작」은 原型調査를 할 필요가 있다. 퇴비 더미 위에 수수깡으로 五穀百果를 정성껏 만들어 陳列해 놓고 制作者들이 한 자리에 會集하여 마초름한 막대기로 집집을 돌며 부수는 것이다. 이 風俗은 생각건대 豊年을 祈願

하기 위한 것으로 풀이되는데 이 행사에 참여하는 年齡層이 15세 전후의 少年들이란데 특이한 점이 있다.

다음은 端午節의 「鞦韆」, 「菖蒲」로 머리감기는 널리 퍼져 있는 우리나라 女俗에 해당하는 것들이다. 역시 五月의 「告神祭」, 六月의 「품앗이 논매기」, 「삼굿(麻宴)」, 「품앗이 삼삼기」가 있다. 이 가운데 「삼굿」과 「품앗이 삼삼기」는 安東布의 産地인 安東에서는 어느 마을에서든지 흔히 보는 광경에 속한다. 이 가운데 「삼굿」은 삼을 收穫하여 거의 한아름 정도로 묶어 규격화한 다음 蒸氣로 찌는 남정네의 協業을 가리킨다. 삼을 收穫한 家戶는 빠짐없이 이 행사에 참여해야 하고 물이 가까운 江邊에 화덕이 설치된다. 화덕 바로 옆에 익힐 삼단이 들어가야 할 또 하나의 空間이 마련된다. 이 화덕과 空間은 규모에 따라 일정하지 않으나 깊이 5尺 5寸 정도에 가로와 세로가 10×12尺으로 生麻 40단 정도를 集積할 수 있게 한 화덕과 나란히 모래땅을 파서 만든 空間이다. 장정들이 짐으로 져서 날라다 놓은 산더미 같은 통장작을 아침부터 화덕에 지핀다.

불이 타면 돌을 한 켜 집어넣고 다시 장작을 넣는 식의 작업이 5.6시간 계속된다. 돌에 열을 集積하기 위해서다. 그 때 옆 空間 바닥에 긴 통나무를 어긋어긋 걸치고 生麻를 쌓는다. 그리하여 화덕과 공간 위에 청솔가지를 덮고 흙을 덮는다. 이 작업이 끝나면 떠 놓은 여러 동이의 물을 화덕위에 일시에 퍼붓는다. 이 때 장정들은 「물이야!」하는 喊聲을 올리며 빈 그릇을 물가로 재빨리 回送하여 화덕까지 一列로 늘어서서 빠른 속도로 물을 운반하여 화덕에 쏟아붓는 작업이 약 60분간 이어진다. 이리하여 生麻가 熟麻가 되는데 蒸氣로 찌는 原理를 利用한 것이다.

七月의 「풋굿」, 仲秋節의 「달맞이」, 「콩사리」가 있다. 「풋굿」은 稻作圈 農耕文化의 대표적인 民俗으로 全國에 널리 퍼져 있다. 安東地方에서는 「草宴」이라고 古老들이 말하고 있다. 이것은 호미시세(洗鋤宴 각 문헌 공통), 「서리짓게」(慶北 慶山郡 慈仁地方) 로 불려지는 것으로 두벌 혹은 세벌 논매기와 밭메기를 끝내고 擧行되는 農軍들의 祝祭이다. 菊蘭里의 풋굿은 60年代까지 洞口에 있는 「조수머리」에서가 아니면 마을 건너 東山에 있는 「반소나무」 아래서 행하여졌다. 술과 떡 그리고 煎을 푸짐하게 마련 하루를 즐기는 장정들의 잔치다. 「콩사리」는 밭두렁에서 콩가지를 꺾어 그대로 불에 구워 먹는 것을 말한다. 收穫하기 전에 대개 靑少年들에 의하여 행하여지는데 이 習俗은 다른 것보다 먼저 없어지는 것 같다. 世態가 刻薄해짐에 따른 敏感한 반응으로 해석된다.

그 밖에 孟夏의 「복상(복숭아) 서리」, 「오약(오얏) 서리」, 盛夏의 「외수박서리」 등이 있고, 정월 열나흗날 곡식을 볶아 방의 네 구석자리밑에 넣는 「께저리」, 같은 달 열엿셋날 잠자리에 들기 전 「신발뒤집어엎어놓기」라든가 이월 초하루에서 스무날까지 소반위에 井華水를 한 그릇 얹어 뜰에 놓는 「영두할마이」(靈登할머니) 등이 있다. 이 가운데 「서리」라는 것은 少年들이 떼를 지어 특별히 날을 잡아서 보리를 두서너되씩 싸가지고 마을을 출발, 복숭아밭이나 원두막을 찾아 사먹기도 하고 혹은 가지고 와서 집안 식구들에게 맛보게 하는 행사이다. 이 행사는 하루 걸린다.

「영두할마이」는 靈登날 (2월 초하루)에 세상에 내려와서 農村의 實情을 집집이 다니면서 調査하고 陰曆 이월 스무날 하늘로 올라간다는 할머니로 주로 嶺南地方에서 받드는 靈登神이다. 이렇게 볼 때 菊蘭里는 다른 安東地方과 같이 大部分이 稻作圈 土俗임을 쉽게 알 수 있는 일이다.

稻作의 시작이 端午요, 그 마무리가 秋夕이다. 몇몇 學者와 硏究機關에서 調査發表한 論文이나 報告書가 말하고 있는 바와 같이 安東地方에 가장 잘 保存되고 있는 風俗은 稻作文化의 土俗信仰이다 · 「城隍祭」와 「告祔祭」는 災變과 凶作, 疾病, 그리고 農作物의 病虫害를 막기 위한 祭儀다. 「논매기」 「삼굿」은 協業을 통하여 作業能率 增大를, 「풋굿」은 協同心을 다짐하고 連帶意識을 强化하고 農繁期의 同苦를 慰勞하는 農軍들 自祝의 모임이다.

다음으로 「탕건바위」(일명 감투바위)를 소개하겠다. 이 「탕건바위」는 菊蘭里에서 陶淵을 지나 岳沙 마을 건너편 「분고개」밑 半邊川 물가에 있는 바위다. 옛날 선비들이 科擧를 보기 위하여 이곳을 지날 때는 바위 앞 길에 서서 왼손으로 돌을 세게 던져 科擧 及第與否를 점쳐본다. 만약 하나라도 바위 위에 돌이 얹히게 되면 及第를 하고 그렇지 못하면 落榜된다는 것이다. 과거에 급제하면 벼슬을 얻게 되고, 버슬에 오르게 되면 탕건을 쓰게 되므로 이 바위는 탕건을 쓰는 것을 좌우한다는 뜻으로 탕건바위라 불린다. (川前洞 金九益(58)씨 口述)

이 바위는 둘레가 열 아름이나 되고 높이 또한 10餘尺이나 되는 巨岩으로 길 바로 옆 물가에 덩그러니 버티고 서 있는데 생김새도 흡사 사람 머리 모양과 같다. 지금 이 바위 앞에서 흔히 볼 수 있는 광경은 高校나 大學을 志望하는 受驗生들이 옛 풍습에 따라 탕건바위 위에 들을 던지고 있다는 것이다.

5. 地名. 物名

名稱科學의 硏究 對象은 地名을 비롯하여 人名, 王名, 祖名, 事物名 등 여러가지의 固有名詞들이다. 固有名詞는 대체로 永續的이며 不變的 素性을 가지고 있다. 그리하여 이들은 古層의 言語要素가 化石化되어 남아있는 것이다.

그러므로, 地名을 비롯한 名稱科學의 對象들은 地理學이나 歷史學과 民族學, 그리고 人類學과 言語學 등 여러 學問分野의 硏究對象이 되고 있다. 地名이라고 하는 것은 특히 專門家가 아니라도 누구나 관심을 가지며 興味를 느끼고 있다.

地名은 人間의 鄕愁와 같이 親近感을 갖게 한다.

太初에 땅 위에서 사람이 살게 되고 그 땅, 곧 土地를 表現하는 地名이 있었다. 우리 先祖들이 社稷을 이루고 이 땅에 定着하면서 여러 地名이 命名되었다. 地名에는 先祖들의 思想과 生活相이 表現되어 있다.

地名을 言語學的 視覺에서 硏究하는 李喆洙 敎授에 의하면 地名은 겪어온 歷史를 말하고, 그 地域의 地形 地理를 말하고, 古語와 新語와 方言을 말한다고 하였다.

筆者는 安東地方 外廓 東西南北 여러 村落을 踏査한 일이있다. 菊蘭里에서 발견한 것은 이 村落이 다른 곳에 비하여 家戶數가 적고 협소한데도 불구하고 地名과 物名이 家戶數가 많은 다른 村落보다 월등히 發達한 점이었다. 여기에 關心을 가지고 可能한 한 자세히 地名과 物名을 調査해 보았다. 미루어 생각하면 되려 家戶數가 적고 田土가 좁고 地域이 협소한데서 비롯된 逆現象일 수도 있어 好奇心을 더한 것일지 모른다. 「에스키모」나 「아이누」族이 100餘 단어로 一生을 살아간다는 점은 興味로운 일이 아닐 수 없다. 여기서는 12家口가 居住하는 上菊蘭里를 調査對象으로 하였음을 밝혀둔다.

우선 地名 · 物名을 다음과 같이 類型을 細分하였는데, 「山嶺」, 「地點」, 「溪谷」, 「岩石」, 「土地」, 「樹木」등이 그것이다. 俗音 그대로 한글로 적고 漢字로 나타낼 수 있는 것은 괄호안에 그것을 넣고, 방언일 것이나 심하게 속음화 된 것은 풀이도 넣었다.

(1) 山 嶺 … 바곡재(朴谷嶺), 웃지넘재, 아랫지넘재, 황산재(黃山嶺), 옛재(昔嶺), 분재(盆嶺), 칫재(鴟嶺), 마당재(場嶺), 뒷재(後山), 철봉(鐵峰), 덕골재, 연골재, 감동이재.

(2) 地 點…작은다부질, 큰나부질, 장터거리, 까바우모테(깎아지른 바위가 있는 곳), 새물

내기(새로 판 못이 있는 곳), 웃거랑(위에 있는 거랑물), 아랫거랑, 큰물(半邊川을 가리킴), 앞산(大霧山을 가리킴), 두드레, 마찬, 불금목, 불금, 다아내, 작은배갱이, 큰배갱이, 조수머리(洞口), 배곶등, 물건네(물건너쪽), 밤남뚜, 웃갱밴(위의 江邊), 아랫갱밴, 아렛모테(洞里 아래쪽), 웃모테 거리뱅골, 안뱅골, 번번당, 칫골쏘(鵄谷 앞에 있는 깊은 물), 고방쏘, 쪽감나무모태(쪽감나무가 있는 곳), 메멩기쏘, 까바우쏘.

(3) 溪 谷 … 지게골, 서당골, 금당골, 칫골, 도장골, 뱅골, 내리방골(바위가 내리지른 골), 홍골(検谷), 다내골, 정자골, 제청골, 갈매골, 달리밭골, 덕골, 연골, 감동이골.

(4) 岩 石 … 자래바우(자라 바위), 까바우, 탕건바우, 큰바우, 네리바우, 찔둑바우.

(5) 土 地 … 동짝밭(집 동쪽의 밭), 서짝밭, 외마지기, 큰마지기, 갈모배기, 모래배미, 건너웃다래기, 건너아랫다래기, 웃나무다래기, 마늘다래기, 불금웃밭(불금 위쪽의 밭), 불금아랫밭, 흠달이, 웃다래기, 흠달이아랫다래기, 다아내큰밭, 다아내작은밭, 지통밭, 아랫밭, 감나무다래기, 웃나무다래기, 뒷밭, 금당골밭, 건너긴배미, 구매외마지기, 연지매밭(연자방아가 있는 곳에 있는 밭), 딱밭, 갈매골밭.

(6) 樹 木 … 웃감나무, 조수나무, 반소나무, 먹감나무, 쪽감나무, 동우감나무(물동이 모양의 감), 반시감나무, 주지감나무, 군디나무(그네를 매는 소나무), 물건너밤나무, 뒷재큰밤나무, 마찬큰밤나무, 불금목밤나무. 웃배나무(위쪽에 있는 배나무), 웃당나무, 아랫당나무, 별묘모과나무, 뒷재모과나무, 별묘향나무.

위의 土地名 가운데 「마지기」, 「배미」, 「다래기」는 水畓에 通用되는 接尾辭이다. 밭일 경우 그대로 「밭」으로 나타나 있음을 본다. 위에서 본 地名·物名은 12家口의 작은 마을이 사용하는 一部인데 말만 들으면 눈감고도 그 위치를 훤하니 알 수 있는 利點이 있다. 논밭 한 뙈기까지 이름이 없는 것이 없는데 위의 것은 土地의 경우 대표적인 것만을 신택하여 보인 것이다. 一例로 위에서 地點名에 「조수머리」, 樹木名에 「조수나무」가 있다. 조수나무는 上菊蘭 洞口에 있는 堂木(樹齡 1000年)이며 조수머리는 洞口께를 가리키는 말이다. 조수나무 전설은 조수머리 앞 半邊川에 大洪水가 있었을 때 이 마을에 살았던 한 노파가 떠내려 오는 탐스런 나뭇가지를 보고 「저 나무야, 저 나무야, 이리 와라, 이리 와라 !」고 念頌하었더니 문득 나무가지가 물가로 나왔다고 한다. 그 노파가 조수머리에 그 가지를 심었더니 무성하였으므로 마을 사람들이 「造樹나무」로 命名하였다고 한다. (菊蘭里, 金時馥(71)씨 口述) 獻花歌의 노인과 같은 초능력을 가진 이 노파의 전설은 샤머니즘 사상이 스며 있으며 조수나무가 堂木으로 숭상돼 守護神으로 傳承된 것은 토테미즘 思想이 배어있다고 할 수 있지 않을까? 앞에서 든 「반소나무」 역시 方氏가 심어서 그들에 의하여 숭상되었다면「조수나무」와 같은 樹木神의 신상으로 볼 수 있을 것이다.

VI. 結言

한 마디로 菊蘭里는 70年代 이전에 대하여 그 이후의 生活與件을 아주 달리하고 있다는 사실만은 위의 諸様相에서 단정적으로 말할 수 있다. 그것은 交通에서부터 電化, 上水道 등에서 나타난다. 70년대 초까지 물지게의 물항아리를 지고 이는 光景을 볼 수 있었고 또 희미한 호롱불로 밤을 밝혔었다. 지금 運行되는 1日 3往復 버스는 두군데의 潛水橋 때문에 全天候가 아닌 未洽한 것이긴 하나 그 이전에 비하여는 이 마을 生活革新의 가장 큰 惠澤임을 否認하지 못한다. 이러한 文明化(?)의 反作用으로 固有의 土俗이 褪色된 또한 不可避한 現象이 아닐 수 없다. 위에서 몇 가지 문제 다룬 가운데서 「生業과 實態」項을 除外하고는 上菊蘭里를 中心으로 調查하였음을 밝힌다. 本稿의 目的은 「臨河댐」 建設工事로 菊蘭里가 水沒될 可能性을 안고 있어 人文調査를 하여 두고자 하는데 있다.

이에 마지막으로 菊蘭里의 밝은 내일을 위하여 몇 가지 問題를 提起하고자 한다. 첫째 風土病인 「肝디스토마」 豫防에 대한 啓蒙이 필요하다. 醫藥의 惠澤이 全無한 奥地이기 때문에 이 문제는 郡當局의 關心事가 되어야 한다. 「肝디스토마」는 淡水魚 生食에서 感染된다고 알려져 있다. 集團檢診實施, 上水道 水質檢査, 環境衛生 點檢을 일차 施行해야 한다. 둘째 이곳에 「마을文庫」를 設置해야 하는 문제가 그 하나다.

表 ③, ④에서 보는 바와 같이 住民들이 零細하므로 이것도 住民들 자체의 誠意와 行政當局의 關心이 接合되어 結實을 거두어야 할 것이다.

세째 賣藥商 許可는 資格問題로 不可能하다 하더라도 간단한 救急藥品은 필요할 때 손쉽게 구하여 쓸 수 있도록 하는 措置가 있었으면 한다. 네째 知禮까지 들어와 있는 有線 電話

를 여기에서도 利用할 수 있도록 하자는 것이다. 利用度가 극히 낮음으로써 打算이 맞지 않을지 모르지만 이런 僻村에는 國策事業의 次元에서 配慮돼야 하겠다. 다섯째 樹種改植에 관한 行政當局의 관심이다. 이곳의 山林은 在來種 소나무와 橡木이 大宗을 이루고 있다. 이들이 經濟性樹種이 되지 못하는 것은 周知의 사실이다. 貧窮한 僻村인 만큼 나무를 바꿔 심음으로 하여 현실적 收益을 거두는 한편 未來를 기약하는 意味를 동시에 띠게 될 것이 아닌가 한다.

이러한 문제들이 行政當局의 關心만으로 이뤄지는 것은 아니다. 住民들의 뜨거운 熱誠과 노력이 있을 때 비로소 문제에 대한 檢討가 이루어질 수 있을 것이며 그 바람직한 方案이 摸索될 수 있을 것이다.

參考文獻

「安東文化」 5輯, (菊蘭里의 人文環境, 金鱗九, 1956 安東學會, 大邱)
「嶺南人物考」 (1967, 探求堂, 서울)
「永嘉誌」 (1608)
「川前小誌」 (金時璞, 1972, 川前宗會, 安東)
「擇里志」 (李重煥, 1972, 乙酉文化社, 서울)
「韓國名人小傳」 (李家源, 1975, 一志社, 서울)
「東國輿地勝覽」 (盧思愼, 1971, 乙酉文化社, 서울)
「韓國文化史大系」 (1970, 高大, 民硏, 서울)
「新東亞」 134號
「安東文化圈學術調査報告書」 (1971, 成大, 서울)
「名稱科學의 理論」 (李喆洙, 1981, 仁荷大論文集)

永嘉面貌 隨錄

東岡 權漢相 (84세 · 前 郡守)

安東을 貫故鄕으로 한 人士는 극히 평범한 것이지만, 安東에 대한 다음과 같은 상식을 斷片的이 나마 기억해 주었으면 싶다.

지금의 安東은 신라의 古陁耶를 비롯해서 古昌(吉昌), 安東府, 永嘉, 花山, 吉州, 福州, 安東都護府(寧海, 靑松, 順興의 3府와 醴泉, 榮川, 豊基의 3郡 및 義城, 比安, 軍威, 眞寶, 盈德, 英陽, 奉化, 禮安, 龍宮 등 9縣을 統轄한 道廳 소재지와 같은 것) 등의 이름이 있었고, 뒤에 禮安을 합해 安東郡이 되었다. 醴泉郡의 甘泉과 奉化郡의 乃城, 春陽, 才山은 과거 安東府의 屬縣이었다.

安東이란 이름의 由來는 신라에 침입해서 鮑石亭에서 景哀王을 殺害한 後百濟의 甄萱의 亂을 金 權 張太師 세분이, 신라의 臣民으로서 지극한 忠義心과 분개한 마음으로 견훤을 敗走케 해서 東京(慶州)을 安定시켰다고 해서, 後日 敬順王의 讓位를 받은 고려 太祖가 改稱한 것이다.

安東은 麗末 紅巾賊亂 때 恭愍王의 피란처다. 공민왕은 安東이 高麗 建國功臣의 後裔들의 고장이라 忠誠心이 강한 곳이라고 確信해서 安東으로 피난한 것이다. 그때 安東府에 써준「安東雄府」란 현판과 「映湖樓」라는 현판은 현재까지 남아 있다.

安東에는 東方鄒魯之鄕이란 別名이 있다. 退溪를 비롯해 많은 儒學者, 性理學者가 이어 태어난 곳이라 해서 孟子를 낳은 鄒나라와 孔子를 낳은 魯나라와 비교해서 부른 名稱이다.

安東은 朝鮮朝 四色黨派 가운데서도 野黨인 南人의 中心地로 오래 계속 되었으며, 少論 집은, 1, 2姓의 몇 집이 있었을 뿐이다.

어느 고을에 가나 頌德碑는 하나 같이 즐비하다. 그러나 安東 境內(舊禮安 제외)에는 朝鮮시대의 頌德碑는 없다. 그 反面 安東원님이 삽짝 타고 쫓겨간 사실은 없다. 安東 사람의 氣質이 잘 나타나고 있는 이야기이다.

安東은 山多野小의 지방이어서 萬石巨富가 없다. 최고인 千石 富者라야, 村邑間에 10戶 未滿이다. 그래서 財貧道富의 지방이므로 地廣慶州, 結(地稅)多尙州, 人多安東이란 호칭이 있다.

人多란 말과 같이 安東은 退溪를 비롯해서 大山, 小山 등 많은 性理學者들이 줄을 이어 禮文 中心地로서, 人倫道德鄕 으로는 全國의 으뜸이었다.

특이한 것은 安東 鄕吏가 전국에 類例 없이 모두 城門 밖에 살았으며, 城門 안에서 살지 않았다는 것이다. 아마도 太師公의 後孫이므로 入則吏요 出則儒라는 의미인 듯하다.

安東은 瓦家부락과 書院, 廟宇, 祠堂, 亭子, 齋舍, 墓幕이 많기로 유명한 지방이다. 太師廟, 關王廟 외에 陶山書院, 虎溪書院, 臨川書院, 易東書院, 汾江書院, 周溪書院, 屛山書院, 靑城書院, 鏡光書院, 默溪書院, 泗濱書院, 高山書院, 孤竹書院, 魯林書院 등이 있고 祠는 不知其數이므로 생략한다.

安東에는 음력 正月 대보름날 낮에는 남자들이 車戰놀이, 밤에는 부녀자들의 놋다리 놀이가 열렸다.

車戰놀이는 3太師가 甄萱亂을 평정시킨 車戰의 모습을 그대로 東西部로 편을 갈라 實演한 것이다.

남자의 士氣를 양성하는 놀이이며, 安東市 松峴洞의 합전다리 부락에 養兵과 전투용으로 제작 비축했던 수많은 戰車로 不時에 攻勢를 취해 견훤군을 敗走케 한 車戰을 想起시키는 놀이다. 놋다리(銀橋)는 恭愍王의 公主를 환영하기 위해, 洛東江에 銀橋인 소복단장한 靑少부녀자가 엎드린 등을 밟고 江을 건너 映湖樓 위까지 모신 충성심을 회상하는 놀이다.

安東에는 과거 전국 제일의 名産인 45度에서 60度에 이르는 安東燒酎를 항상 마시던 지방이어서 쇠고기 요리 솜씨도 따라서 전국 제1위였다.

安東地名 收錄保存에 대한 提言
—밭뙈기, 논배미, 山꼭대기 이름까지—

張 相 燮(永嘉文化 編輯委員 · 漢城大教授)

「한석골 어른 장에 나오셨니껴」, 「오야, 영철이라. 자넨 누하고 같이 왔노」. 「예, 늪실아재하고 한골 형님과 같이 왔니더」, 「모두 어디 갔노」. 「몰씨더, 어데서 한 잔 하는 모양이씨더」.

「아이 삼밭골 댁 아이라. 참 오랜망이데이」. 「왜래 모시밭 댁 얼굴 잊어 버리겠데이」. 「그래 요기는 했나」. 「새터 양반 가게에서 먹었다」.

어쩌다 공교롭게 장날에 故鄕에 돌아 오게 되면, 장바닥 어디에서나 들을 수 있는 對話들이다. 이런 주고받는 대화를 들으면, 정말 고향에 돌아왔구나 하는 安堵感이 드는, 흐뭇한 장면이다. 하고한 날을 서울 말씨의 洪水 속에 휘말려 살다가, 原色的인 고향 말씨가 왁자지껄하게 범벅이 되는 가운데 내동댕이 쳐지 듯 서게 되면 감격스러워 가슴이 메어진다.

이젠 산골짝 마을에 들어가도 전화가 있고, 텔리비전 안테나가 곳곳에 서 있는 것을 보게 된다. 라디오는 방마다 놓여 있을 정도이니, 電波媒體를 통한 通信網은 이제 坊坊曲曲 손이 닿지 않는 곳이 없어져 버렸다. 이러다 보면 이 정겨운 고향 사투리도 자꾸만, 그 그림자가 얇아져 가고, 끝내는 그 자리에 標準語라는 서울 말씨가 비집고 들어 앉아 버리지 않을까 불안스럽다.

말씨 보다 쉽게 변하지 않는 것은 宅號인 것 같다. 설사 喪妻해서 재혼한다고 해도, 택호는 역시 첫 配偶考의 출신 마을 이름을 쓰기 때문에 변할 수 없는 것이다. 앞으로는 도시로 몰려가는 사람들 때문에 이 택호도 또 줄어갈 수 밖에 없을 것이다. 그러나 대대로 고향에 살아 오던 사람이 남아 있는 동안에는, 이 택호가 쉬이 없어지지야 않겠지 싶다. 이름을 귀하게 여기는 우리 민족들이라, 어른 함자를 함부로 부르지 못하니, 不可不 택호로 부를 수 밖에 없는 것은 정한 이치다. 그러니 이 택호는 전통과 풍속이 아주 다른, 他地方의 사람들을 大移動을 통해 혼합시켜 버리기 전에는 보존되지 않을 수 없다.

택호란 妻家 마을 이름이기 때문에, 이것은 바로 地名인 것이다. 지명이란 固有名詞다. 이것은 오래 계속되며 좀처럼 변하지 않는 속성을 가지고 있다. 이 지명으로 부르는 택호를 살펴보면 十中八九는 순우리말 지명이라는 것을 알 수 있다. 十中一二는 순우리말 지명이 아니지만, 그것은 그 지명이 漢字로 지어진 경우도 있지만, 한 門中이나 같은 마을에 同一한 택호가 겹쳐지면 혼란이 오고, 섞갈리기 때문에 뒤의 사람은 그 지명을 한자로 썼기 때문이다. 이를테면 무섬 댁이 있는데 또 그 문중에서 무섬으로 장가를 들었을 경우, 重複을 피해 水島 댁으로 택호가 정해지는 따위가 바로 그것이다. 그런 것으로 보아, 마을 이름은 거의 대부분이 순우리말로 부르고 있나는 것을 알 수 있다.

地名은 순수한 우리 말이다

山川이나 道 · 郡 · 邑 · 面 · 洞의 이름은 거의 漢字식 이름이지만, 그것도 따지고 보면 순우리말 지명을 한자로 表記한 것에 지나지 않는 것이다. 내앞을 川前洞이라고 한 것이나, 귀열이를 耳開洞이라고 한 것이 모두 그 例인 것이다. 순우리말 지명이 漢字語式으로 변경된 것은, 멀리 新羅 景德王 때로 거슬러 올라 간다. 그러나 그것도 주로 고을이름과 같은 行政區域名稱들만을 고쳤다. 그 뒤로도 한자가 公式的인 文字로 쓰여 지면서, 더 작은 마을에도 한자식 지명이 생겼지만 거기에 살고 있는 사람들은, 여전히 순우리말 지명을 써왔다.

全北 裡里는 驛의 爆發事故로 유명한 도시지만, 그곳 본토박이 주민은 그래도 裡里를 『솜리』라고 부르고 있다. 揷橋川 工事나 防潮堤로 이름이 알려진 揷橋도 현지 사람들은 아직도 『삽다리』라고 한다. 아무리 王命으로 公式 지명을 한자어로 고쳤다고 하나, 그곳에 오래 살고 있던 사람들은 거기에 따르려 들지 않는다. 늘 불러 오던 우리말 지명이 더 익숙하고 정이 들었기 때문이다.

지명에 대한 이런 애착심이야 安東이라고 다를 수가 있을까. 『느릅실』이면 될 것을 굳이 유식한 체해서 楡谷이라고 한들, 漢學을 했다는 사람도 별로 달갑게는 느껴지지 않을 것이다. 한자가 아니라도 그렇다. 그 지명에 安東 사투리가 짙게 풍기는 것은, 그것대로 정다운 것이 아니겠는가. 『궈말』이라는 마을 이름을 표준말로 고쳐서, 구석마을이라고 한들, 그 마을 사람들이 알아 듣기나 할까. 이렇게 지명에는 固有性과 永續性이라는 不變性의 素性이 있다.

地名이 생기는 緣由들

지명이 생기는데는, 다 그것이 생기는 연유가 있게 마련이다. 그곳에 사는 사람들에게 전해지는 전설에 따라 생기기도 하고, 그곳의 地形이나, 거기에 있는 木石에 따라 지어지기도 한다. 지어졌을 때의 말이 그대로 지명이 돼서, 계속 불려지게 되는 것이다.

역사가 오래돼서 말이 달라져, 현재에는 지명에 쓰인 말이 없어져 버려, 그 뜻을 모르게 되었을 경우에도, 그 지명은 그대로 쓰여지고 있는 것이다. 그러기에 그 뜻을 알 수 없는 지명에서, 우리는 옛날의 우리 말을 찾아 낼 수가 있다. 그 지명이 原形대로 뒷 날까지 남기도 하지만, 때로는 그 지방의 강한 사투리의 영향 때문에 變形돼서 訛傳되는 수도 있다.

西後面에 耳開洞과 鳴洞이 있다. 이것의 순우리말 이름은 귀여리와 말우리다. 그러나 현지의 사람들은 귀여리라 하지 않고 궤일이라고 한다. 이 지명은 龍馬 전설에서 붙여진 것이다. 재일(城谷) 뒷 산이 商山이다. 여기에 용우물이 있는데 옛날에는 너무 깊어 명주실꾸리 하나가 다 풀려도 바닥에 닿지 않았다고 한다.

여기서 龍馬가 태어나서 서남쪽으로 뛰어 날았다. 그 용마의 귀가 열린 곳의 지명이 귀여리가 됐고, 龍馬가 힘차게 운 곳의 지명은 말우리가 됐다는 것이다.

禮安面 歸團里 인갤 남쪽에 쇠이골이 있다. 쇠이골 서쪽에 있는 골짜기가 어분골이다. 이 어분골이란 이름은 孝婦 전설로 해서 붙은 지명이다. 효성이 매우 지극한 며느리가 이 지방에 있었다. 시어른이 병이 나서 매우 위독했다. 밤은 이미 깊었지만 효성스러운 며느리는, 漆黑같은 산을 넘어 禮安으로 약을 지으러 갔다. 약을 지은 이 孝婦는 一刻이라도 빨리 돌아가, 시어른에게 달여 드리려고 걸음을 재촉해 산을 넘으니, 난데 없이 호랑이가 나타나 앞에 넙죽 엎드리는 것이다. 魂飛魄散했지만 시어른을 살리려는 一念으로, 호랑이 등에 업혔다. 나는 듯이 달리는 호랑이는, 눈 깜짝할 사이에 집까지 왔다. 그 약이 효험이 있어서 시어른은 쾌유했다고 한다. 호랑이가 업고 온 골짜기라고 해서 어분골이란 이름이 붙게 된 것이다.

傳說에 따라 붙여진 이름

臥龍面 淅江里에 있는 조개터(조가터)와 돛대방우도 전설에 얽힌 이름이다. 조개터는 淅江뒤에 있는 마을인데 지형이 조개처럼 생겼다고 해서 조개터라고 한다는 說과, 여기에 趙정승이 살았다고 해서 조가터라고 한다는 설이 있다. 이 趙씨 집은 권세도 있고 재물도 많

아, 여기로 찾아 드는 사람이 끊어질 날이 없었다. 날이면 날마다 손을 치는데 짜증이 난 이 집에, 어느날 한 중이 동냥을 하러 왔다. 이 집에서는 후하게 쌀 한 말을 시주하고, 넌지시 매일 우리 집에 밀려드는 손님이 오지 못하게 할 수는 없는가 하고 물었다.

중은 고맙다는 인시를 하고, 그 請을 받아들여 동남쪽에 있는 바위를 가리키며, 저 뾰족이 솟아 있는 바위의 윗층을 깨뜨려 버리면, 손님들이 찾아 오지 않을 것이오 하고 말한 뒤 사라졌다. 그 집에서는 하인들을 시켜, 그 바위를 깨뜨려 버렸다. 그 뒤로 그 집은 망해 버려 家産이 없어지고 나니, 자연히 손님들도 찾아오지 않게 돼 버렸다. 그제야 자신의 잘못을 깨달은 趙씨 집에서는, 그 위에 돌을 쌓아서 돛대처럼 만들어 이름이 돛대바위가 됐다고 한다.

이런 說話는 전국 여러 곳에 있다. 奉化 梧麓의 琴씨와 황새바우의 이야기도 이와 비슷하다. 큰 부자가 살았다고 하는 마을 이름이 복바드레라고 부르는 곳이 臨東面 大谷里에 있는데 비슷한 내력이 있는 곳인지 모르겠다.

地形에 따라 붙여진 이름들

전설이나 說話로 해서 생긴 지명 보다는, 地形에 따라 생긴 지명이 훨씬 더 많고, 같은 이유로 해서 전국에 꼭 같은 지명이 무수하게 생긴다. 시루를 엎어 놓은 것과 같대서 시루봉, 장구처럼 잘록하게 생겼다는 장구목, 길마처럼 생겨서 길마개 또는 질마재라는 지명들이 있다.

골짜기가 확 트여 넓은 너분골, 반대로 골짜기가 가늘대서 가는골, 병목처럼 좁은데 있는 목실, 지형이 비스듬한데 있다고 빗기실이라는 이름이 붙는다. 땅모양이 눌려서 누워 있는 형상이라 해서 누르기란 이름의 마을이 있는가 하면, 깊은 산에 가려 숨어 있는 것 같다는 숨실이란 마을이 있다.

바깥은 좁은데 안으로 들어 가면 골짜기가 넓어진 골짜기는 넙씽잇골, 굴 처럼 생긴 골짜기에 있는 마을이라고 해서 꿀땡이라 부른다. 주위의 산이 마치 부루(상치)와 같이 생겼다 해서 마을 이름을 부릇골, 산이 내를 갈라 놓은 형상이라고 마을 이름을 가르내라고 한다. 내기 마을 앞을 흐르고 있대서 마을 이름을 내앞이라 하고, 낙동강이 갈쿠리 모양으로 흐른다고 해서 마을 이름이 갈쿠리 또는 갈크리가 되었다고 한다.

마을이 들어 앉은 골짜기 모양이 독처럼 생긴 마을은 독실, 마을에 있는 바위 위에 마치 덮게와 같이 바위가 덮여 있는 마을은 더깨빗골, 마을에 알과 같이 둥근 산이 있다고 해서 마을 이름은 알실이 됐다. 마을 앞을 흐르는 개울이 가위를 벌린 모양을 하고 있어서 개새거랑이라고 부르는가 하면, 지형이 미리(용)와 같이 생겼대서 마을 이름이 미리미가 되기도 한다.

지형이 습해서 물이 많이 고이는 곳은 늪과 같아 마을 이름도 늪실이라 불리우고, 마을 주변을 흐르는 시내가 마을을 감돌아 흐른대서 마을 이름은 도렛마다.

이것은 한자 지명인 河回와 같은 경우라고 할 수 있다. 山間이기는 하지만 땅이 넓게 트여 있는 곳의 마을 이름은 너분들이라고 부르고, 마을 옆에 있는 산이 까치와 같은 모양을 하고 있대서 마을 이름을 까치미라고 하는 등, 그 곳의 지형이 생긴대로 붙은 이름이 가장 많다.

位置에 따라 지어진 地名

地形에 따라 지명이 생긴 例 가운데에는 그곳이 어떤 위치에 있는가에 따라서, 그 지명이 생긴 것을 우리는 주변에서 얼마든지 볼 수가 있다. 安東에는 구미라는 이름의 마을이 적지 않다. 한자로 龜尾라고 하는 경우도 있지만, 이것은 역시 구미라는 우리 말에 音이 類似하고 뜻도 상서로운 한자를 갖다붙인 경우라 하겠다. 구미라는 이름이 붙은 마을은 모두 그 앞을 흐르는 江이나 시내가 굽이쳐 흐르는 곳에 있다. 우리 말에 굼닐다, 굼닐거리다라고 하는 것도 굽이친다는 뜻이다. 그렇게 굼니는 곳이 곧 굼이기 때문에 발음은 구미가 되는 것이다. 이것을 이해하는 데는 굼안이(구마닛골)나 굼건너라는 마을 이름을 보면, 쉽게 알 수가 있는 것이다. 굼안이는 강이 오목하게 굼니는 안쪽에 있는 마을이며, 굼건너는 그 바깥 쪽에 있는 마을이란 뜻이다.

기늘이라는 마을은 햇빛을 가리는 산이 앞을 막는 위치에 있어서 늘 그늘이 지기 때문에 붙은 이름이다. 지시러기(또는 지실기)는 그 마을이 산의 기슭에 올라앉아 있어서 기실기라고 하던 것이 차츰 기실기, 지시러기로 변해갔던 것이다. 산이 높아서 마을이 그늘져 늘 어둡대서 어둥골이라고 부르는 곳이 있으며, 아늑한 골짜기 속에 자리잡은 마을을 아늦골이라고 부르기도 한다.

골짜기 안 쪽에 있대서 안골이라고 부르는 마을은 곳곳에 있고, 계곡 앞에 있는 마을이래서 앞싯골이라고 부르기도 한다. 아래 위 마을 중간에 자리잡고 있는 마을을 샛말, 샛골이라고 부르는 것도 흔한 지명이다. 마을 뒤에 있는 골짜기를 딧골이라고 부르는 것도 어디에나 있는 이름이며, 골짜기 구석에 있는 마을이라 해서 궉말이라고 하고, 개울 건너 구석에 있는 마을 이래서 거느구석이라고 하는 지명도 있다. 이것도 역시 마을의 위치와 관련이 있는 지명이지만, 마을의 위치가 높고 산에 가려있어서 그 마을은 항상 서늘해 견디기 좋아서, 그곳을 서느래라고 부르는 마을도 있다.

地名에 따라 產物을 알 수도

그 곳에서 나는 產物에 따라 지어진 지명도 많다. 옹기나 沙器를 생산하던 곳이나, 그것을 去來하던 곳은 대개 지명에 그 흔적이 남는다. 가멧골이나 독까막골 같은 지명이 붙은 곳에는, 지금은 없다고 해도 가마를 박을 만한 비탈을 찾으면, 옹기나 사기 파편들이 흩어져 있게 마련이며, 그 부근에는 가마를 박은 窯址가 꼭 나올 것이다. 사기막, 옹기막, 독점, 독골이라는 이름을 가진 곳도, 거의 옹기나 사기를 굽던 곳이나, 그런 것들을 사고 팔던 곳이 있었기 때문에 붙은 것이라고 생각되는 곳이다. 옛날 대장간이 있어서 도끼를 벼르던 곳이라고 해서 도치골이란 지명이 남은 곳이 있다. 대장간이나 철물을 만드는 재료인 쇠가 생산되던 곳이라고 해서 쇠이골이란 이름이 붙은 곳도 있다.

조개가 많이 난다는 여울이라고 해서 조갑지탕, 옛날에는 잉어가 많이 나던 곳이라고 해서 잉어배미라는 지명이 아직도 남은 곳이 있다. 여우가 많은 계곡이라고 해서 여싯골, 노루가 많다는 노리실, 까치가 유난히 많다고 하는 까치개라는 지명들이 있다.

고마실 또는 구마곡은 옛날에 곰이 많은 곳이었다는 곳이다. 고마니 구마니 하는 것은 곰의 古語라는 것을 알 수다. 日本에서는 곰을 지금도 구마라고 하니, 이런 지명 하나에서도 우리 古語와 日本語와의 관계 연구의 의욕이 일어날 만 하다.

그 지역에 많은 나무 이름을 딴 지명도 흔한 편이다. 배나무가 많다고 해서 뱁실, 또는 배남실이란 이름이 붙는가 하면, 느릅나무가 많다고 느릅실, 팽나무가 있는 팽나무정이, 등칡이 우거진 등칡이재, 사시나무가 많은 사시나무골, 갈대가 빽빽해서 부른 갈골이란 지명, 싸리골, 대밭말, 고사리골과 같은 지명에서는 거기에 무엇이 많이 나오는가를 금방 알 수가 있다. 이런 類의 지명은 우리나라 어느 지방에 가도 항상 들을 수 있는 것들이다. 이런 지명을 보면 현재에는 사정이 완전히 달라져 버렸지만, 그 지역에는 어떤 것이 많이 있었던가를 짐작하게 한다. 옛날의 動植物의 分布나 그 곳의 産業을 연구하는데, 아주 귀중한 자료가 되는것이 바로 이 지명들이다.

明堂 이름을 딴 地名들

우리나라 어느 지방에 가나, 그 곳 사람들의 선조를 숭모하는 모습은 눈에 띄게 마련이다. 선조의 위패를 모신 사당을 봐서도 알 수 있고, 선조의 幽宅인 산소를 정갈하고 반듯하게 다듬어 놓은 것을 봐서도, 그것을 알 수 있는 것이다. 安東도 예외일 수는 없다. 유명한 地師(風水)를 초빙해서 嶮山峻嶺을 넘나들면서 선조를 모실 明堂을 찾는 사람들을 우리는 수 없이 많이 보아왔다. 곳곳에 이름난 명당이 있고, 그 명당에 따라 그 곳의 지명이 붙은 곳이 적지 않다.

노루메기라는 마을은, 달리는 노루가 어미를 돌아보는 형국이란 走獐顧母形이란 명당이 있다고 해서 붙은 이름이다. 맛재는 한자로는 馬嶺이라고 한다. 산도 마치 말이 엎드려 있는 모양이지만, 여기에 목마른 말이 물을 마시는 형국이라는 渴馬飮水形이란 명당이 있다는 것이다.

매화 고개라는 곳과 골매(骨梅)라는 마을은 모두 매화가 땅에 떨어져 있는 형국이란 梅花落地形이란 명당이 있다고 해서 붙은 지명이란 것이다. 자운(自雲)이라는 마을은 구름 속에 신선이 앉아 있는 형국이라는 雲中仙座形이란 명당이 여기에 있다고 해서 생긴 지명이라고 한다.

등재(燈峴)라는 큰 마을은, 여기에 등잔을 걸어 둔 형국이란 掛燈形의 명당이 있다고 해서 붙은 지명인다. 양평(羊坪)이란 마을도 여기 이 그물을 뚫고 나온 형국이라고 하는 山羊出網形이란 명당이 있다고 해서 생긴 이름이다.

토갓(兎枝)이라는 마을은 옥토끼가 달을 바라 보는 형국이라고 하는 玉兎望月形이라는 명당이 있다고 해서 그렇게 부르게 된 것이라고 한다. 갈고개(葛峴)라는 고개에는 칡 꽃이 땅에 떨어지는 형국이란 葛花落地形이란 명당이 있다는데서 붙여진 이름인 것이다. 이렇게 붙여진 지명이 安東 전역에 걸쳐서 적지 않이 있는 것을 볼 수 있다.

밭뙈기 논배미 마다 이름이

安東의 山, 江,고개, 마을, 골짜기의 이름들이 대충 수집, 정리된 것은 한글학회가 실지 조사해서 엮어 낸 한국지명총람 5 경북편 Ⅱ에 소개되고 있다. 그러나 그것은 전국의 지명을 모두 이 총람에 담아야 하기 때문에, 빠짐이 없이 모두 여기에 담을 수는 없다. 따라서 이것을 수 십번 훑어 보면, 볼수록 아쉬움이 남는다.

우리 고장에서 우리가 쓰고 있는 지명을, 하나도 남기지 않고 다 담을 수 있는 地圖는 없을까 하는 생각을 하게 된다. 한 마을에서 다음 마을로 가는 길목에는, 모퉁이 마다, 개울을 건너 가는데 마다, 그리고 오르내리는 비탈마다 이름이 붙어 있다. 밭뙈기나 논배미 마다 이름은 있다. 손님이 찾아 왔을 때, 주인을 금시 찾아 올 수 있는 것은, 어느 논배미에서 일하고 있는지를 알기 때문이다. 개울도 그 굽이 마다, 소 마다 각기 다른 이름이 있다. 논물을 대는 보나 천렵을 하는 위치도, 그래서 쉽게 댈 수가 있는 것이다.

山도 봉우리 마다, 언덕이나 등성이 마다, 그리고 골짜기와 마루 마다 각기 이름은 있게 마련이다. 이것을 완벽하게 알리지 않았기 때문에, 地形圖에는 엉뚱한 이름이 기재 돼서, 지명이 잘못 전해지는 곳이 수 없이 많다. 우리 선조의 산소를 쉽게 말할 수 있는 것은 바로 그런 지명을 알고 있기 때문이다. 나무를 하러 가거나 소를 먹이러 가는 곳을 분명하게 할 수 있는 것도, 바로 그런 지명 때문이다.

이 고장에 사는 사람의 생활에서, 이 지명은 없어서는 안 될 必要不可缺한 要素다. 우리들이 생활해 가는 동안에, 그것은 매우 중요한 役割을 하고 온 것이지만 너무 우리 생활 속 깊숙이 들어와 있었기 때문에 그 중요성을 깨닫지 못했던 것이다. 마치 공기가 없으면 잠시도 살 수 없는 인간들이, 그것을 생각하지도 못하는 것과 같다고 하겠다.

地名을 왜 남겨야 하는가

그러면 이런 잡다하고 흔한 지명을 왜 남기려고 하는 것일까. 이 고장에서 생활을 영위하는 사람들이 있는 동안에는 그 지명들은 여전히 옛날처럼 쓰이고 있으니, 없어질 염려는 없다. 그러나 安東댐의 건설에 따라 물 밑에 자취를 감춘 마을이나 山과 골짜기가 얼마나 많았는가. 물 밑에 가라앉은 곳의 지명은 실제로 아무 소용이 없는 것이 돼 버렸다. 옛말을 한다든가 追憶談에나 오르내리는 것이지, 실생활에는 아무런 관계가 없어져 버린 것이다.

몇 십년 전만 해도 산비탈 중턱이까지 논을 일구어 빗방울을 기다리며 농사를 지었었다. 그러나 오늘날에는 그런 논들도 모두 잡초에 파묻혀 도로 산이 되고 말았다. 농촌을 떠나는 사람이 많아짐에 따라, 이와 같이 풀밭이나 나무가 우거지게 되는 논 밭은 늘어 가기만 한다. 그렇게 되면 거기에 붙어 있던 지명도 쓰이지 않게 되고, 따라서 언젠가 그 지명은 잊혀지게 되는 것이다.

인간의 생활과 관계가 없는 곳에는 지명도 없는 것이고, 관계가 없어지는 곳의 지명은 잊어지게 되며, 없어지는 것은 너무나 자연스러운 일이다. 물 속에 영원히 잠겨진 곳의 지명은 어느 때엔가는 잊혀지고 없어지는 것이다. 그리고 살기에 불편한 곳에서는, 사람들이 그 곳을 버리고 떠나게 마련이다. 그들이 그 곳에서 살 때에는 일상생활에 필요한 것이었기 때문에 부근의 지명은 살아 있었다. 그러나 그 들이 다 떠나 버리고 나면, 그 지명들은 인간생활과는 아무런 관계가 없어져 버려, 그것도 그들을 따라 사라져 버린다.

이렇게 인간 생활과의 관계가 단절돼 버리면, 그 지명은 소용이 없어져 버리기 때문에 어느 때 부터인가 자연히 消滅돼 버리는 것이다. 이와 같이 생활과 관계 없어지는 지명이 사라지는 것은, 너무나 자연스러운 현상이다. 그런데 그것이 사라진다고 해서 안타까와해야 할 이유는 무엇일까.

지명은 形體는 없는 것이지만, 우리 일상생활에서는 논 밭으로 드나드는 길이나, 산으로 오르내리는 오솔길과 같이, 우리 생활에 없어서는 안될 必需的인 것이다. 생활하는 사람이 없어지면, 길은 자연히 없어지는 것이며, 그처럼 지명도 없어지게 된다. 그러나 길은 사람이 다시 들어가 살게 되면, 새로 만들어지는 것이지만, 수천년 동안 조상 대대로 사용되던 지명은 한번 잃어 버리면, 영영 그 原形도 없어져 버리고 마는 것이다.

그래서 이것을 잃어버리지 말고 영원히 남겨 두기 위해, 사람들이 우리 고장을 버리고 떠나기전에 모두 收錄해서 보존하자는 것이다.

研究資料의 寶庫인 地名

그것을 보존하자는 뜻을 지명 만큼 내 고장의 내력과 역사를 정직하게 유지해 온 것이 없기 때문이다.

지명은 歷史, 地理, 言語學的 연구에, 대단히 귀중한 자료가 되는 것이다. 지명이란 한 번

붙여지면, 어떤 일이 있어도 달라지는 법이 없을 만큼, 완고할 정도로 保守的인 것이며, 그래서 최초로 그 이름이 붙게 되는 형편을 오래 간직해 오는 것이다.

그 지명에서 처음, 그 곳에 定着했을 당시의 政治, 經濟的 背景을 짐작케 하는 것이 있다. 이 時代的 背景을 究明해 가 보면, 어느 시대에 어떤 연유로 해서 사람들이 처음 이 곳에 와서 살게 되었는가를 알 수 있다. 이런 연구를 통해 三國時代의 領域을 보다 정확하게 推定할 수 있는 길도 열릴 것이다.

地形이나 地表를 덮고 있는 林相, 動物의 分布도 시대에 따라 변하게 된다. 地形의 變遷은 地形圖를 보면 어느 정도 알 수 있다. 그러나 사실은 지명이 더 많은 것을 말해 준다. 현재에는 江이 멀리 10리 밖을 흐르고 있지만, 山 밑에 江 가에 있었을 지명이 있는 것으로 보아, 옛날에는 그 江이, 이 山 밑을 흘렀다는 것을 짐작하게 한다.

현재는 果樹園이 들어 앉은 평탄한 곳에 여기에 큰 못이 있었다는 뜻의 지명이 있을 때, 우리는 옛날의 이 곳 지형이 어떠했다는 것을 알 수 있게 한다. 지금은 모래밭이 돼 있지만, 지명으로 보아서 옛날에는 여기에 느릅나무가 우거져 있었으리라는 것을 생각할 수도 있다. 그 곳에 어떤 동물이 많이 살고 있었던가를 말해 주는 지명에서, 우리는 옛날의 動物分布 상태를 알 수 있는 것도, 지명이 가지고 있는 중요한 資料性이다.

그 보다도 더 중요한 것은 지명이 가진 言語學的 자료의 貴重性이다. 어떤 지명은, 현재에는 없어진지 오래인, 古代語의 原形을 그대로 지니고 있다. 곰이 많았다는 고마실이니 구마곡이니 하는 것이 바로 그것이다. 古語의 原形뿐만 아니라, 시대에 따라 언어가 변화해 가는 과정을 이해하는 데도, 이 지명은 대단히 중요한 몫을 하고 있는 것이다. 앞으로 이런 분야를 연구하는 학문의 발달을 막연히 기다리기 보다, 그 연구의 寶庫인 지명을 우리 고장의 것 만이라도, 빠짐없이 모아 기록하는 것이 우리들의 의무이기도 한 것이다.

安東의 地名을 빠짐없이 모으자

이런 일을 하자면, 이 고장 출신의 모든 사람과, 현재 安東에 살고 있는 분들이 모두 힘을 모아야만 가능하다. 이제 한 面內에 국민학교가 너댓 개가 있고, 中學校도 있으니 이런 일을 하는데는, 그리 어려울 것은 없게 되었다.

安東大學이 중심이 돼서 각 中高等學校가 여기에 참여하고, 각면에 있는 국민학교가 모두 힘을 규합한다면, 그리 어려운 일은 아닐 것이다. 水沒地區도 아직 오래 지나지 않았기 때문에, 그 고장 분들의 기억은 생생할 것이다. 그 기억이 희미해지기 전에, 거기 것부터 착수하는 것이 현명하고 시급한 일이다.

조사의 目的과 內容, 方法을 설정해서, 安東大學에서 강습을 통해 方法을 익혀, 각 면으로 그것을 전달해서 한다면 비교적 짧은 시일안에 이 目的은 이루어질 것이다. 이것이 地圖에 빈틈없이 기재되고, 다시 책으로 엮어질 때, 그것은 말할 수 없이 요긴한 자료가 돼서, 安東을 연구하는 學者들은 더욱 활기를 띨 것이다.

이 일은 安東에 있는 學者, 教育者, 학생 들의 노력만 필요한 것은 아니다. 서울을 비롯한 각지에 나가 있는 安東人들 중의 政治, 經濟, 學問의 세계에서 활동하는 사람들의 힘도 모아야만 성공적인 것이 될 것이다.

그리고 이 일의 성과는 安東의 文化나 歷史, 地理, 經濟 문제 등을 밝히는 자료를 集大成해서 공급하는데에만 그치는 것이 아니다. 이런 움직임은 다른 지역의 사람들을 자극하는 것이 되어, 그런 곳에서도 같은 운동을 일으키게 하는 燎原의 불꽃의 역할을 하게 된다는 것이다. 우리 것을 찾아 연구하는 움직임의 불씨 던진다는 것은 安東人이 할 만한 일이 아니겠는가.

屛山書院 小考
- 建築學的 側面에서 -

柳 命 夏(産業開發技術公團代表理事)

歷史的 배경 : 李朝時代의 教育空間으로서 宣祖때부터 肅宗때까지의 時期는 書院의 建築形式이 法式化된 時期로 하나의 軸線上에 일직선으로 過程的 空間學의 空間 文廟의 空間이 놓여 있으며 各 空間의 區分이 明確하다. 空間의 區分은 各 空間마다 垈地의 高低差를 두어 各 空間의 獨立性을 주었고, 위로 올라갈수록 重要한 空間으로 이어지는 寺刹의 配置形式과 類似性을 보인다. 이 時期 初期에는 學의 風土가 眞實하여 學의 空間에 큰 比重을 두었으나 後期에 가서 壬辰, 丙子의 兩亂을 겪고나서 始創期에 볼 수 있었던 三綱五倫의 確立을 위한 神聖한 教育機關으로서의 性格이 漸次 稀薄하여지고 教育思潮 또한 李滉 以後 仁祖 後期에 와서 變義가 나타난다. 즉 敦學의 概念은 점점 사라지고 典禮의 意味로 탈바꿈하여 갔다.

建築樣式 : 建築樣式도 文廟의 機能을 좇아 學의 空間과 過程的 空間이 점차 衰退되어 갔다. 李朝 發展期初期의 代表的인 書院이 慶尚北道 安東郡 豊川面 屛山洞 922番地에 위치한 屛山書院(그림 1, 사진 1 참조)으로서 地理的 位置나 建築形式이 學의 雰圍氣에 가장 잘 符合되어 있는 書院이다.

書院의 性格 : 1614년에 創建된 이 審院은 都心에서의 번거로움을 피해 深山에 位置하여 直義實現을 위해 心身을 修鍊하는 그 時代의 學의 熱氣를 짐작할 수 있고 또한 書院入口에 層의 樓閣을 建築하여 주위의 아름다운 景觀을 한눈에 볼수 있어 그 당시의 선비의 風流를 알 수 있다. 이 書院의 配置形式은 書院入口에 過程的 空間과 學의 空間의 節點인 2層樓閣을 두고 그것과 일직선상의 軸으로 學의 空間과 過程的 空間이 자리잡고 있다. 學의 空間은 軸線上의 講堂을 基壇으로 높게 하였고, 講堂前面 基壇下 左右로 東, 西齊를 두는 전형적인 學의 空間이다.

文廟의 空間은 講堂後面에 學의 空間과 垈地高低差를 크게 두고 울담으로 둘러싸여 있어 이 空間의 神聖함을 잘 表現하고 있다. 따라서 李朝時代 教育空間은 風水地理說에 크게 作用받은 儒學者들이 學問을 研究하는 修練場이며, 李朝時代의 教育空間의 地理的 位置 또한 風水地理의 影響을 받은 代表的 書院이다.

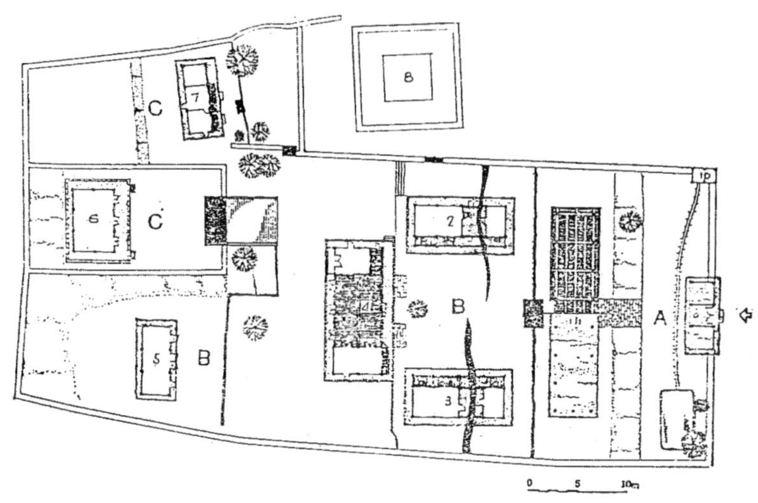

공간구분 : A. 科學的空間　B. 學의 空間　C. 文廟의 空間
건 물 명 : 1. 루각　2. 동재　3. 서재　4. 강당　5. 장판각
6. 사당　7. 전사청　8. 고사　9. 정문　10. 변소

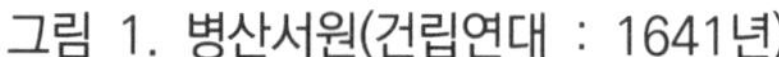

그림 1. 병산서원(건립연대 : 1641년)

↑屏山書院 1572(宣祖 5年) 西厓先生 31歲 때에 現位置에 建立하여 後進을 養成한 書院으로서 6114(光海君 6年) 先生의 道學과 勸業을 欽慕한 儒林들이 이 書院안에 尊德伺를 세워 先生을 奉安하였다. 賜額書院이며 大院君이 書院을 毁撤할 때도 이 書院은 잘 保存되었는데 오늘날 屏山書院의 基本財産으로 教育財團을 꾸며서 豊山綜合中 · 高等學校를 運營하고 있다. 〈史籍 第260號〉

]結論 : 본 小考를 통해 보면 다음과 같은 간단한 결론을 알 수 있다.

첫째 屛山書院의 教育空間의 配置形式은 文廟의 空間을 精神的 支柱로 삼고 그것을 軸으로 하여 學의 空間과 過程的 空間이 區分되어 있다. 이것은 李朝時代 教育思潮 및 人文社會的 배경의 要求에 의해 建築이 形象化된 것이다.

그러므로 現代에서 教育의 場이 教育思潮 및 人文社會的 要求에 의하여 形象化되었는지 생각해 볼 필요가 있다.

둘째 屛山書院의 教育空間의 位置는 風水地理에 의해 擇地가 選定되었다. 이것은 風水地理說이 儒教哲學과 相本原理에 附合되어 儒教의 支持와 保護下에 發展되었고 儒者들의 自然觀이 風水地理에 依存하였기 때문에 儒者들의 教育環境 또한 風水地理에 의해 擇地選定하였다고 볼 수 있다.

세째 屛山書院의 教育空間은 教育思潮와 政治社會의 變動에 의해 變化되었다. 卽 壬辰, 丙子의 兩亂을 겪고나서 李朝初期에 수립했던 諸般制度가 現實의 要求로 말미암아 크게 變化되고 黨爭의 病弊가 갈수록 惡化되어 가는 時期이다.

이상과 같이 前期에는 教育思潮와 政治社會的 風土가 學의 雰圍氣를 高潮시킨 時期인 관계로 教育空間이 學의 空間에 比重을 크게 두었고 後期에는 教育思潮와 政治社會的 風土가 되어 祭享의 意味만 維持하여 學의 空間이 점점 사라지는 實情을 보였다.

네째 屛山書院의 教育空間은 配置形式이 寺剎의 그것과 類似하여 平面構成은 住宅의 機能을 가지고 있다. 配置形式이 寺剎의 配置와 類似한 것은 儒教의 大成殿 祠堂이나 佛教의 大雄殿이 모두가 精神的 支柱인 聖 · 賢을 모시고 그 建物이 중심이 되어 여러 空間이 調和되도록 연결되어 있기 때문이다. 平面構成은 學의 空間이 院長과 儒生들이 寄宿하는 곳이기 때문에 規模는 살림집에서 크게 벗어나지 않았다. 그러나 講堂의 平面構成이 대청에 比重을 많이 둔 것과 大廳에 문이 없이 開放되어 있는 것, 講堂을 中心으로 東, 西齊가 左右로 놓여 있어 講堂과 東, 西齊가 有機的인 관계를 가지게끔 配置된 것 등에서 教育空間의 特性을 찾을 수 있었다.

參考文獻

1. 閔丙河, 朝鮮時代의 書院政策考 성균관대학교논문집(人文社會) 15輯 1970年
2. 金熙春, 朝鮮朝書院의 建築計劃에 관한 硏究. 大韓建築學會誌 23卷 88號 1979年 6月
3. 李鍾恒, 風水地理說의 盛行의 原因과 그것이 우리나라 民族性에 미친 惡경향에 관한 考察 경북대학교논문집第 5輯 1962年.

安東의 名賢 · 烈士記

李 熙 大(高麗大學校 講師)

예부터 山紫水明하고 人心이 淳朴하기로 이름난 安東은 名勝古蹟도 허다하거니와 名儒 碩學 烈士 등 人物 또한 어느 다른 지방 보다도 많이 輩出된 「人材의 寶庫」라고 할 수 있겠다.

신라때 이후 古昌 永嘉 福州 安東으로 일컬어져온 이곳에는 國寶인 法興洞 7층 전탑을 비롯하여 陶山書院 臨淸閣 石氷庫 제비원 石佛 映湖樓 仙漁臺 등 무수한 古蹟과 천연기념물들이 역사의 향기를 짙게 풍기고 있으며 지난 수백년 동안 이곳에서 生長 修學 隱居한 수많은 名儒 碩學들의 자취가 가득한 由來餘韻이 넘친 고장이기도 하다.

그래서 언제부터인지 이 고장을 嶺南의 雄府요 人多安東이라고 하지 않았던가.

李朝에 접어들면서 鄒魯之鄕으로 일컬어지고 있는 安東에서 輩出된 名儒 碩學들 가운데 學行과 德望이 뛰어나거나 國家에 有功하여 諡號를 받은 名賢 20여명의 略傳을 시대순으로 살펴 보겠다.

첫째로 손꼽을 수 있는 人物은 본래 新羅人으로 後百濟의 甄萱軍士를 토벌하여 高麗太祖 王建의 開國에 유공함으로써 大匡太師가 된 金宣平 權幸 張吉등 三太師일 것이다.

出生年代 등 상세한 기록은 찾아볼 수 없으나 李朝때 발간된 高麗史와 東國輿地勝覽 및 太師廟重修記 등 文獻을 토대로 이들의 略傳을 살펴본 다음 麗朝의 功臣 禹易東, 松安君 李子脩와 李朝로 들어와 名聲을 떨친 李容軒 李聾巖 權冲齋 金雲巖 李退溪 金鶴峯 柳西厓 李大山 등 當代의 名儒 碩學과 義烈士들의 간략한 略傳을 살펴보겠다.

- 名 賢 -

金宣平

신라때 古昌郡 사람으로 古昌 城主로 재임하면서 高麗 太祖 13년(西紀 930년) 權幸 張吉과 합세하여 후백제의 甄萱을 古昌城에서 물리쳐 太祖의 건국을 직접 도운 高麗의 開國功臣이다.

이때의 공적으로 地方官吏인 城主에서 일약 三韓壁上功臣 三重大匡太師란 높은 벼슬을 제

수받게 되었으며 古昌郡이 府로 승격되어 安東府로 불려지게 되었다.

그리고 死後에는 李朝때의 書院에 準하는 太師廟에 位牌가 봉안되어 府人들과 後孫들의 추존을 받게 되었다.

權 幸

원래는 신라 宗室의 大姓인 金氏의 후손으로 古昌郡의 別將이었으나 百濟가 멸망한 후 후백제를 건국한 甄萱이 新羅임금 景哀王을 殺害하는데 분개하여 고려 太祖 王建을 도와 後百濟軍을 물리치는데 앞장섰다.

이에 太祖는 크게 감동하여『幸은 能히 幾微를 밝게 알아 權道에 達通하다』고 찬양하면서「權」이라는 姓을 내리니 이때부터 오늘날 전국의 大姓인 安東權氏의 始祖가 된 것이다.

그리고 이때의 공로로 古昌郡 別將에서 일약 三韓壁上功臣으로 책봉됨과 同時에 大相太師로 승직되었으며 死後에는 金太師 張太師와 함께 太師廟에 봉안되어 후인들의 추존을 받게 되었다.

張 吉(貞弼)

신라 말기 古昌郡 출신으로 金宣平 權幸 등과 함께 太祖 王建을 도와 後百濟의 甄萱을 물리치고 高麗王國을 건설하는데 큰 功을 세웠다.

先代는 中國人으로 알려졌으나 이후부터 安東張氏의 始祖가 되었으며 이때의 공적으로 고려때 官職 九品 중 一品인 大相太師가 제수되는 동시에 三韓壁上功臣의 칭호를 받게 되었다.

死後에는 太師廟에 위패가 봉안되어 府人과 자손들의 추존을 받고 있다.

참고로 이조 成宗때 간행된 東國輿地勝覽 安東沿革篇에 기록된 三太師에 관한 史蹟을 보면 다음과 같다.

安東郡은 本來 新羅 古陁耶郡으로 景德王이 古昌郡으로 改稱했다.

高麗太祖가 後百濟王 甄萱과 더불어 이 고을에서 싸우다가 敗하였는데 郡人 金宣平 金幸(權太師의 本姓名) 張吉이 太祖를 도와 甄萱을 물리치게 되었으며 그 功으로 宣平을 大匡, 幸과 吉을 大相으로 陞職하고 郡을 府로 陞格시킴과 同時에 安東이라 고쳤다. (後略)

禹 倬

고려 元宗 3년 忠北 丹陽(당시 丹山縣)에서 출생하여 文科에 及第한 후 여러 官職을 거친 다음 老後 禮安으로 移居하여 隱居하다가 忠惠王 3년 81세를 一期로 逝去한 선생은 고려때의 大易學者이다.

字를 天章, 號를 白雲堂 또는 易東이라 한 선생은 麗朝의 大儒學者인 文成公 安珦의 學問을 이어받은 것으로 傳해지고 있으며 17세인 忠烈王 4년 進士試에 합격한 후 弘文館 修撰이 되었다가 29세때인 忠烈王 16년 文科에 及第하여 寧海司錄 議政府舍人 監察糾正成 均館祭酒 進賢館直提學 등 여러 官職을 역임하였다.

관직보다 학문에 큰 뜻을 두었던 그는 經典과 史書에 통달하였으며 易學에 있어서는 中國學者들까지 감탄한 만큼 當代의 一人者였다고 한다.

詩文에도 能하여 「題映湖樓」 등을 후세에 남긴바 있으며 晩年에 禮安으로 옮겨 살았기 때문에 子孫들 대부분이 安東지방에 世居하고 있다.

學行이 뛰어났기 때문에 死後 2백여년이 지난뒤 退溪先生 주선으로 禮安에 易東書院이 세워져 追尊을 받게 되었으며 그 후 易東書院은 安東댐 건설직전 臨河面 松川에 移建되어 享祀를 치르고 있다.

李 子 脩

고려 忠宣王때 眞寶縣 李村에서 密直使 李碩公의 長男으로 출생하여 忠肅王 17년인 至順元年(1330년) 明書(經)業에 及第하여 여러 官職을 거친 다음 松安君으로 책봉되어 安東에 移居하게 되있다.

과거에 급제한 후 判有備倉主簿 判司 僕直長 承奉郎試監察糾 批準 寢園著令 등의 관직을 역임하였으며 紅巾賊의 두번째 침입으로 開城이 함락되고 國王이 安東으로 蒙塵할 무렵인 恭愍王 11년(至正 22年 · 1362년)에는 承奉典工佐郞職에 있으면서 鄭世雲대장을 따라 紅巾賊을 토벌하는데 큰 功을 세웠다.

이때의 功績으로 恭愍王이 開城으로 환도한 후인 1363년에는 通直郎 開城判官 典法正郎 軍府正郎 奉善大夫 小府小尹 奉常大夫 知春州事 등 여러 관직이 제수되었으며 다음해인 恭愍王 13년(1364년)에는 安社功臣의 호가 하사되고 松安君으로 봉군되는 同時에 通憲大夫

判典儀寺事가 제수 되었다.

이와 같이 여러 官職을 역임하고 松安君으로 봉군된 다음 安東에 移居하여 정착했기 때문에 후손들이 大姓을 이루어 安東지방 각처에 世居하게 되었으며 뒷날 松齋 溫溪 退溪와 같은 유명한 後孫들이 출생하게 되었다.

사후에는 北後面 勿閑洞에 鵲山精舍와 廟宇가 건립되고 位牌가 봉안되어 추존을 받고 있다.

이 鵲山精舍 일원은 정부의 文化財로 지정되어 있으며 西後面 鳴洞 소재 墓前에는 松安君 遺蹟碑가 세워져 있다.

李 原

고려말기인 恭愍王 8년(1368년) 文敬公 平齋 李岡의 아들로 安東市 法興洞에서 출생한 선생의 字는 次山, 號는 容軒이다.

일찌기 權陽村 門下에서 수학하여 고려 禑王때 과거에 급제한 후 李朝 開國 초기에 大司憲 左議政 등 여러 官職을 역임한 文臣이요 經世家이다.

이조 제2대 王인 定宗때에 左副承旨로 제수된 후 太宗때에 大司憲, 世宗때에 左議政 등 여러 관직을 역임했던 선생은 世宗때에 中國 明나라에 使臣으로 왕래한 바 있으며 이때 中國에서 通鑑綱目과 十八史略 등 귀중한 書籍을 가져와 學界에 크게 貢獻한 바도 있다.

文章에도 뛰어났던 선생은 예부터 許容되어 오던 同族通婚을 금지하는 極言上疏를 올려 관철시키는 한편 衣服制度의 改善 등 여러가지 文物制度 및 風俗을 定立하여 李朝 5백년동안 活用케하는 功을 세웠다.

文臣으로서의 공헌으로 鐵城府院君에 봉해지고 死後에는 襄憲公의 시호를 받은 선생의 출생지인 安東市 法興洞에는 후손들이 臨淸閣을 건립하여 遺蹟址로 보존하고 있으며 君子亭을 비롯하여 99칸으로 지어진 이 건물은 현재 文化財로 지정되어 보호를 받고 있다.

河 緯 地

고려 말기인 禑王 13년(1387년) 善山에서 출생한 선생의 字는 仲章, 號는 丹溪이며 世祖때 端宗의 復位를 주장하다 참형당한 死六臣의 한 분이다.

世宗 乙卯年 生員試에 合格하고 戊子年(1438년), 文科에 及第하여 集賢殿 提學, 文宗때 歷

代兵要의 편찬관 등을 역임하다가 世祖 즉위직 후 禮曹參判이 제수되었으나 端宗의 復位를 극력 주장하다가 1456년 成三問 朴彭年 등과 함께 참형당한 忠節의 文臣이다.

역사상 忠節이 뛰어난 死六臣의 한분으로 영원히 추앙을 받게된 선생은 肅宗 辛未年에 伸寃되어 生職이 復官되었고 英祖 甲子年에는 吏曹判書의 증직과 忠烈公의 諡號가 내려진 선생의 忠節에 관해서는 뒷날 晦齋선생과 退溪선생이 『東方의 節義와 道學의 傳함이 圃隱이후로 河緯地 · 朴彭年 두 선생이 으뜸일 것이라』고 評할 만큼 높이 평가되고 있다.

선생이 安東과 인연을 갖게된 것은 嶺南人物考 安東篇 제1권에 기록된 바와같이 生存時 往來하면서 因緣을 가졌던 安東지방 權氏家門에 그의 子孫들이 은신하여 家勢를 유지하였고 후일 伸寃이 安東에 世居하는 後孫들에 의해 이루어진 때문인 것 같다.

오늘날 西後面 교동에 그의 後孫들이 世居하고 있고 이곳에 廟宇가 세워져 善山 月巖書院에서와 길이 享祀가 치러지고 이다.

李 堣

이조 睿宗 元年(1469년) 陶山面 溫惠里에서 麗末의 功臣 松安君의 4世孫이요 進士 李繼陽公의 둘째아들로 출생한 선생의 字는 明中, 號는 松齋이다.

成宗 23년 生員試에 합격하고 燕山君 4년(1498년) 文科에 及第한 후 藝文館 檢閱 兼 春秋館 記事官, 司諫院 正言 등을 역임하였으며 한동안 陶山으로 환거하여 學問에 精進하면서 後進들의 訓學에 힘쓰기도 했다.

이때 溫溪와 退溪 등 집안 子侄들을 가르쳤으며 다시 宦路에 나아가 春秋館教理, 司諫院司諫, 承文院 參校, 承政院 副承旨, 春秋館 修撰官, 晋州牧使 同知中樞府事, 戶曹參判, 觀察使 등을 차례로 역임하였다.

학문연구에 뜻을 두어 詩文에도 造詣가 깊었던 선생은 한때 安東府使를 역임한 바도 있으며 中宗즉위 후 承政院 承旨로서 靑海君에 봉군된 바도 있다.

그후 中宗 12년(1517년) 48세를 一期로 일찍 逝去했기 때문에 더 큰 功績을 남기지 못하였으나 親侄인 溫溪와 退溪를 가르쳐 大成하게 한 것은 私的으로나마 큰 공적일 것이다.

李 賢 輔

이조 世祖 13년(1467년) 陶山面 汾川洞에서 麟蹄縣監 李欽公의 아들로 출생한 선생은 中宗朝의 文臣이요 文章家이기도 하다.

字는 棐中이요 號가 聾巖인 선생은 燕山君 元年 進士試에 합격하고 연산군 4년 文科에 급제하여 藝文館 譯事官, 通仕郎, 世子侍講院 司書, 司諫院 正言등을 역임한 바 있으나 燕山君 史禍時에 연루되어 僻地로 流配당하기도 했다.

그러나 中宗 즉위 후 典籍으로 復官되어 司憲府 持平을 역임하다가 外職이 제수되어 永川郡守를 비롯, 密陽 安東 星州 慶州 등지의 郡守와 府使를 지냈으며 이어서 慶尙道觀察使를 역임하였다.

그 후 弘文館 副提學, 刑曹參判, 戶曹參判, 中樞府事등 要職에게 제수되어 국가에 봉사 했으며 76세때인 中宗 37년 官職에서 물러나 陶山으로 내려와 愛日堂을 세워 自然과 벗 삼아 거기에 은거하면서 餘生을 보냈다.

淸白錄에 오를 만큼 淸廉했던 선생은 文章에도 뛰어나 농암가 春眠歌 漁夫歌 등 詩歌를 후세에 남겨 國汶學史에서도 높이 評價를 받고 있으며 明宗 10년인 1555년 서거한 후 孝節公의 謚號가 내렸으며 禮安에 汾江書院이 건립되어 위패가 봉안되어 오늘날까지 추존을 받게 되었다.

權 撥

이조 成宗 10년인 1478년 北後面 道村里에서 출생한 선생의 字는 仲虛요 號는 冲齋이며 시호는 忠定公이다.

연산군 丙辰年에 進士試에 합격하고 中宗 丁卯年 文科에 급제한 후 藝文館 檢閱, 春秋館 記事官, 成均館 典籍, 司諫院 正言, 司憲府 持平, 弘文館 校理, 舍人을 역임한 다음 都承旨, 漢城府判尹, 慶尙道 觀察使, 吏曹 · 刑曹 · 兵曹判書를 거처 官職이 右贊成에 이르렀다.

이 사이에 推誠衛社弘濟保翼功臣의 號가 내려지고 吉原君에 對해 졌으나, 仁宗때에 있었던 士禍에 몰려 官職이 삭탈되고 錄動에시 삭제되는 한편 朔州 등지로 귀양살이를 해야만 했던 선생은 明宗 戊申年인 1548년에 70세를 一期로 서거했다.

奸臣들의 시기와 모함을 살만큼 忠直했던 선생은 死後에야 三司의 要職과 承政院 承旨, 右

贊成등을 역임할 때의 공적과 德行이 평가되어 宣祖 戊辰에 復官과 함께 左議政이 증직되고 忠定公의 시호가 내려졌다.

贈職이 내려질때 三司의 公論이 『權撥은 德行이 純粹하고 忠誠이 모두 지극하다』고 극찬한바 있으려니와 여기에 고무되어 당시 慶尙道觀察使 朴啓賢公이 『權撥은 忠義와 風節이 이러하니 請컨대 李彥迪과 함께 追奬하소서』라고 上疏함에 임금이 權 · 李 두사람의 배운 바와 行한 바가 빛나서 稱頌할만하니 追奬하라고 御命을 내려 시행되었다고 하니 선생의 공적은 후세에까지 話題가 되었던 것 같다.

사후 安東에 세워진 三溪書院에 봉안되어 추숭을 받게 되었다.

金 綠

字는 子由요 號가 雲巖이고 本貫이 光山인 선생은 成宗 18년인 1487년 禮安縣 烏川에서 출생했다.

中宗 5년(1511년) 進士 兩試에 합격한 다음 14년 文科에 급제하여 藝文館 檢閱 司諫院 正言 司憲府 掌令 등 여러 관직을 역임하였으나 慕齋 金安老와 사이가 나빠 鏡城判官으로 좌천되기도 했다.

中宗朝 英試에 擢第되어 兩司의 重職을 제수받은 바 있는 선생은 慶州출신의 李晦齋와 남다른 交分을 가져 朝廷에 있을때 晦齋와 더불어 金安老를 경계하였으나 끝내는 僻地로 밀려났으며 그가 敗死한 후에야 司諫으로 召還되었다가 觀察使에 제수된 바 있다.

官職에서 물러난 후 鄕里에 雲巖亭을 짓고 餘生을 보내기로 작정하였으나 75세 때인 中宗 39년 甲辰에 서거했다.

雄志를 이루지 못하였지만 선생의 遺志는 後凋堂(金富弼) 挹淸亭(金富儀) 두 자제와 山南堂(金富仁) 養正堂(金富信) 雪月堂(金富倫)등 從侄들이 소원대로 계승하여 陶山을 드나드는 鄭寒岡이 일찍이 『烏川한 마을은 君子아님이 없다』고 찬양할 만큼 文翰을 떨치고 官界에서도 活躍相이 刮目的이었다.

死後 李晦齋는 祭文에서 『鍾氣함이 崧嶽에 빼어나고 禀氣 才質이 雄剛하도다. 뜻은 忠孝에 두고 操執함은 正直함을 지키도다』라고 선생의 人品과 德性을 높이 찬양하였다.

李 瀣

이조 燕山君 2년(1496년) 陶山面 溫惠里에서 進士 李埴公의 아들로 출생한 선생의 字는 景明이요 號는 溫溪이며 시호는 貞愍公이다.

中宗 20년 進士試에 합격하고 3년후인 中宗 23년 文科에 급제하여 承文院權知正字에 초임한 다음 藝文館 檢閱兼 春秋館 記事官, 成均館 典籍, 世子侍講院 司書, 吏曹佐郎, 舍人, 都承旨, 藝文館 直提學, 同知中樞府事등을 역임하였으며 忠淸道 및 黃海道 觀察使등 外職을 지내면서 지방行政을 주재하기도 했다.

그후 司諫院 大司諫, 司憲府 大司憲이 제수된 다음 禮曹參判이 되었다가 다시 大司憲이 되어 百官의 非違를 糾察하는 大任을 맡았다.

그러나 仁宗初 大司憲재임때 右議政 李芑를 탄핵하여 파직케한 것이 禍根이 되어 士禍에 몰리게 되었고 급기야는 파직되어 咸鏡道 甲山으로 流配되어 호송되던 도중 오늘날 道峰山 근방에서 55세를 一期로 서거하니 그해가 明宗 6년(1550년) 이었다.

사후 淸溪書院에 위패가 봉안되어 追崇을 받게된 선생의 공적이 인정되어 肅宗 17년(1691년) 復官과 함께 吏曹判書로 증직되었고 正祖 8년(1784년)에는 貞愍公의 시호가 내려졌다.

그리고 1889년에는 당대 領議政 蔡樊庵이 지은 碑銘을 새긴 神道碑가 陶山에 세워졌다.

李 滉

燕山君 7년(1501년) 陶山面 溫惠里에서 출생한 선생의 字는 景浩요 號는 退溪이며 諡號는 文純公이다.

中國의 孔孟程朱子學을 연구하여 우리나라 儒學으로 集大成함으로써 東方孔子로 추앙을 받게된 先生은 어릴 때부터 叔父인 松齋선생에게 修學한 후 中宗 29년 文科에 급제하여 承文院 正字, 成均館 典籍, 戶曹佐郎등을 역임하였으며 丹陽과 豊基郡守 등 지방관직을 거친 바 있다.

그후 大司成, 副提學, 工曹參判, 禮曹判書, 弘文館 및 藝文館 大提學, 判中樞府事 등 중요官職이 차례로 除授되었으나 부임하지 않고 사양한 예가 더 많았던 大儒學者였다.

宣祖 3년인 1570년 70세를 一期로 逝去할 때까지 一生을 통하여 宦路에 나선 이후 무려

70여차례나 官職을 사양하였으니 항상 學問에 큰 뜻을 두고 관직을 멀리한 선생의 偉大함을 짐작할 수 있겠다.

이와 같이 높은 官職이 재수될 때마다 수없이 사양해온 선생은 帝王學의 기본이 될 戊辰六條疏와 聖學十圖를 지어 國王에게 제시함으로서 王道政治의 基本理論을 제시한 卓越한 政治理論家이기도 하다.

明宗 재위때 제수된 官職을 번번이 사양하자 明宗의 銜命으로 聖學十圖와 陶山記 및 陶山風景畵를 병풍으로 만들어 王室에 두고 수시로 살폈다는 사실은 유명한 逸話이다.

學問에 心血을 기울여 柳西厓 李栗谷 金鶴峯 奇高峯 鄭寒岡 등 당대의 碩學들을 門下에서 길러낸 先生은 死後에 領議政의 증직이 내려지는 한편 大臣의 예우에 따른 議政禮의 葬禮가 치러졌으며 文純公의 시호가 내려졌다.

이조 中期이후 安東을 鄒魯之鄕이라고 지칭하게 된 것도 先生의 偉大한 學行과 遺德일 것임은 다 아는 사실이지만 이러한 여망에 따라 英祖때에는 先生의 遺德을 추모하여 陶山書院앞 江邊에서 陶山別科가 시행되기도 했다.

光海君 2년 成均館에 있는 文廟에 配享되고 宗廟에도 從享하게 된 선생은 陶山習院을 비롯하여 安東의 虎溪書院, 海州 紹賢書院등 전국적으로 이름난 30여 書院에 위폐가 봉안되어 추존을 받고있다.

그리고 탄생 4백주년을 전후하여 韓國과 日本, 中國 등 여러나라에 退溪學研究機關이 설립되어 研究 활동이 활발하게 전개되는 한편 東南亞는 물론 歐美에서까지 退溪學에 관한 국제학술대회가 해마다 개최될 만큼 世界的인 大學者로 추앙을 받고 있다.

英祖때 領議政을 역임한 蔡樊庵公이『孔孟以後 數千百年 後에 그 道統을 得한 者는 中國에는 오직 程子 朱子요 東國에 있어서는 오직 退溪일 뿐이다.』고 그의 潛記에서 評한 것은 당연한 論理일 것이다.

정부가 1千원券 貨幣에 先生의 초상화를 넣고 서울驛에서 장충단 入口에 이르는 도로를 退溪路로 지명한 것도 이러한 先生의 偉大함 때문일 것이다.

趙 穆

中宗 19년(1524년) 禮安縣에서 출생한 선생의 字는 士敬이요 號는 月川이며 本貫은 橫城이다.

일찌기 退溪선생 門下에서 訓學을 받아 學行으로 추천되어 文科에 올라 敎官, 軍資主簿, 掌樂院正을 역임하였으며 陜川郡守, 丹陽郡守 및 三道都事를 거쳐 벼슬이 工曹參判에 이르렀다.

朱子의 學理에 通達하여 退溪선생의 총애를 받았던 선생은 그 후 여러 官職이 제수되었으나 사양하고 陶山書院에 돌아와 朱子學 연구에 心血을 기울였으며, 宣祖때 議政府와 吏曹가 同議하여 學行으로 뛰어난 사람 5人을 薦聞하는데 선생이 首位었다는 것은 學行으로 文科에 올라 官職에 나갈 수 있는 계기가 되었다고 할 수 있겠다.

死後 退溪선생 門下의 3백여 弟子 중에서 유일하게 陶山書院 尙德祠 (廟宇)에 從享하게 된 신생의 學行은 退溪先生의 言行錄과 語錄을 纂한데서도 大賢의 首弟子다운 면모가 躍如하다.

金 誠 一

中宗 33년(1538년) 臨河面 川前洞에서 출생한 선생의 字는 士純이요 號는 鶴峯이며 시호는 文忠公이다.

일찌기 藥峯(金克一) 龜峯(金守一) 雲巖(金明一) 南嶽(金復一) 등 여러 兄弟들과 退溪선생 門下에서 修學한 선생은 進士試를 거쳐서 30세때 文科에 급제하여 承文院 副正字로 宦路에 나섰다.

그 후 藝文館 檢閱 兼 春秋館 記事官, 兵曹佐郞, 司諫院 正言, 吏曹佐郞, 弘文館 校理, 巡撫御使, 羅州牧使등을 역임하였으며 52세 때에는 日本通信副使로 黃允吉正使와 함께 日本에 파견되어 外交 활동을 전개한 바도 있다.

藝文館 檢閱 재임시 端宗墓封植과 死六臣의 復爵을 처음으로 上疏하여 실현케 한 선생은 1년2개월만에 日本서 돌아온 후 刑曹參議, 弘文館 副提學, 成均館 大司成, 承政院 副承旨 등을 차례로, 역임하였으며 宣祖 26년(1592년) 壬辰倭亂이 일어났을 때에는 慶尙右道兵馬節度使에 제수되어 戰亂대책에 앞장서기도 했다.

그러나 通信副使로 日本에 파견되었을 때의 倭情誤報의 罪로 한때 罷職과 同時에 拿命을 받기도 하였으나 王世子와 당시 領相인 柳西厓선생의 力諫으로 다시 慶尙道 招諭使로 발탁이 되었다가 곧 慶尙道 觀察使 겸 巡察使에 제수되어 활약하다가 그 다음해(1593년) 4월 晋州에서 波瀾萬丈의 生涯를 마쳤다.

壬辰亂이 끝난 후인 宣祖 38년 宣武原從功臣一等에 勳錄되고 吏曹參判의 증직이 내려졌으며 肅宗 2년(1678년)에는 다시 吏曹判書의 증직과 文忠公의 시호가 내려졌다.

生存時 朱子書節要와 自省錄등 退溪遺書를 刊行하여 弟子의 道理를 다하고 奉先雜儀 吉凶諸儀등 禮書를 著述한 선생은 死後 臨川書院과 泗濱書院, 虎溪書院 등에 위패가 봉안되어 추존을 받고 있다.

柳 成 龍

中宗 37년(1542년) 義城縣 沙村 外家에서 출생한 선생의 字는 而見이요 號는 西厓이며 시호는 文忠公이다.

伯兄인 謙巖(柳雲龍)과 함께 陶山으로 가서 退溪선생에게 訓學을 받은 선생은 23세때인 明宗 20년 進士 兩試에 합격하고 25세때에 文科에 급제하여 承文院權知副正字로 官職에 첫발을 디딘 이후 여러 官職을 거쳐 壬辰倭亂 때에는 領議政으로 國難을 克服하는 大政治家가 되었다.

26세 이후 藝文館 檢閱, 成均館 典籍, 工曹佐郎을 거친 다음 聖節使로 발탁되어 明나라를 다녀온 선생은 그후 司諫院 正言, 吏曹佐郎, 弘文館 直提學과 副提學, 司諫院 大司諫, 司憲府 大司憲, 成均館 大司成, 弘文館 大提學 등 三司의 要職을 두루 거쳤으며 慶尙道觀察使를 역임하기도 했다.

그 후 47세에 刑曹判書로 승진되었다가 48세에 禮曹判書 兵曹判書를 역임한 다음 49세에 右議政으로 승진함과 同時에 光國功臣으로 勳錄되고 豊原府院君에 봉해졌다.

50세인 宣祖 25년(1591년)에는 左議政에 올라 刑曹正郎 權 慄을 義州牧使에, 井邑縣監 李舜臣을 추천하여 全羅左道水使에 임용케 함으로써 그 다음해에 突發한 壬辰倭亂때에 두 將軍이 혁혁한 武功을 세울 수 있도록 했다. 이상과 같이 40代에 접어들면서 三司의 大官과 三曹의 判書, 議政府의 左 · 右議政을 두루 거친 선생은 壬辰倭亂이 일어나자 領議政에 발탁되어 7年戰難을 이겨내는데 先導的 役割을 다했다.

壬亂 중 西人의 모함으로 領相에서 밀려난 후에도 國泰民安을 위해 嶺南 湖南 京畿 平安道 등 七道都體察使를 맡아 활약했던 선생은 두번째로 領議政에 올라 國難 평정에 渾身했으며 이때에 奸臣들의 무고로 官職이 削奪되고 拿命을 받은 同鄕의 鶴峯先生을 力諫하여 慶尙道 招諭使로 再登用케 하는 한편 李舜臣將軍의 모함을 풀어 從軍케 함으로써 倭賊을 물리칠 수 있게 한 逸話는 오늘날까지 역사서 교훈으로 남아있다.

壬亂日記인 懲毖錄을 비롯하여 愼終錄 永慕錄 喪禮考證 등 수많은 著書 남긴 선생은 宣祖 41년(1607년) 66세를 一期로 서거한 후 屛山醫院 盧江書院 虎溪書院 등에 위패가 奉安되어 추존을 받고 있으며 仁祖 7년에 文忠公의 시호가 내려졌다.

張興孝

明宗 19년(1564년) 安東 西後面에서 安東張氏의 始祖 張太師의 26대손으로 출생한 선생의 字는 行原이요, 號는 敬堂이다. 어려서 金鶴峯 門下에서 修學하였고 成年이 되어서는 柳西屋와 鄭寒岡 門下에 드나들며 學問에 精進하여 學行이 뛰어나고 德望이 빼어나 士林의 존경을 받았다.

官職에 뜻을 두지 않아 科擧에도 應하지 않은채 學問에만 精進하였던 선생은 一元消長圖를 著述하여 陰陽의 化함을 간략하게 理解할 수 있게 했으며 晩年에는 外孫子인 存齋 李徽逸과 葛庵 李玄逸을 訓學하여 뒷날 嶺南學派의 先鋒將으로 大成할 수 있게 했다.

英陽縣출신으로 學行이 뛰어나 推望으로 吏曹判書의 官職을 역임하였던 葛庵이 그의 外祖父인 張敬堂선생과 學問 및 書藝에 있어 申師任堂(李栗谷의 母親)에 比較될 만큼 뛰어났던 慈堂 張氏夫人의 訓學을 받으면서 成長하여 뒷날 栗谷系의 主氣的 畿湖學派에 대결하여 退溪學統을 계승한 主理的 嶺南學派 형성에 先鋒的 役割을 한 것은 이미 널리 알려진 사실이다.

葛庵의 學間은 그의 아들 密庵 李栽에게 傳授되었고 그 뒤 密庵의 外孫子인 大山 李象靖에게 계승되어 近世에까지 傳授되었다.

이로 미루어 볼때 敬堂선생이 鶴峯 西厓 寒岡선생을 통하여 이어받은 退溪學이 葛庵과 密庵, 大山에게 계승되어 嶺南學派의 主流를 이루는 役割을 담당했다고 할 수 있겠다.

이러한 學行으로 死後에는 安東 鏡光書院에 享祀하게 되었다.

徐 渻

明宗 13년(1558년) 一直面 蘇湖里에서 출생한 선생의 字는 玄紀요 號는 藥峰이며 시호는 忠肅公이다.

어릴때 早失父母한 탓으로 서울에 移居한 親戚집에서 成長하면서 宋龜峯에게 訓學을 받게 되었고 成年이 되어서는 李栗谷과 成牛溪 門下에 드나들면서 學問을 연구하여 文章이 뛰어났고 三曹의 判書를 역임하였다.

27세때인 宣祖 19년(1585년) 文科에 급제하여 承文院 副正字, 春秋館 檢閱官을 거친 다음 壬辰倭亂때에는 兵曹佐郎으로 明나라 將軍 柳綎을 접빈하면서 戰地를 순방하였으며 이때 咸鏡道 會寧에서 土着民 劉景仁이 일으킨 叛亂을 討伐하는 武功을 세우기도 했다.

그 공적이 높이 평가되어 慶尙道 觀察使에 제수되었으며 뒤이어 江原 咸鏡 京畿 平安道 등 5道 觀察使를 역임하였으며 지방관을 거친 다음 戶曹判書와 工曹判書에 올랐다.

그러나 光海君때에는 士禍에 연좌되어 七臣들과 함께 丹陽과 寧海 등지로 轉轉하면서 11년동안 귀양살이를 하다가 仁祖反正때 復權되어 刑曹判書에 다시 올랐다가 判中樞府事로 제수되었으며 丙子胡亂때에는 扈從官으로 임금의 측근에서 활약한 바도 있다.

安東출신이면서도 修學過程에서 畿湖學者들의 영향을 받아 그 領首인 李栗谷으로부터 「斯文과 社稷의 重德이라」는 칭찬을 받기도 한 선생은 死後에 領議政의 贈職과 忠肅公의 시호를 얻었다.

그리고 肅宗때에는 京鄕士林의 公議로 세워진 大邱 龜岩書院에 선생의 功績으로 領議政에 추증된 嚴親 諏齋(徐嶰)公 및 文章家 四佳亭(徐居正)과 함께 배향되었다.

李 象 靖

肅宗 38년(1711년) 一直面 蘇湖里에서 牧隱 李穡의 후손으로 출생한 선생의 字는 景文이요, 號는 大山이며 시호는 文敬公이다.

어릴때부터 外祖父인 密庵門下에서 修學하여 四書三經에 通達하였던 선생은 孔孟程朱子學에 專念하면서 退溪先生을 私淑하여 東方性理, 즉 退溪學을 集大成하는데 心血을 기울였던 儒學者이다.

23세때인 英祖 11년 (1734년) 文科에 급제하여 몇년동안 延日縣監, 吏曹參議, 刑曹參議 등을 역임하였으나 이내 官職에서 물러나 一直 鄕里에서 性理學 연구에 專念하는 한편 後進 양성에 生涯를 바쳤다.

이러한 그의 學行은 外祖인 葛庵과 密庵이 傳承해온 退溪學問을 集大成하여 嶺南學派의 지위를 굳히는 役割을 담당했으며 한편 后山(李宗洙) 東巖(柳長源) 川沙(金宗德) 龜窩(金宏)등 2백70 여 제자를 양성하여 文翰을 떨치게 함으로써 退溪 이후 가장 많은 門人을 輩出한 大

學者이기도 하다.

朱子節要成書를 비롯하여 制養錄 約中編制 敬齋集解 理氣彙編 退陶書節要 退門諸子錄등 수많은 著書를 남긴 선생은 死後 吏曹判書와 弘文館 大提學의 贈職을 받고 文敬公의 시호를 받았으며 安東 南後에 高山書院이 세워져 士林의 추존을 받게 되었다.

柳 致 明

正祖 元年인 1777년 臨東面 大坪洞에서 全州柳氏의 入鄕祖인 司僕寺正柳城公의 10代孫으로 출생한 선생의 字는 誠伯이요 號는 定齋이다.

大山 李象靖선생의 外曾孫이기도 한 선생은 大山門人인 損齋 南漢朝公에게 訓學을 받아 28세때인 純祖 5년(1805년) 文科에 급제하여 弘文館 正字, 司諫院 正言, 司憲府 持平등의 여러 官職을 거쳤으며 湖南掌試都事등 外職도 거쳤다.

哲宗 6년 大司諫 朴來萬의 탄핵으로 流配되었다가 다시 復官되어 兵曹參判과 同知春秋館事 등을 제수받았던 선생은 官職보다 學問에 큰 뜻을 두어 南損齋를 통하여 傳承된 東方性理學 연구에 精進했다.

學行이 뛰어나고 많은 門人들을 양성했던 선생은 文集外에 讀書瑣語 太極圖解 大山實記 등의 著書를 남겼다.

X X

이상과 같이 高麗와 李朝 兩代에 걸쳐 學行이 뛰어나거나 國家에 有功하여 後世의 追尊을 받고 있는 安東출신 先賢들의 略傳을 살펴본 다음 日帝治下受難期에 祖國光復을 위해 鬪爭해온 義士와 烈士들의 略傳을 더듬어 보겠다.

- 義烈士 -

李 相 龍

舊韓末인 哲宗 9년(1858년) 安東市 法興洞 臨淸閣에서 李朝 초기의 六臣 李容軒선생의 19세손으로 출생한 선생의 本名은 象羲요 字는 萬初이며 號는 石洲이다.

어릴때부터 西山 金興洛선생에게 漢學을 배우면서 儒學에 통달하고 政治 經濟 天文 地理 歷史 등 實學에도 조예가 깊어 신진 儒學者의 지위를 굳혔던 선생은 1896년 閔妃시해사건인 乙未事變이 일어난 후 日帝의 침략정책이 노골화되자 嶺南지방 義兵활동을 지원하기도 하고 鄕里 儒林의 반대를 무릅쓰고 書院 財産을 모아 安東郡內 여러 곳에 協同學校를 설립하여 청소년들의 교육을 실시하는 한편 大韓協會安東支會를 조직하여 회장에 취임, 開化운동에 앞장섰다.

그러나 國恥의 韓日合邦이 단행되자 西間島로 亡命하여 李始榮 李東寧 金佐鎭 등 愛國志士들과 함께 獨立運動에 나섰다.

1914년 扶民團을 조직하여 단장에 추대된 선생은 韓族會를 조직하여 在滿同胞들의 교육과 산업에 힘쓰는 한편 新興武官學校를 세워 獨立軍을 양성하고 다시 西路軍政署를 조직하여 督辦職을 맡아 抗日鬪爭에 本格 獻身했다.

이 西路軍政署를 軍政府로 승격시켜 上海臨時政府수립에 一翼을 담당하게 했던 선생은 臨時政府수립후 소집된 國民代表者會議가 改造派와 創造派 등 여러 分派로 갈리어 內訌이 거듭되자 中立的인 立場을 固守하면서 각파 대표자들을 모아 團合과 統一을 추진하였으며 1925년 3월 臨時政府議政院에서 당시 미국에 滯留中인 大統領 李承晩을 彈劾免職시킨 다음 大統領中心制의 臨時憲法을 國務領中心制로 改正하면서 上海臨時政府 國務領에 선임되었다.

이에 따라 亡命이후 西間島에서 軍政府를 건립, 總裁에 추대되어 幕下에 呂準 부총재, 李沰 政務廳長, 金東三 參謀部長, 池靑天 獨立軍司令官 등을 거느리고 독립운동을 전개해오던 선생은 上海로 옮겨 受難期 光復運動을 主導했다.

國務領에 취임하여 李沰 金佐鎭 金東三 曹成煥 등을 國務委員에 임용하여 南北滿洲와 中國大陸에 흩어져 있는 民族을 결속시키는 한편 獨立軍과 光復團體를 이끌고 抗日救國鬪爭을 전개히였으나 고질화된 臨時政府內部의 派爭이 쉽사리 수습되지 않자 7개월만에 자진하여

國務領을 사임하고 말았다.

北京을 거쳐 다시 西間島로 선생은 西路軍政署를 발판으로 양성과 抗日運動을 전개하다가 1932년 5월 12일 75세를 一期로 吉林省舒蘭小城子에서 恨많은 風雲의 生涯를 마쳤다.

文章이 뛰어나 詩文集과 燕薊旅遊日記 등 著書를 남긴 선생에겐 光復後인 1962년 정부로부터 建國功勞勳章單章이 추서되었으며 高麗大學校에 의해 石洲遺稿集이 발간되었다.

金 東 三

高宗 16년인 1878년 臨河面 川前洞에서 출생한 義士의 本名은 肯植이요 字는 漢卿, 號는 一松이다.

일찌기 漢學을 수학하고 新學問을 獨學하여 新舊學問을 겸비하였던 義士는 주위의 반대를 무릅쓰고 鄕里川前에 協同學校를 설립하여 교감에 취임, 인근 靑少年들에게 신교육을 실시하는 한편 1905년 日帝의 강압으로 乙巳保護條約이 체결되어 國運이 위태롭게 되자 大同靑年團에 가담하여 주로 嶺南지방에서 救國運動을 전개했다.

그후 1910년 韓日合邦이 强行되자 滿洲로 亡命하여 通化縣에 정착, 李相龍 李始榮 李東寧 등 愛國志士들과 扶民團의 前身인 耕學社를 조직하여 在滿동포의 안정책과 교육에 힘쓰면서 李相龍 李儁 등과 扶民團을 조직하여 光復運動을 전개하였으며 3.1운동 전 해인 1918년에는 金佐鎭 柳東說 등 애국지사 39명의 連署를 받아 최초의 獨立宣言文을 발표했다.

고향 선배인 李相龍선생 중심으로 西路軍政署가 창설되었을 때에는 參謀總長에 취임하여 獨立軍양성에 앞장섰던 義士는 1923년 奉天에서 統義府를 조직하여 총장에 추대되었으며 1925년에는 正義府를 다시 조직하여 行政委員에 취임, 독립운동을 多角的으로 전개했다.

그리고 1929년 上海臨時政府 주최로 國民代表者會議가 소집되었을때 慶北대표로 참석하여 議長에 선출되었던 義士는 李相龍 國務領 재임때 國務委員에 피임되었고 그 후에 조직된 韓國獨立黨 최고위원에 추대 되었으며 1931년에 일어난 滿洲事變에 대비하여 義勇軍모집 양성을 추진 중 할빈에서 日本憲兵隊에 체포되었다.

곧바로 국내로 압송되어 平壤刑務所에 수감 중 15년의 實刑을 언도받고 麻浦刑務所에 이감되어 복역하던 중 8년만인 1937년 3월 3일 60세를 一期로 獄死했다.

이처럼 一生을 祖國光復을 위해 獻身해온 金義士의 공적이 인정되어 정부는 1962년 建國

功勞勳章 復章을 추서했다.

金 祉 燮

世界 列强國들이 韓半島 침식을 위해 각축전을 벌이기 시작한 高宗 23년인 1885년 豊山面 五美洞에서 출생한 義士의 號는 秋岡이다.

才質이 非凡하여 20세전에 四書三經에 通達하고 自習으로 습득한 日本語에도 能하여 日帝保護조치가 단행된 직후에 설치된 安東裁判所 書記 겸 通譯으로 임용되었던 義士는 1910년 韓日合邦으로 國權을 빼앗기게 되자 곧 공직을 사임하고 家事를 정리한 후 滿洲로 亡命하여 光復운동에 나섰다.

압록강을 건너간 후 西伯利亞와 上海 등지를 轉轉하면서 抗日운동을 전개하였던 義士는 抗日武裝團體인 義烈團에 가담하여 활약하다가 3.1운동직후인 1922년 一時 귀국하여 獨立運動資金을 마련하는 한편 同鄕同志인 金始顯과 손잡고 同族으로 日帝경찰인 黃 鈺경부를 포섭하여 日帝要人의 암살과 중요시설의 파괴를 시도하다가 사전에 밀고 되어 뜻을 이루지 못하였다.

이 때 金時顯 등 다른 同志들은 체포되어 囹圄의 몸이 되었으나 金義士는 삼엄한 경계망을 뚫고 다시 上海로 亡命하여 日帝의 牙城을 섬멸하는 것이 急先務라는 悲壯한 각오를 하고 1923년 爆彈 3개를 준비하여 東京에 잠입, 7개의 교량을 파괴한 다음 日帝宮城을 폭파하려다가 당시 日本서 활약 중이던 義烈團員 朴烈 등과 함께 체포되었다.

그 후 재판에 회부되어 無期懲役刑을 言渡받고 千葉刑務所에서 복역 중 7년만에 身病으로 假出獄되었으나 1929년 44세를 一期로 敵地에서 서거했다.

光復後 建國功勞勳章이 추서되었다.

金 時 顯

高宗 21년(1883년) 豊山面 素山洞에서 출생한 선생의 字는 九和요 號는 鶴右이다.

어린시절에는 鄕里에서 漢學을 배웠으나 成年이 된 후 渡日하여 明治大學 法學部에서 법학을 전공했다.

東京에 유학 중 同志들을 규합하여 비밀리에 抗日운동을 전개하다가 국내에서 3.1운동이 일어나자 滿洲로 亡命하여 抗日團體인 義烈團에 가담하여 光復운동에 나섰다.

1920년에는 모스크바에서 열린 世界革命團體代表者會議에 金奎植 呂運亨 등과 한국대표로 참가하여 日帝의 침략을 규탄한 바 있으며 滿洲에 돌아와 활약하다가 1923년 봄 국내에 잠입하여 黃鈺경부 등 同志들을 포섭한 다음 日帝要人 암살과 시설폭파 등을 꾀하다가 사전에 발각되어 체포된 후 10년刑을 언도받고 복역 중 1929년 假出獄되었다.

풀려난 후 곧 滿洲로 건너가 義烈團員으로 활약 중 1931년 北京에서 두번째로 체포되어 日本長崎刑務所에서 5년동안 징역살이를 했으며 出獄한 후 다시 上海를 거쳐 北京 등지에서 獨立運動을 계속하다가 日帝末期인 1945년 초순 北京에서 체포되어 服役中 8·15해방을 맞아 自由의 몸이 되었다.

이처럼 극렬한 抗日團體인 義烈團에 가담하여 세차례나 감옥살이를 한 선생이 日帝官憲의 고문에 응하지 않기 위해 자신의 혀를 잘랐다는 것은 너무도 유명한 逸話로 傳해지고 있다.

8·15 해방직후 옛날 同志들을 규합하여 高麗同志會를 조직, 회장에 추대되었던 선생은 民主國民黨 고문에 추대되어 政治활동에 참여하였으며 1950년에 실시된 제2대 국회의원선거 때에는 安東지구에 출마하여 당선되었다.

그러나 1952년 8월 피난수도 釜山에서 일어난 당시 李承晩大統領 암살사건에 관련되어 議員職을 박탈당하고 무기징역형을 언도받아 복역 중 1960년 4·19學生義擧로 석방되어 제5대 國會議員선거에 입후보하여 再選의 영광을 차지하였다.

5·16軍事革命후 政界에서 은퇴하여 서울 佛光洞에서 은거하다가 1966년 84세를 一期로 風雲의 生涯를 마쳤으며 사후 獨立有功者 공로훈장이 추서되었다.

李 活

舊韓末 日帝의 침략이 本格化 되어가던 1904년 陶山面 遠川洞에서 출생한 선생의 本名은 源祿이며 號는 陸史이다.

어릴 때 부터 鄕里에서 漢學을 수학하다가 開化期에 접어들면서 大邱에 나가 新學問을 공부하기 시작하였으며, 20세가 되면서 中國으로 亡命하여 獨立운동에 참여하면서 晩學으로 北京大學 社會學科를 졸업했다.

中國에 亡命 시절부터 詩作을 시작하여 曠野, 黃昏 絶頂, 靑葡萄등 抗日精神이 憂國詩를

遺作으로 남겨 저항시인으로 널리 알려진 선생은 亡命후 抗日武裝團體인 義烈團의 비밀단원으로 가담하여 光復운동을 전재하였으며 北京大學을 졸업한 후 한때에는 故國에 돌아와 新聞記者로 활약하면서 合法的 非合法的인 抗日運動을 전재하였다.

이 무렵 국내에서 일어난 抗日事件에 연루되어 두 兄들과 함께 체포되어 獄苦를 치른 바 있으며 석방된 후에도 줄곧 要視察 인물로 지목되어 항상 日帝官憲들의 감시를 받아오던 선생은 大東亞戰爭이 일어나기 직전 다시 中國으로 亡命하여 抗日團體인 新民會에 가담, 간부로 활약하면서 光復運動을 계속했다.

上海에 亡命中일 때 저항작가로 文名을 떨치던 魯迅과 친교를 맺어 魯迅評傳을 집필하여 국내신문(朝鮮日報)에 연재하고 또 魯迅의 초기작품인 阿Q正傳을 번역하여 국내 독자들에게 소개한 바도 있는 선생은 두 번째로 亡命하여 抗日운동중 체포되어 北京監獄에 복역 중 光復을 1년 앞둔 1944년 41세를 一期로 異域의 감옥에서 서거했다.

그의 雅號인 陸史가 형무소 죄수번호인 64번을 인용했다는 것은 유명한 逸話이다.

8·15光復후 옛 文友와 同志들에 의해 遺作品이 수집되어 처음으로 陸史詩集이 발간되었으며 그 후 青葡萄, 曠野, 李陸史全集등이 속간되었으며 1964년에는 선생의 遺德을 흠모하는 文人들에 의하여 그의 출신지인 安東市 洛東江湖畔에 陸史詩碑가 세워져 異域에서 獄死한 抗日詩人의 넋을 위로하게 되었다.

參考文獻

1. 嶺南人物考
2. 大白科辭典
3. 永嘉誌 1·2券
4. 陶山及門諸賢錄
5. 退溪全集
6. 西厓文集
7. 鶴峯文集
8. 其他 諸覽文集

古格을 지닌 鳳停寺

〈編 輯 部〉

洛東江 남쪽 작은 언덕위에 서 있는 映湖樓에 올라서서 멀리 북서쪽을 바라보면 학가산이 단연한 모습으로 버티어 선 것이 바라보인다. 그 앞에는 천둥산과 남산이 나란히 侍立하고 있다. 그 天燈山 西南麓에 고찰 봉정사가 자리잡고 있는 것이다.

시내에서 봉정사로 가는 길은 두 가지가 있다. 서쪽으로 솔티고개를 넘어 풍산으로 가는 가도를 달리다가 솔밤다리(松夜川橋)를 건너, 곧장 북쪽으로 검제 서후면사무소를 거쳐 台庄으로 올라가, 왼쪽으로 꺾어 들어가는 것이 그 하나다. 또 하나는 安奇로 해서 영주로 향하는 길을 북상해, 제비원 미륵(彌勒)과, 보리고개(麥嶺)를 지나 모시밭에 이르러 왼편으로 꺾어 台庄으로 내려와서 들어가는 길이다. 도로사정으로 봐서는 후자를 택하는 것이 시간도 단축되고 훨씬 더 편하다.

길은 그리 훌륭한 편은 되지 못하지만 , 차가 바로 절 앞까지 들어 갈 수 있다. 옛날에는 산기슭에서 절 경내까지 이르는 길에 고목이 울창해서 짙은 녹음 사이로 빠져 나와 엽절처럼 떨어져 흩어진 햇빛을 밟으며 올라가는 유연한 멋이 있었지만, 지금은 나무도 많지 않아 을씨년스럽다. 옛날과 같이 녹음이 하늘을 뒤덮을 수 있도록 造林을 해야, 이절이 지닌 古格을 살리게 될 것이다.

鳳에 얽힌 傳說들

鳳停寺가 자리 잡고 있는 天燈山은 영주 平恩面 동쪽에서 서남쪽으로 뻗어 내린 一直線上의 산줄기에서 솟았고, 그것은 다시 이어져 商山의 두 봉우리가 되었다가 山勢는 점차 낮아진다. 이산줄기 가운데 鳳停寺, 鳳棲庵, 鳳林寺址가 있다.

옹천(甕泉)북쪽 산 위에 있는 鳳棲巖은 옛날의 鳳棲寺다. 옛날 신라 법흥왕 때에 義湘祖師

가 봉이 살던 곳에 지었다고 해서 그런 이름이 생겼다는 전설이 있다. 봉정사 서남쪽 商山의 남쪽 기슭에 있는 鳳林亭은 옛날의 鳳林寺터로, 지금도 통일 신라 이후의 것으로 추정되는 삼층석탑이 남아 잇다,

봉정사는 신라 神文王 2년(672)에 義湘祖師가 順興 浮石寺에서 종이로 봉을 만들어 날려 보냈더니, 멀리 남쪽으로 날아와 여기에 멈췄다고 한다. 그래서 이곳에 절을 세우니, 절 이름이 鳳停寺가 됐다는 전설이 있다.

같은 山 줄기에 이와 같이, 봉과 관계가 되는 이름의 절이 세개나 나란히 있다는 것은 신기한 일이다. 여기에는 그럴만한 연유가 있었을 것으로 보인다. 그것을 밝혀 줄 (文獻이나 口傳되는)전설이 아직 발굴되지 못해서 그 중 궁금중을 풀길이 없다.

綠陰속에 버티고선 德輝樓

지금은 봉정사 바로 문 앞까지 차가 들어 간다, 안내판이 서 있는 곳에서 내려서면, 바로 언덕 위에 건물이 보인다. 절 정면으로 올라가는 돌계단은 직선으로 뻗어 있지만, 매우 경사가 가파르다. 계단으로 가는 길가에는 품위 있는 老松이 일산처럼 하늘을 가리고 계단 좌우에는 해묵은 감나무 고목이 하늘을 덮고 있다.

여기에 이르는 중간의 길 가에 있는 숲은 어쩐지 엉성하기만 했지만 寺門 앞의 숲은 그런데로 綠陰이 제법 우거져서 산사의 분위기가 조금은 풍긴다.

옛날과 같았으면 울창한 나무 그늘에 들어서면 바람소리 사이로 落水臺에 떨어지는 물소리도 들렸을 터이지만, 그런 소리를 바란다는 것은 너무 지나친 욕심일 것이다,

돌계단에 오르면서 보면 덕휘루가 좌우로 활짝 나래를 편 듯, 이마 위로 위압해 온다. 德輝樓 아래 통로로 대웅전 띠살문이 얼굴을 내민다. 이것도 다른 사찰에서와 마찬 가지로 大雄殿 앞 다락의 아래 층 중앙에 앞마당으로 통하는 문이며 통로가 있다.

天燈山이 바라보이는 映湖樓. 篇額은 공양왕 御筆

鳳停寺로 가는 길목에 서있는 제비원의 彌勒佛

鳳停寺 大雄殿의 壯重한 모습

德輝樓 마루에 버려지듯 놓여 있는 木魚

규모는 작으나 아담한 寺刹

이절은 원래 천등산 거의 중턱에 이를 만큼 높은 곳에 위치하고 있기 때문에, 절터는 평탄하지 않고 상당히 경사가 가파른 편이다. 그래서 건물들은 각기 층단 위에 서 있어서, 아래 위 건물들은 高低의 차가 많이 난다.

德輝樓는 대웅전 앞 마당 보다는 한층 낮은 터에 서 있다. 다락 밑 통로를 들어서면 바로 코 앞에서 다시 돌계단이 막아 서 있고, 그 위로 파란 하늘이 쳐다 보인다. 그 계단을 올라서면 바로 大雄殿 앞 마당이 된다. 그러기 때문에 마당과 마루의 높이는 거의 비슷할 정도로, 별로 차이가 나지 않는다.

이 마당에 올라서면, 봉정사의 주요 구조물이 거의 이 평면에 아담하게 늘어 서있다. 법당인 대웅전과 극락전은 이 평면보다는 또 한층 높은 층계 위에 있다. 대웅전이 남향하고 서 있는 서쪽에 극락전이 역시 나란히 남향으로 앉다,

그 아래 마당에는 대웅전과 극락전 중간에 華嚴講堂이 동향해서 마당을 양쪽으로 가르면서 서 있다. 그 서쪽에는 이와 평행해서 古今堂이 東向해서 서 있다, 그리고, 화엄강당 동쪽에는 역시 요사(寮舍)가 西向해서 서 있어서 이 새 건물이 川字 모양으로 평행해 있다.

韓國 最古의 木造建物

1973년 봉정사를 解體 復原하기 전에는 古今堂과 화엄강당 남쪽에도 건물이 있어서, 봉정사 건물의 배치는 日字形이었다. 그러나 지금은 극락전 남쪽마당 끝에 있던 건물도, 대웅전 앞에 있던 것도 모두 헐어 버렸다. 될 수 있는대로 원래 서 있던 것으로만 남겨 두도록 한 것이다.

이 해체 복원 공사를 하기 전까지는 極樂殿은 고려 말기의 건축이라고 알고 있었다. 고려시대의 木造建物로 현재 남아 있는 것은 그리 많지 않지만, 이 極樂殿은 부석사 無量壽殿 보다는 후기의 건축이라고 일반적으로 생각되어지던 것이다. 그래도 고려 시대 건축물이라 해서 國寶 15호로 지정되었던 것이다.

그러나 이것을 해체할 때에 이건물이 어느 시기에 축조되었는가를 확정할 수 있는 기록이 나왔다, 해체해 놓고 보니 중앙 칸 종도리(宗道里)밑에 먹 글씨로 1368년에 지붕 부분을

重修했다는 기록이 나온 것이다. 지붕의 보수가 필요한 것은 아무리 빨라도, 그 건물을 지은 후 백년은 지나야 하게 되는 법이며, 오래인 경우에는 백오십년 더 지나서 하게 되는 것이다. 그러니까 이 極樂殿도 그무렵 축조된 것을 추정된다, 여기에 비해 浮石寺 無量壽殿을 해체 보수 수리할 때 발견한 墨書銘에는 1376년에 重創 하였다고 기록돼있다. 이것은 보수한 것이 아니고 새로 지은 것이며, 건축 양식으로 봐서도 원래 양식을 충실히 재현한 것이 아니기 때문에, 역시 鳳停寺 極樂殿 건축이 더 오래 된 것이 확실하다.

古格이 풍기는 極樂殿

극락전은 보수 공사를 하기 전에는 현재의 모습과는 달랐었다. 전에는 전면 세 칸에는 각 칸에 띠살의 四分閤門 있었고, 그 앞에는 툇마루가 달려 있었다. 그 툇마루의 바른 쪽 끝에는 금구가 달려 있던 것이다. 그러나 지금은 그 모습이 완전히 달라졌다.

이 모양이 달라진 것은 해체할 때에 그 원래의 모습을 알아 볼 수 있는 자료를 거기에서 얻었기 때문이다. 이런 자료가 나오면 가능한 대로 원래의 모양을 찾아서 보수하는 것이다.

지금은 四分閤門이 달렸던 전면 세 칸은 벽을 만들고, 중앙칸에는 板門을 달고, 좌우칸에는 살창을 각각 달았다. 그리고 분합문 앞에서 있던 툇마루도 없애 버렸다.

이렇게 원래의 모습을 되찾은 극락전은 복원 전의 것과는 완전히 다른 인상을 준다. 이 건물은 정면이 3칸, 측면이 4칸의 맞배지붕이며 栱包가 기둥위에만 있는 柱心包집이다. 다른 주심포집의 기둥은 배흘림이 강한 것이 많은데 비하면 이 건물의 기둥은 약한 배흘림만 있다.

고려 말기 이후 조선조에 이르러 화려하고 장엄한 다포집 건축이 유행되고 궁전이나 큰 사찰 건물에는, 이런 경향이 많이 보인다. 이런 후기 건축에 비해서 여기서는, 기둥위의 柱材料나 材栱들의 小累의 굽은 曲面으로 되었고, 굽 받침이 없다. 화려한 형태가 아니라 간결한 모양의 이런 것에서 오히려 古格을 느끼게 한다.

唐영향의 新羅 建物의 맛

복원하고 난 뒤의 극락전은 그 구조나 외모가 중국에서 가장 오래된 목조 건축인 오대산

南禪寺의 大雄寶殿과 매우 닮았다. 南禪寺에는 唐시대인 782년에 重修했다는 기록이 있을 만큼 오래된 건물이다. 이것이 기둥위의 材棋의 양식이나, 정면 중앙칸의 板門과 양편 칸 가운데 달린 살창이 복원된 극락전의 그것과 모양이 흡사하다.

신라의 목조 건축이 남아 있는 것이 없어서 그 양식을 분명히 알 수는 없으나, 신라의 양식이 고려에 그냥 이어져 왔을 것이라 여겨진다. 신라는 당건축 양식을 많이 모방 하였을 것이고 그것을 소화해서 신라양식을 만들어 냈을 것이다, 지금 이 극락전이 唐의 南禪寺건물과 닮았다는 것은, 바로 극락전에도 당 건축의 영향을 받은 신라 건축의 모습이 잘 남아 있는 것이라고 할수도 있는 것이다.

극락전 안에는 중앙칸 뒷면에 두개의 高柱를 세워 佛壇壁을 만들고 그 앞에 佛壇을 만들었다. 불단위에는 隅柱를 세우고, 그 위에 다포집 모양의 寶蓋를 만들어 씌었다.

이 寶蓋의 棋包, 柱材나 소로의 형태는 모두 본건물의 樣式과 같이 된, 六出目의 包作이다. 그래서 이 불단이나 보개도, 그 제작 연대는 본건물과 같은 것이라고 생각되고 있다.

朝鮮 初期의 代表的 建物

극락전 동쪽에 나란히 南向하고 있는 대웅전은 조선조 초기에 건립한 正面 3칸의 側面, 3칸의 팔각지붕 건물로 보물 제55호로 지정돼 있다. 건축 양식은 조선조 초기에 유행하던 다포집 양식의 구성을 잘 나타내고 있다.

정면에서 볼 때 3칸을 나누는 가운데 두개의 평주와 양쪽의 두 개의 隅柱의 높이가 약간 차이가 나는 것을 알 수 있다. 세심히 보지 않으면 그것을 깨닫지 못한다.

중간의 두 기둥보다는 양 쪽의 두 기둥이 약간 높아 귀솟음을 주어, 전체의 균형을 잡아 주고 있는 것이다. 만약 이렇게 귀솟음을 주지 않았다면 건물의 정면 중앙에 가까이 서서 보면 양쪽 추녀가 아래로 쳐져 보일 것이다. 그런것을 계산에 넣고 양 쪽 기둥을 조금 높였을 것이니 놀랍다.

전면 2칸은 각기 띠살의 四分閤門을 달아, 여름에는 그것을 추녀 밑으로 달아 올려 활짝 열리게 했다. 문 앞에는 턱이 낮은 툇마루를 달아 가에 난간을 돌렸다. 이 툇마루는 처음부터 달았던 것인지, 서쪽의 극락전에서 처럼 뒤에 달아 낸 것인지 알수 없다. 우리나라의 많은 사찰 가운데서 本殿 에 이렇게 툇마루를 달아낸 것으로는 유일한 것이라 특이하다 하겠다.

均衡잡힌 調和의 美

基壇은 돌을 다듬어서 쌓아 올린 것이 아니라, 자연석을 그대로 얼기설기 낮게 쌓아 올렸다, 기둥도 그리 높지 않은 편이지만, 그 위 기둥머리에는 두툼한 昌枋을 가로질러 물렸고, 다시 그 위에 폭 넓은 平枋을 겹쳐 올려 기둥위를 누르니 매우 견실하고 안정감을 준다.

枓栱는 각기 기둥머리로 부터 짜여지고 있으며, 기둥과 기둥 사이 平枋위에 空間包인 枓料를 두 개씩 짜 올려 다포집 형식을 이루었다. 이 공간포의 3단 살미는 그 앞 끝을 세번 꺾어서 소위 三岔頭 형식을 취하고 있는데 이것은 조선 초기 건물에서 유행되던 수법이다.

건물 내부의 枓栱도 외부 두공과 같은 형태로 간소한 느낌을 주고 있다.

건물의 규모는 작지만 매우 안정감이 있고, 가공이 아주 치밀하며 각 副材사이의 비례가 아주 잘 맞는다. 처마는 겹쳐마로 둥근 나무를 쓴 서까래 위에 네모가 나게 다듬은 浮椽을 적절히 배열해서 날렵한 것이 매우 경쾌하게 처리 됐다. 이 추녀는 그것을 보는 각도에 따라 平枋 위의 枓栱와 처마의 서까래들이 이루는 調和美는 各樣各色 이어서 참으로 아름답다. 단청은 오랜 風箱을 겪는 사이에 많이 풍화되고 퇴색이 되었지만 내부의 우물 천정은 極彩色으로 그려져 있어서 綿丹靑의 초기적 수법이 역력히 나타나 있다.

낮지만 균형잡힌 華嚴講堂

대웅전 앞 서편에 동쪽을 향해 앉은 화엄강당은 정면 3칸, 측면 2간의 맞배지붕의 건물이며 보물 제448호로 지정돼 있다.

정면의 長臺石 댓돌위에 두꺼운 판자를 길게 쪽마루처럼 깔았다. 북쪽칸의 앞에는 띠살문 四分閤을 달았다. 안에 들어서면 가운데에 벽이 없이 하나로 통한 넓은 온돌방으로 돼 있다. 남쪽이 한 칸은 부엌으로 만들었다. 이 건물의 뒷면은 바로 극락전의 앞뜰이 된다.

이 건물은 강당으로 사용하는 것이기 때문에 대웅전과 같은 佛堂에 비해서 그 기둥의 높이는 매우 낮은 편이다.

그러나 기둥이 낮은 대신에 栱包의 치수는 보통 이상으로 크게 해서 육중해 보이며, 건물의 균형을 잘 살리고 있는 것이 특색이다.

栱包는 기둥 위에만 올려 놓아 柱心包집 계통의 건물이지만, 그 기포와 첨차나 쇠서들의 형태에서는 주심포집의 본래의 특색을 찾아 볼 수 없을 만큼 변했다. 기둥위의 기포와 기포, 사이의 昌枋위에는 華盤같은 것은 배치하지 않았으며 벽을 쳤다. 이 벽면과 바깥의 외목도리 사이를 널판으로 대서 상부를 가려, 아래에 쪽마루처럼 깐 판자와 마주 보게 해놓았다.

變形 부분이 많은 古今堂

화엄강당 뒤의 극락전 앞뜰의 서쪽에 古今堂이 동쪽을 향해 서 있다. 정면 3간, 측면 2간의 맞배지붕 건물이 있지만 후일에 와서 북쪽 측면을 팔작지붕으로 개조해 버렸다. 이 건물은 보물 제449호로 지정되어 있다.

이 건물은 북쪽 측면의 지붕뿐만 아니라 남쪽 측면도 지붕을 연장해서 다시 한 칸을 덧붙여서 부엌을 만들었다, 정면 3칸에는 벽을 바르고 그 가운데에 각각 외짝의 피살문을 달았으나 본래의 것은 아니다. 그래서 그 크기와 모양이 서로 같지 않는 것이다. 방 앞에는 쪽마루가 깔려 있다.

이 건물도 화엄강당과 같이 기포는 기둥 위에만 놓여 있는 주심포집 계통의 구성이다. 기둥 위에 꽂은 홋첨차와 그 위로 柱材에서 나온 살미첨차가 겹친 위에 行工첨차를 가로놓고 외목도리를 받쳤다. 정면에서는 柱材에서 좌우로 벽면에 배치된 첨자는 包壁속에 가리워져 보이지 않지만, 이 건물의 뒷면에서는 모두 원래의 상태로 나타나 있어서, 정면의 보이지 않는 배치와 구성을 짐작할 수 있다,

후일에 수리를 통해 많이 변형되기는 했지만, 그 원래의 원형을 찾아 볼 수 있는 것이 다행이다, 기포를 구성하는 절차의 형태는 이미 조선 초기의 특색이 있는 솜씨를 읽고 변형된 것을 보아, 이 건물은 대웅전이 건립된 연대 보다는 더 뒤에 세워진 조선 중기에 속하는 건물로 보인다.

落水臺의 물소리가

극락전 정면 뜰에 있는 三層石塔은 고려시대의 것으로 그 보존 상태가 매우 좋다. 덕휘루 마루 위에는 옛날에 대웅전 불탄 옆에 있었던 것으로 기억되는 法鼓가 놓여 있다. 그 옆 마루바닥에 용머리 모양을 한 木魚가 놓여있다. 솜씨가 매우 좋은 것이지만 절에 구경 온 사

람들이 구두 바닥으로 밟아 보기도 하고 차 보기도 한다. 그대로 두면 멀지 않아 그 원형이 망가져 버릴 것이니 덕휘루 대들보에라도 매어 달아 뒀으면 싶다.

동북쪽에 있는 암자와 우화루는 건물이 너무 오래 돼서 곧 추락해 버릴것만 같다. 이 名刹의 面貌를 유지하기 위해서는 이것의 보수도 시급한 일이라 하겠다. 한 경내에 우리나라 최고의 목조건물인 극락전을 비롯해 국보와 보물로 지정 된 것이 네 채나 있는 유서깊은 문화 유적의 체면을 위해서도 말이다.

봉정사 아래에 있는 낙수대가 어느것인지 찾아 보지 못한 것이 아쉬웠다.

이 산에 수목이 울창했을 때에는 계곡의 물이 마르는 날이 없었다. 그래서 이 낙수대에서 떨어지는 물소리가 이곳의 정취를 한결 더 돋구어 주었을 것이다. 그 물소리가 너무나 맑고 아름다웠기에, 여기에 와서 보신 퇴계선생은 鳴玉臺라고 이름을 고쳐 지으신 것이다,

그 때 퇴계선생이 이 푸른 바위에 흰 물줄기가 아름답게 걸려 있는 것을 보고 지은 詩가 있다.

차지경유오십년
소안춘취백화전
지금휴수인하처
의구창엄백수현

백수창엄경익기
무인래상간림비
타년호사여상문
위보계옹좌영시

天燈을 밝혔다는 굴

너무나 황황하게 다녀 가느라 보고 싶은 것을 다 찾아 보지 못했다. 천둥山에는 天燈庵이란 것이 있다. 영가지에 의하면 세상에 전해지는 이야기로는 能人이 여기에 있으면서 도를 닦았다고 한다. 그 때에 하늘의 등불이 항상 여기에 드리워져 있었다고 해서 이 이름이 붙

었다고 한다. 굴의 입구에 작은 암자가 있고 굴 안에는 能人이 坐禪하던 암자가 있었다고 한다.

이 能人에 얽힌 굴이 천등산 너머에도 하나 더 있다. 永嘉誌의 記錄을 보면 다음과 같다.

能人窟은 학가산의 동쪽 모퉁이에 있다. 古僧佛에서 신라의 大德僧 능인은 사람과 세상의 인연을 끊고 피해 와서 이 굴에 숨어 살았다. 같은 스승에게 佛經을 배우던 중 부석사에서 천여명이 와서 찾았으나, 종내 찾지 못했다.

돌아갈 때 각자가 돌을 가져다가 모아서 쌓으니 탑이 하나 됐다고 해서 석탑이라 이름 지었다고 한다.

학가산 동북쪽 北後面에 근래 鍾乳洞窟이 발견 돼서 세상에 알려진 곳이 바로 石塔洞이다. 거기에는 지금도 石塔庵이 있으니 이 종유동굴이 어쩌면 能人窟이 아닌가 싶다. 安東에 남아 있는 자랑스러운 文化 유적인 봉정사를 찾아 갈 때에는 여유 있는 시간을 내서 이천동 굴과 능인굴도 다 찾아 보는것이 좋을것이다.

鄕土名産 安東 燒酒 蘇生에의 期待

張 甲 鎭(言論人 전 TBC局長)

- 어느 향토에나 그곳의 향토색은 있다 -

그것은 그곳의 오랜 역사를 통해 거기에서 싹이 터 자라나는 사이에 자연스럽게 발색이 된 것이다. 그곳 사람들끼리 주고 받는 언어인 사투리 예의를 숭상한다든가 순박하며 인정이 많은 풍속 오랜 세월 동안 그곳에 전해지는 민속행사 그 지방에서만 만들어지는 음식 다른곳에서는 나지 않는 특유한 토산물 등 이런 전통의 산물인 향토색들이 많다. 이런 것들도 교통 통신의 수단이 급격히 발달 보급된 현대에서는 자꾸 그 빛이 엷어지고 바래져 가고 있다.

모든 일들이 자꾸 세분화돼 가는 현대 사회의 복잡한 구조는 사람들에게 교육 취업 등의 일 때문에 人口의 移動을 재촉하고 있다.

농촌에서 도시로 몰려드는 사람, 새로운 농축산업을 위해 농촌으로 찾아 드는 사람들의 흐름이 옛날에 鄕土의 빛깔을 바꿔 놓았다. 그러나 결과적으로 대가족 제도나 民族部落은 崩壞돼 버리고, 혈선으로 맺어진 이 사회에서 소중히 지키게 전해 가려는 움직임이 있고, 잃어 버렸던 것도 찾아내서 그 원형을 보존하려는 노력들을 하고 있는 趨勢이니 ,전통은 어느정도 지켜질 것으로 보인다.

희미해져 가는 鄕土色

언어 풍속 민속 음식 토산물 등은 모두 원형을 그대로 維持하기는 어렵다. 사투리를 고집하면, 정보교환이 현대 생활의 가장 중요한 요구인데, 그것이 圓滑하게 안되는 수가 있다.

음식도 사람들의 食性의 變化나, 多樣化해 가는 飮食 資料 때문에 거기에 對應해 다소 변하는 것은 피할수 없다. 토산물의 경우도 사정은 다를 것이 없다. 그것을 사용하는 사회의 構造나, 사람들의 기호가 달라지면 거기에 어느정도 맞춰주지 못한다면 그 需要 自體가 없어져 버리고 만다.

安東 兎山의 名物은 뭐니해도 安東布와 安東燒酒라고 할 수 있다. 의생활의 변화에 따라 安東布의 需要가 너무 줄어들었지만, 그래도 무주무나 琴韶, 苧田과 같은데서는 근근히 이어져 와서 최소한의 需要를 충족시키고 있다. 그러나 安東燒酒는 아예 命脈이 끊어진지가 오래다. 이것은 수요가 줄어 들었기 때문에 그런 것은 아니다.. 쌀로 술을 빚을 수 없게 되고 蒸溜酒를 만들지 못하게 법을 만들었기 때문에 非命橫死 해 버린 것이다.

教科書에 있는 安東燒酒는 살려야 한다,

이젠 安東燒酒도 되살아날 때가 되었음직하다. 우리나라 國民學生들은 4학년만 되면 안동이 燒酒의 산지라는 것을 다 알고 있다. 그래서 학생들은 그것을 열심히 외워, 試驗에 대비하고 있는 것이다. 그들이 만약 安東燒酒는 生産이 되지 않는다는 걸 알게 되면 어떨까. 다시 한번 이 문제는 생각하고 넘어가야겠다. 慶州에 校洞 崔氏가에서 전해 내려오던 法酒가 大量生産供給하게 된지도 퍽 오래 되었고, 釀造場에서 쌀 막걸리를 만들게 된지도 몇해가 지났다. 쌀로 빚는 法酒가 선을 뵈자 우리나라를 찾는 外國人들이 이것을 반겼고, 이들의 손을 통해 그것이 외국에도 알려져, 이젠 우리나라에도 우리나라 特有의 술이 있다는 印象을 받게 되었다. 그렇다면 우리나라 名酒로 定評이 나있던 安東燒酒도 다시 생산되어 세계에 傳播돼도 좋을 것이 아닌가.

全世界의 술을 마시는 人口들이 釀造酒 보다는 蒸溜酒를 더 좋아한다는 것은 분명한 事實이다. 포도주나 麥酒의 수요가 높다는 것도 사실이기는 하지만, 프랑스나 독일같은 나라는, 그곳 음료수의 수질이 나빠 사람들이 포도주나 麥酒를 물마시듯하는 生活을 하기때문에, 술을 좋아하는 酒黨들의 飮酒 趣向과는 別個의 문제다. 오늘날 세계 各國으로 輸出되는 영국의 스카치 위스키의 販賣量을 바도 그 趣向을 알 수 있다, 우리나라에서도 막대한 외화를 소비해 가며. 영국에서 몰트 위스키를 수입해 위스키를 브랜드해 파는 것이 벌써 몇 가지에 이르고 있는 것이다.

世界의 나라들을 代表하는 술

술을 생산하는 나라에는 저마다, 자기 나라를 대표하는 名酒들이 있다, 우선 蒸溜酒로서 각 나라를 대표하는 것을 골라 보면 다음과 같다. 위스키로 이름이 높은 영국은 스코틀란드 지방에서 제조되는 스코치 위스키와 아일랜드 지방의 아이리시 위스키가 代表的이다. 이 가운데서 주종을 이루는 것은 역시 스코치 위스키다.

캐나다의 캐나디안 위스키와, 버본과 같은 아메리칸 위스키들도 알려저 있다. 프랑스에는 포도주를 증류해서 만드는 코냑과 알마냑이 유명하다. 사과주로 만드는 애플 브랜디나, 독일의 버찌 술로 만든 키르시 바세르 등도 알려진 술이다.

영국과 네델란드에서 제조되는 드라이진도 세계적으로 알려져있다. 노르웨이, 스웨덴, 덴마크 등 북구에는 국민주라고 할 수 있는 (생명의물)이란 뜻의 아콰비트가 있다. 우리 소주와 비슷한 것이다. 소련은 보드카로 이름이 있다. 이 술은 無色, 無臭, 無味한 特色 때문에 드라이한 것을 좋아하는 현대인들에게 愛飮되고 있다. 폴란드에는 보드카와 같은 술에 풀줄기가 들어 있는 즈브로우카가 알려져 있다. 카리브 海船岸의 西印度諸島에서 제조되는 럼은 우리나라에도 알려져 제조 판매되고 있다. 멕시코의 名酒로는 데킬라가 있다. 龍舌蘭의 樹液으로 빚어진 풀케란 술을 蒸溜해서 만든 것이다. 동남아시아나 중동지역에서 생산되는 아락이란 蒸溜酒가 널리 分布돼 있다. 중국에는 마오타이와 같은 火酒 또는 白酒가 있는가 하면, 우리나라와 일본에는 소주가 있다. 세계 주당들에게 증류주가 인기있는 것은 이것을 바탕으로 해서 각종 칵테일을 만들수 있기 때문인 것으로 생각한다.

우리나라의 燒酒 歷史

우리나라에 燒酒가 언제부터 만들어지게 되었는지는 상고할 길이 없다. 高麗때에 몽고족에 의해 전해진 것이 아닌가 하는 說이 있다, 중앙아시아의 아락이 蒙古人을 통해서 전해진 것이 아닌가 하고 推定한 것이다. 그 설을 뒷바침하는 것은 近來까지 開成지방에서는 燒酒를 아락주라고 불렀다는 點이다. 開成은 고려의 都邑地였기 때문에, 당시 고려를 찾는 원의 몽고인들은 주로 개성에 출입하고 머물렀던 것이다. 그들이 그 술을 아락이라고 불렀을 것이라는 이야기다.

정확히는 어느 때에 어떤 徑路를 통해서 소주가 들어 왔는지 알 수 없다. 혹은 이보다는 훨씬 예전에 中國에서, 그 제조법이 傳來되었는지도 모를 일이다.

아무튼 우리나라에서 定着한 소주는 그 때부터, 各 지방으로 퍼지면서 그 지방의 特性에 맞는 방법으로, 蒸溜돼서 마셔지게 된 것으로 생각된다.

쌀이 흔한 곳에서는 쌀로 빚은 술로, 쌀이 흔치 않은 곳에서는 다른 雜穀으로 빚은 술로 만들었을 것이며, 산간벽지에서는 옥수수로 빚은 술을 蒸溜해서 각기 다른 소주를 고았을 것이다. 그래서 각 지역마다 서로 빛이나 향기, 그리고 맛이 다른 그 지방 고유의 향토소주로 형성돼온 것으로 보인다. 安東燒酒도 이와 같은 길을 더듬어 오는 동안에 차츰 그 모양을 갖추었을 것이다. 이렇게 해서 생긴 우리 燒酒들이, 어느덧 우리나라를 대표하는 술이 된 것이다,

우리나라를 代表하는 술은 소주다,

그러기에 안동소주만을 굳이 우리나라를 대표하는 술이라고 우겨댈 수는 없다. 그러나 안동소주만큼, 국내외에 그 이름이 알려질 만큼 유명한 소주는 없다,

안동소주의 지명도가 이렇게 높아진 것은, 우선 맛이나 질이 다른 지방의 것보다 더 나았다는 것도 이유 가운데 하나다. 그러나 그보다 더 중요한 것은 근대화 과정에서 그것의 생산과 시장 擴大의 손뼉이 맞았다는 사실이다. 안동소주의 이름은 국내에서 뿐만 아니라 중국 일본 등지에까지 알려지게 되었던 것이다. 제비원 미륵이 상표가 됐던 안동소주 때문에, 그 상표로 사용된 제비원 미륵도 세상에 알려지게 된 것이다.

이 때 세상에 알려진 안동소주는, 그것을 찾는 외국인들이 있을만큼 그 뿌리는 무척이나 깊게 박힌 것이다. 일본에서 온 사람에게 (안동소주가 있습니까?)란 질문을 여러번 받았다.

(당신 같이 젊은 사람이 어떻게 안동소주를 아느냐고) 反問하면 으레 돌아 오는 대답은 (우리 會長이 안동소주가 있거든 꼭 사가지고 오라고, 日本을 떠날때 말씀하셨기 때문이지요)란 것이었다. 이 정도라면, 各地方의 대가에서, 가정에서 家族酒로 전해 내려 오다가, 그 命脈이 끊어져 버린 것에 비하면 安東燒酒는 可謂 우리나라를 대표하는 술이이라고 할만 하지 않을까?

이제 우리나라를 찾아 온 외국인들에게 이것이 우리나라 술이오 하고 勸할 수 있는 술도

준비해야 할 때가 된 것이다. 外國에서 사들여온 물트 위스키에 酒精을 블랜드해서 만든, 似而非 위스키를 대접하는 것도 부끄러울 때가 된것같다. 이런 경험은 앞으로 있을 아시안 게임이나, 올림픽 때 대거 밀려 들어 올 외국인들을 대할때에는, 더 많이 하게 될것이기 때문이다.

多少의 變形이 不可避한 名酒

아시안 게임이나 올림픽 개최는, 서울로 雲集해 들어 올 많은 외국인들에게, 우리의 眞面目을 보여 줄 것은 서양의 것을 본 뜬 것이 아니라, 우리의 것이어야 한다. 우리 역사와 전통이 만들어낸 우리 固有의 文化遺産들을 보여 주어야 한다. 한국요리나 한국의 술은 그들에게도 호기심의 대상이 안될 수 없을 것이다. 이런 뜻에서 본다면 안동소주 부활의 필요성은 不問可知한 일이다. 그것을 부활시키는 것은 빠를수록 좋다.

그래야 충분한 준비기간이 있을 수 있기 때문이다. 이것의 부활은 정책적 배려가 있어야 가능하다. 稀擇燒酒가 아닌 증류소주를 만들 수 있으려면, 그것이 不可避한 일이기 때문이다.

交通手段의 發達로 貿易 觀光 등으로 우리나라에 出入하는 外國人의 수가 늘어 가는데 따라, 우리요리도 많이 變形이 되었다. 음식은 사람이 먹는 것이기 때문에, 生活樣式이 다른 사람에게는 그들의 口味와 식성을 고려하지 않을 수 없는 것이다. 다소의 變形을 하더라도 역시 그 根幹이 되는 것은 지켜야 그것이 우리의 것이란 말을 할 수 있다. 이와 같은 이유로 다시 안동소주가 나온다고 해도, 그것은 우리나라나 일본, 중국 등 동양인만 의지해서 만들어선 안된다. 전세계 어디에 내놔도 될 술이 돼야만 한다. 안동의 자랑이요 名酒인 安東燒酒를 世界에 선뵈고 자랑할수 있으려면 적어도 다음과 같은 硏究가 必要할 것이다.

安東燒酒 開發의 必要性

우선 장기간 저장을 통한 熟成을 해야한다. 20餘年을 저장해 두었던 소주를 마신 일이 있다, 가장 놀랍고 印象깊었던 것은 40도를 넘는 그 소주의 맛이 아주 부드럽다는 것과 거기에서 은은하게 풍기는 무엇인지도 모르는 香氣였다. 그 맛이 부드러운 것은 금방 고아낸

소주의 톡톡 쏘는 맛은 그것이 입자가 마치 육면체와 같아 모가 져 있기 때문이라 하겠는데, 오래된 소주는 입자의 모가 닳아서 둥글게 되었기 때문이라고 생각하면 된다. 거기에서 풍기는 은은한 향기는 바로 누룩의 香氣가 熱成돼서 만들어진 것이었다.

위스키나 코냑같은 것도 반드시 이 熱成기간을 가진다. 스코치의 몰트 위스키는 法的으로 4年間 貯藏해서 熱成시키도록 돼 있다. 위스키는 이 나무통 속에서 열성되는 사이에, 그 색깔이 붙고 香氣가 무르익게 되는 것이다. 이렇게 만들어진 몰트 위스키와 그레인 위스키 또는 중성알콜을 規格에 따라 섞어서 다시 일정기간 貯藏했다가 정해진 酒精度가 되도록 물을 타서 엷게해 병에 담는 것이다.

어떤 통에 담아 貯藏해서 熱成시킬 것인가, 불랜드 하는 것은 무슨 술로 하느냐는 앞으로 상당한 研究를 거쳐야만 할 것이다. 열성을 통해서 맛이 부드러워지면 현대인의 입에는 맞게 되지만 그래도 안동소주의 本來의 맛을 잃어 버리지 않도록 해야 한다, 熱成을 통해 着色은 하지 말고, 원래대로 無色 透明한 것은 그대로 維持하는것이 安東燒酒이다.

瓶에도 神經을 써야

그것을 담을 병은 할 수만 있다면, 粉青沙器나 백자였으면 品位도 있을 것이다. 우리나라의 文化를 이야기 하려면 도자기가 먼저 거론되게 마련이다. 宋青沙가 있지만 高麗 青瓷는 그것대로의 아름다움과 氣品으로 해서, 세계 愛好家들의 賞讚을 받고 있다. 粉青沙器의 투박하면서도 技巧를 싹 무시한 것과 같은 멋은 다른 어떤 민족의 것과도 判異한 맛을 가진 것이다. 게다가 白瓷가 갖는 선비다운 淡淡한 빛깔도 우리 민족성을 그대로 表現하고 있는 것이다. 이런 특수성을 살린 그릇에 담겨졌을때 안동소주의 향기와 맛을 더욱 돋보이게 할 것이라 생각된다. 거기엔 옛날과 같이 제비원 미륵의 그림을 그리는 것이 어울리지 않을까!

이렇게 만들어진 안동소주는 고급주다. 시중에 많이 나도는 희석소주와는 비교 할수 없는 것이다. 이렇게 탈바꿈을 해서 다시 태어나는 안동소주가, 다른 나라의 명주와 어깨를 겨루며 세계 명사들의 홈바에 나타나게 될 날이 올 것을 기대해 본다. 그 술병과 같이 한국의 안동 분위기도 傳해져 가도록 여러 측면에서 연구를 할 필요가 있다.

동채싸움(安東車戰놀이) 復活記

권정수 (보성고교 교사)

安東의 民俗 行事인 동채싸움은 車戰놀이란 이름으로 이젠 우리나라 民俗놀이가 돼서, 곳곳에서 이것이 행해지게 되었다, 安東에서 50세 정도의 사람이면 어렸을 때에 하던 이 동채싸움을 구경하던 기억이 난다. 그것도 지금의 市內에 살던 사람들이다. 20리 밖에서도 이 구경을 하려고 市內로 들어온 사람들이 있었지만, 그런 사람들은 70세 이상의 老人이 돼있다.

옛날에는 자주 행해지던 이 행사가 자취를 감추어 버린지도 몇 10년이 지났다. 자연히 安東 사람들의 기억에서도 사라져 갔고, 간혹 옛날을 말할때에 追憶談으로 남아 있을 정도에 不過했다.

이렇게 고장인 安東에서 조차도 잊어져 가던 동채싸움이, 오늘과 같이 復活해서 全國 곳곳에서 이 놀이가 행해지게 된 動機와 그 始末을 여기에 밝혀 두려고 한다.

開校 20周年의 安東中學校

母校人 安東中學校에서 體育科 主任敎師로 勤務하고 있었다. 해마다 개교 기념일인 10월 1일이면, 여러 가지 기념행사가 벌어지고, 그 행사의 여러 가지를 체육과 주임 교사인 내가 맡아야만 해 왔다. 그 때에 어떤 行事를 할 것인가가 늘 같이 근무하는 사람들의 關心事였던 것이다.

1966년 10월 1일은 安東中學教의 開校 20周年 기념일이었다. 그러나 매년의 개교기념일보다는, 훨씬 意義 깊은 행사를 준비해야 되었다, 그것이 같이 근무하고 있던 同僚들이 모두 머리를 짜내지 않으면 안되는 일이었다, 60년대 초반부터 우리나라에는 우리 것에 눈을 돌려, 우리 것을 찾아내려는 움직임이 매우 활발해진 때였다. 각 신문마다 그런 기획물이 앞을 다투어 연재되고 있어서, 그런 기운은 독자들인 一般 國民에게도 徐徐히 일고 있었다.

이런 것이 개교기념 행사를 企劃하는 데에도 영향을 주게 되었다.

당시 安東中學校 교장인 故 朴順鎬 선생은 안동사범학교에 재학하고 있을 때의 교감선생인 은사였다. 朴先生은 유독 安東의 民俗에 愛着을 가지고 있었다. 거기에다 우리 것을 찾으려는 風潮마저 있어서, 자연히 安東 固有의 民俗 놀이를 再現시키려는 의욕이 많았다. 따라서 전체 同僚들도 安東의 民俗놀이에 대한 것을 찾아 보려고 하였던 것이다.

동채싸움으로 決定

개교 20주년을 기념하는 행사에 가장 어울리는 것에 어떤 民俗 놀이가 있을까 하는 것이 늘 머리를 떠나지 않았다. 어렸을 때 老人들께 들었던 이야기들을 回想해서 하나하나 정리해 가다가 동채싸움에 대한 대목에 이르렀다. 동채싸움 이야기를 하실 때 그렇게 신나 하시던 어른의 모습이 떠올랐다,

바로 이것이다 싶은 생각이 들었다.

안동 바닥이 東西部로 갈려 決死的이라 할만큼, 있는 힘을 다해 勝負를 다툴 때엔, 사람들 뿐만 아니라 山川草木까지 흥분에 떨었다는 동채싸움.

자기편이 이겨야한다는 念願 때문에 一致團結 해서 뭉쳐 싸우는 이것이야 말로 개교 기념행사로는 가장 어울리는 것이다.

동채싸움을 재현시키겠다는 뜻을 교장은 大歡迎하고, 그것을 조사하는데 동참 권장한, 강창원교사로 하여금 같이 연구하도록 해 주었다. 이 때부터 그 由來와 方法 등에 대한 자료 모으기에 東奔西走하는 나날이 시작됐다.

동채싸움에 직접 참가한 사람, 그것을 구경하고 내용을 잘 아는 사람들을 찾아 나서게 된 것이다. 대부분 年老하신 분들이라, 연줄 연줄로 알아서 찾아뵙고 말씀을 들어 얻은 자료들이 차곡, 차곡 쌓여 갔다. 우리들이 알지 못했던 내용들이 하나씩 자꾸 밝혀져 나가게 되니, 신이 나서 피로한 줄 모르겠다. 그 유래는 文獻에서 찾지 못하고, 구전되는 전설을 모으는데 그쳤다. 그러나 그 전설도 몇 가지 다른 것들이었다.

甄萱 물리칠 때 發生

그 하나는 後三國 末에 權幸, 金宣平, 長吉(또는 貞弼) 세 분이 後百濟王 甄萱이 신라에 쳐

들어와 王을 殺害하자, 고려 태조가 신라를 구원하러 군사를 이끌고 와서 싸울 때, 고려 태조를 도와 싸웠다. 甄萱과 合戰僑에서 싸울 때, 큰 나무를 묶어서 한 덩이를 만들어, 여러 사람이 이것을 어깨에 메고 이를 앞세워 밀고 나갔다.

후백제군은 여기에 밀려 개치기골로 쫓기다가 낙동강에 빠졌다. 사람은 미리 洛東江에 소금을 풀어 두었던 것이다. 견훤은 지렁이의 아들이란 전설이 있었기 때문에, 그것을 물리치려면 소금물에 빠뜨려야 한다고 해서다. 그래서 견훤은 힘을 못 쓰고 패주한 것이다.

이 공으로 고려 태조는 세 분을 太師 三重大匡亞父功臣으로 삼으니, 지금도 세분을 모시는 太師廟가 市中에 있다.

이 勝戰을 기념하기 위해, 해마다 정월 보름날을 기해, 나무를 묶어 동채를 만들어, 동채 싸움을 벌였던 것이다. 그 뒤로, 이 놀이는 발전해서 주민을 東西로 나누어 거주지 중심으로, 하나의 경기 형태를 갖추게 되었다. 최근과 같은 형태의 놀이로 발전된 것은 선조 때부터 라고 한다.

高麗太祖 도운 三太師

또 일설에는 견훤과 일전을 겨룬 고려 태조는 大邱 八公山에서 패하고 古昌(安東)으로 후퇴하니. 견훤은 이긴 기세를 몰아 추격해 왔다. 古昌 성내로 들어 온 태조가 城主 金宣平에게 원군을 청하니 성주는 權幸. 長吉과 같이 고려 편에 가담. 瓶山(안동시 북방4키로)에 陳을 쳤다.

한편 뒤 쫒아 온 견훤군은 모래골(사곡동)로 행군해서 석산과 猪首峯에 진을 치고 대치했다. 連戰連勝한 견훤군은 意氣忠天해 오만방자해서 유흥을 일삼았으나, 3장군은(三太師) 하루도 빠짐없이 군민의 병사 조련에 힘쓰고 雪震을 맹세했다.

한편 猪首峯 기슭에서 주막을 차려 생계를 이어가는 安中嫗 노파가 있었다. 평소 군민의 동정에 감사해 성주에게 보답하겠다고 다짐하면 이 노파는 견훤진 중에 있음을 奇貨로, 견훤군의 動態와 기밀을 탐지해서 일일이 보고했다. 그 보고 가운데, 견훤은 매일 개천이나 늪에서 목욕을 해 원기를 회복한다는 것이 있었다.

이런 견훤의 기습을 알게 되자 그가 듣던 대로 지렁이의 아들이라는 것을 확신하게 돼서,

거기에 대응하는 방책을 세웠다. 그로부터 비밀리에 많은 등짐장수를 동원해서 소금을 비축했다. 이 소금을 夜陰을 이용해서 부근의 개천과 웅덩이에 풀어 모든 물을 짜게 만들었다.

安 노파는 苦蔘酒를 빚어 견훤군의 장졸을 접대해서 혼수상태에 이르도록 만취하게 해놓고 알려 왔다. 좋은 기회라고 대오를 정비해서 함성을 지르며 기습 공격하니, 삽시간에 전군이 潰滅하고, 장수 金渥은 잡혀 목이 베어졌다. 혼비백산한 견훤은 모래골로 빠져 소금물에 들어 갔다가, 힘 빠져 달아나고 말았다,

戰勝宴 때에 한 놀이

대승한 태조는 세 장군의 전공을 치하하고 太師로 삼았다. 개선한 삼태사는 목숨을 내걸고 싸워 준 군민과 등짐장수들을 한 자리에 모아 위로하고, 많은 상과 酒宴을 베풀었다. 특히 흥에 넘친 등짐장수들은 그들이 지고 다니는 쪽지게 위에 接長을 올려 태우고, 승전가를 부르며 서로 밀며 뛰어 노는 모습이 실전을 방불케 하였다.

그 뒤로 이것을 보았던 국민들은 그 감격을 되새기려고, 해마다 짝을 나누어 쪽집게 모양을 한 기구를 만들어, 그 위에 德望 있는 사람을 태워, 그 지휘를 받으며 그 때와 같은 놀이를 다시해 보는 것이었다. 이렇듯 그 때의 전승의 감격을 되살려 기념하던 것이 동채싸움의 시작이 되었다는 것이다.

또 다른 설에는 안동지방은 풍수지리설에서 보면, 地神이 너무 세어서 이것을 누르기 위해 수만 명이 모여 이런 행사를 했다는 것이다. 동채싸움이 있는 날에는 동서부의 부녀자들도 행주치마에 돌을 담아서, 자기편을 이기게 하려고 싸움에 가담하였다. 그래서 그것이 끝나면 양편에 각각 많은 부상자가 생겼다고 한다.

이렇게 치열한 싸움을 해야 하는 까닭은, 만약 한 편이 지게 되면 진 편은 그 한 해 동안에는 그 쪽에 흉년이 들어 농사도 잘 안되고, 질병도 많으며 여러 가지 天災地變이 일어난다고 믿었기 때문이라고 한다.

全國 民俗藝術競演大會에 출전하기 위해 서울市 옆을 行進中인 安東中學生들.

南山 音樂堂 앞에서 熱演하는 安東中學生의 車戰놀이

A字 모양의 동채

동채를 만드는 방법과 진행 방법, 그리고 어떻게 승부를 결정하는가를 옛날 동채싸움의 경험이 있는 古老 들의 말을 종합해서 하나씩 정리해 나갔다. 모아본 자료로 봐서, 이것은 한편이 일치단결해서 대자의 지휘로 一絲不亂하게 움직여야 하는 것이니 ,개교 기념행사로서는 가장 적당한 것이라는 확신이 생겼다.

옛날에는 靑壯年들이 이 놀이를 하였지만, 중학교에서는 최고학년인 3학년학생이 할 경우, 아직 소년들이니까 옛날처럼 우람한 동채를 만든다고 해도 아이들이 그것을 메고 싸울 수는 없는 일이다.

그러니 자연 그들의 체격에 알맞는 동채를 만들어야만 했다, 규모가 작아지는 것은 피할 수 없는 일이었다.

동채는 전해진 대로 등짐장수의 쪽지게 모양을 본 딴 것으로 만들었다. 두개의 긴 나무채를 A자 모양으로 머리를 맞대어 묶는 것으로 시작했다. 두 채의 가운데에 가로 대를 대고, 그 위에 방석과 같은 것을 만들어 고정시켜 대장이 올라서서 지휘도록 하였다.

동채싸움의 기구는 일단 갖추어진 것이다.

대장의 지휘로 움직이고

동채싸움 방법은 우리나라 민속놀이의 하나인 줄다리기와 정반대의 놀이다. 적을 자기편으로 더 많이 끌고 와야하는 줄다리기에 비해, 동채싸움은 반대로 상대 편을 밀어 붙여야 하는 것이다. 승부는 상대방 동채의 앞머리를 땅에 쳐 박게 하거나, 저쪽 지휘자인 대장을 머리꾼들이 땅으로 끌어 내리면 결정이 나는 것이다.

동채를 메는 것은 동채꾼이라 부르고 동채 앞에 동채를 호위하며 상대 편을 밀어 붙이는 머리꾼이 八자형으로 늘어서서 힘으로 대결한다. 이 머리꾼들은 어깨로 상대편을 밀어 붙이는데, 힘이 달리는 편은 뒤로 밀려 나가게 마련이다.

이렇게 밀리기 시작하면 戰列에 혼란이 생겨 위태로와 진다. 이것을 막기위해서는 동채위에 높다랗게 올라 선 대장이 戰勢를 정확히 판단해서, 거기에 대처하도록 작전을 세워서 지휘해 나가야 한다. 그래서 밀고 나가다가, 좌우로 돌기도 하며 상대를 혼란시키기도 하는 사이에, 분위기는 점점 고조돼 나간다.

이것을 보고 자기편을 응원하는 사람들의 함성과, 머리꾼 동채꾼의 함성 디 천지를 뒤흔들게 되면서 온 들판은 뜨거운 열기로 도가니처럼 돼 간다. 서로 적의 동채 밑으로 들어가지 않으려고 동채 머리는 높아만 가고, 밀어 붙이는 머리꾼 한 가운데 사람은 발이 공중에 둥둥 떠 버린다.

계속된 동채 싸움 연습,

이와 같은 준비가 끝난 뒤, 3학년 학생 전원에게 매일 동채싸움 지도를 해 나갔다. 처음에는 쉽사리 이해가 안되는 듯 했지만, 연습이 거듭되는 사이 에 학생들에게는 동채싸움의 분위기가 생기기 시작했다. 많은 학생들이 함성을 지르기 때문에, 대장이 큰 소리로 호령을 해도, 머리꾼이나 동채꾼의 귀에 들어 갈 리가 없다.

동채 위에 올라 선 대장은, 격렬하게 뒤흔들리는 동채에서 몸의 균형을 잡으려고, 왼손으로는 동채 앞 머리에 메단 끈을 꼭 잡고, 바른 손을 높이 쳐들어 전후 좌우로 흔들거나 해서 전체가 움직이는 방향을 제시한다.

이 지시는 동채 뒷 부분의 동채꾼들이 바로 보고, 그 지시대로 움직이면 앞 머리 동채꾼도 그것을 민감하게 알아서 한 몸처럼 움직이게 된다. 이것을 여러 날 동안, 되풀이해서 연습하는 사이에, 모든팀 학생들은 동채싸움의 호흡을 나름대로 터득하게 된 모양이다.

일일이 동작을 지도하지 않아도, 그들은 스스로가 형세를 판단해서, 자기 편 동채꾼과 머리꾼들을 움직여 나가게 해 나갔다. 다른 예는 매스게임보다 전원의 움직임은 渾然一體 가 되어 나갔다, 이 연습은 거기에 참가한 학생들뿐만 아니라, 구경하는 학생들의 피도 끓게 한다는 것이, 이것을 지도하면서 느낀 것이다.

開校紀念日에 첫선 보여

개교 20주년 기념행사의 하나인 체육대회도, 이 동채싸움에 이르러 그 분위기가 가장 고조되었다. 놀이에 참가한 학생들의 흥분도 흥분이려니와 구경하는 사람들도 그에 못지않을 정도였다. 한참 경기가 막바지에 이르고 있는데 느닷없이 관중석 쪽에서 노인 대여섯 분이 우르르 뛰어 나왔다. 영문을 몰라 놀라워하는데, 이 노인들은 망설 이지 않고 동채싸움 속에 뛰어 들어 가담했던 것이다

동채싸움이 안동 바닥에서 자취를 감추고 나서 수십 년이 지났지만, 그 형체는 없어졌어도, 그것에 대한 동경, 흥겨움은 맥맥히 안동사람들 속에 살아있었다는 것이 드러난 것이다. 구경하던 사람들까지 그렇게 흥겨워하고 거기에 빠져 드는 것을 볼 때, 이것을 애써 찾아 내서 再現한 것은 아주 잘한 일이었다는 생각에 가슴이 뿌듯해져 옴을 느꼈다.

安東市郡民 體育大會에서도

행사가 끝나고 나서 훌훌 씻고 교무실로 돌아 왔더니, 대여섯 분의 어른이 찾아 오셨다. 오랫만에 동채싸움을 부활시켜 보여 준 것을 칭찬하시며, 이것을 다시 한번 더 보여 줄 수는 없겠는가고 말씀하셨다. 이 요청을 들어드리는 것은 어려운 일이 아니었다.

당시 나는 안동중학교의 교사이면서 안동시군 체육회의 육상부장을 맡고 있었다. 며칠 뒤인 10월 9일 한글날에 안동중학교 교정에서 열리게 되는, 안동시군민체육대회도 직접 주관해야 하기 때문에 그 때에 다시 한 번, 동채 싸움을 재현해 보겠다고 약속했다.

그동안 학생들은 훈련을 충분히 했고, 기구도 다 갖추어져 있으니 어려운 일이 아니었다. 개교 기념일의 동채싸움 구경을 못했던 사람들도, 다시 이 놀이를 한다는 소문이 돌자, 그 날에는 더욱 많은 사람들이 모여 들었다.

안동시내 사람뿐만 아니라, 군내의 사람들까지 모두 모여 들었으니 전날 보다 그 열기는 더했을 것은 당연했다. 내 고장의 것 그것도 묻혀 있어서 거의 잊혀져 가던 것을 다시 찾아내 재현하는 것에 대한 반향이 이렇게 크리라고는 생각도 못했던 일이다.

民俗藝術競演大會에 나가기로

행사를 끝내고 교무실로 돌아가니 교장실로 즉시 들어오라는 전갈이 있었다. 교장이 경상북도 공보실에서 오신 손님 세 분을 소개해 주셨다.

그분을 안동중학교에서 동채싸움을 한다기에 일부러 구경하러 왔다는 것이다. 보니까 정말 훌륭한 민속놀이를 발굴했다고 칭찬의 말씀을 하신다. 해마다 10월에 열리는 전국 민속예술 경연대회가 열리는데, 금년에는 오늘 실시한 이 동채싸움을 경상북도 대표 출연 종목으로 해서 출전하고 싶다는 것이다.

교장실에서는 즉시, 교장과 공보실 분들 그리고 나는 이 문제에 대한 것을 구체적으로 논의하게 되었다. 학교로서는 학생들이 경상북도 대표로 나가게 된다는 것은 매우 영광스러운 일이 아닐 수 없었다.

즉시 찬성을 했지만, 여기에는 실상 많은 문제가 있는 것이었다. 적어도 전국대회에 나가자면, 거기에 따른 여러가지 준비가 따르지 않으면 안되기 때문이다. 우리는 바로 출전하는데 따른 문제와 그 방법에 대해서 구체적인 논의를 하기 시작했다.

出戰에 따른 준비도 하고

전국대회에 출전할 경우 우선 문제가 되는 것은 복장 문제와 여비 문제다.

복장은 흰 무명 바지저고리에, 상투 꽂은 머리에는 흰 수건을 질끈 매고, 짚신을 신게 해야겠다는데 의견이 모아졌다.

도 공보실에서는 옷과 머리에 맬 띠를 만들 광목을 부담할 것이니, 학생각자의 집에서 만들게 해달라고 해서 이 문제는 어려움이 없이 해결됐다. 전국대회 날짜까지 옷을 지을 시간은 충분하니 다행이었다.

상투는 검은 털실 모자를 학생들이 구해 오게 해서, 꼭대기에 역시 검은 실로 상투 모양을 만들어서 묶으니 멀리에서 바라보면, 영락없는 상투머리가 되는 것이다.

짚신은 학교장이 학교 부담으로 마련하겠다고 해서 쉽게 해결됐다. 나머지 문제는 그 많은 참가 인원의 여비를 어떻게 할 것이냐였다. 대회에 참가하는 학생은 전원이 3학년 학생이었다. 그들의 수학여행 시기가 바로 전국대회 무렵이다.

해마다 수학여행은 경주, 부산, 충무(한산도)로 갔는데, 이번에는 서울, 인천으로 가면 되지 않겠느냐는 의견을 제시했다. 말하자면 전국대회에 출전하는 것을 수학여행과 겸하면, 여비 문제는 자동적으로 해결이 된다.

지르는 소리는 월싸덜싸로

제7회 전국 민속예술 경연대회에 출전이 결정되고, 준비도 되어 다시 연습이 매일 계속됐다. 10월 17일 연습을 끝내고 교장실에 들어 갔더니 교장이 한 노인을 소개하신다. 지금 安東 車戰의 無形文化財 기능보유자로 지정이 돼 있는 金明漢씨였다.

(안동중학교 차전놀이가 서울에 간다는 소문을 듣고 왔습니다. 나도 옛날에 차전놀이하는 것을 많이 봤습니다. 오늘 운동장에 들어오면서 보니 학생들이 여이샤, 여이샤하고 소리를 지르는 것을 들었어요. 옛날에는 머리꾼이나 동채꾼이 월싸 덜싸라고 소리를 질렀지요.) 金明漢씨는 그렇게 일러 주셨다.

그 날부터 학생들에게 월싸 덜싸라고 하도록 지도해서 지금까지도 그렇게 해오고 있다. 노인들 말씀으로는 견훤이 모래골을 넘어가서 많이 죽었다고 해서 월싸 덜싸라고 한다는 것이다. 이것은 고증할 文獻이 없어서 확실한 것을 알 수 없다. 우리 나라에서는 흥이 나거나 신이 나면 흔히 얼싸 얼싸라고 하는데, 그와 같은 부류의 것이 아닌가 싶다.

金明漢씨 외에도 동채싸움의 대장으로 출전한 일이 있는 宋鐘植씨나 趙鳳來씨 같은 분이, 이것의 재현에 도움이 되는 말씀을 많이 해 주시고, 고증도 해 주신 분들이다.

農藥의 도움을 받기로

학생들을 인솔해서 66년 10월 22일 아침 7시 40분, 안동역을 출발해서 중앙선으로 상경했다. 차전에 사용될 동채는 나무를 써야 하지만, 운반 문제도 있고 해서 대나무를 사용하기로 하고, 짐을 꾸렸었다.

서울에 도착해서 경연대회에 출전할 경상북도 대표들과 만났다. 거기엔 차전놀이 포함해서 모두 6개 종목이나 되었고 농악도 포함돼 있었다. 이것을 알자 새로운 생각이 떠올랐다.

지금까지 동채싸움은 안동중학교 학생이 학교 교정에서 했기 때문에 풍악을 쓰지 않고 했던 것이다. 따라서 전국경영대회에 참가하려고 온 지금도 그런 준비는 생각지도 않고 있었던 것이다. 옛날에는 의례히 꽹꽈리나 징, 북을 등등 올리면서 서로의 戰意를 북돋았을 것이란 생각에 미친 것이다.

곧 농악에 출연할 대표와 다른 대표들과 이 문제를 협의했다. 학생들의 차전놀이에 농악으로 흥을 돋우고, 더 박력을 가해 줄 수는 없는가 하고 말했다. 다른 대표들도 모두 찬성하고, 농악팀들도 협조할 것을 쾌히 승낙했다.

즉시 차전놀이 진행 과정과 그 흐름을 농악팀에게 자세히 설명해 주었다. 그들은 거기에 맞춰 어떤 장단을 택할 것인가를 서로 의논해서 결정해 나갔다. 이렇게 해서 다음 날의 차전놀이는 더욱 화려하고 신명이 나는 것이 되었던 것이다.

全國大會에서의 흥겨움

많은 관중 앞에서 처음으로 안동의 민속놀이를 발표하게 되는 만큼, 더욱 감명 깊은 인상을 주려면, 안동 천지가 뒤흔들릴 만큼 떠들썩하던 분위기를 조금이라도 더 재현해야겠다는 생각이 들 사람들이, 이기면 미칠듯이 기뻐 날뛰던 모양을 조금이라도 표현해야만 하는 것이다. 그 방법을 찾아내려고 숙소에서 혼자 골똘히 생각에 잠겼다. 그러노라니 좋은 생각이 번뜩였다.

승부가 결정이 나면, 진편은 슬금슬금 퇴장을 해 버리고, 이긴 편은 승리의 기쁨에 도취

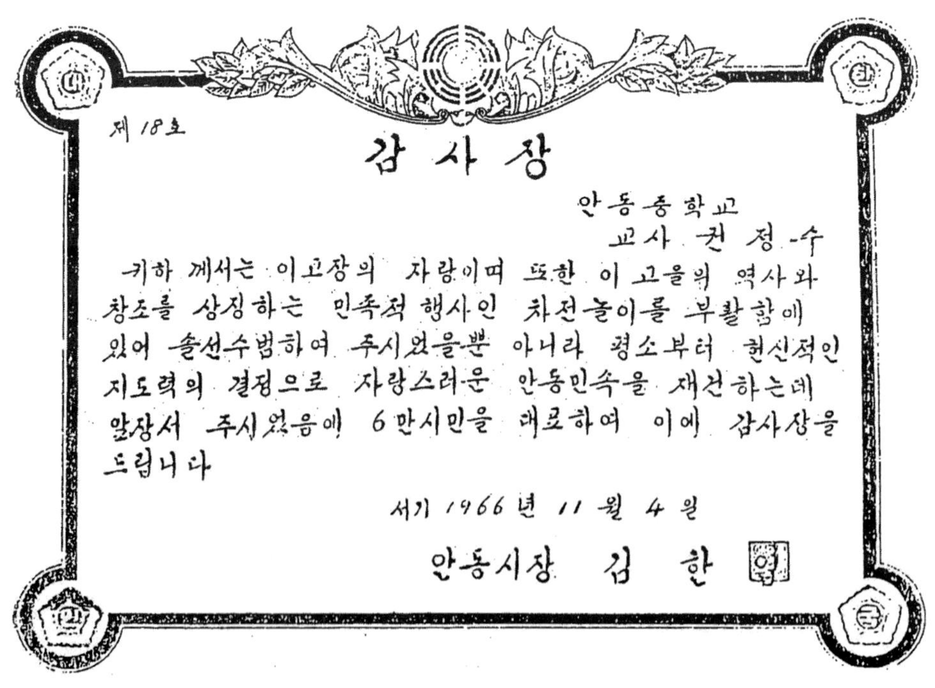

제 18호

감 사 장

안동중학교
교사 권정수

귀하께서는 이고장의 자랑이며 또한 이고을의 역사와 창조를 상징하는 민족적 행사인 차전놀이를 부활함에 있어 솔선수범하여 주시었을뿐 아니라 평소부터 헌신적인 지도력의 결정으로 자랑스러운 안동민속을 재건하는데 앞장서 주시었음에 6만시민을 대표하여 이에 감사장을 드립니다

서기 1966년 11월 4일

안동시장 김 한

돼서, 모두 신고 있던 짚신을 벗어 하늘 높이 집어 던지며 환성을 지른다. 거기에 맞춰 농약의 가락은 더욱 잦아지고 흥겨워진다. 이 흥겨움은 관중들에게도 그대로 전파될 것이란 확신이 생겼다, 이 방법은 학생들에게 가르쳐 주고 농악 팀과도 협의를 한 뒤에, 내일을 위해 모두 잠을 자게 했다. 출연 당일인 23일, 차전놀이 출연 팀인 학생들은 출전 복장으로 숙소인 종각 부근을 떠나 서울시청, 남대문으로 해서 남산 야외음악당으로 시가행진을 했다. 주위에서 보던 시민들은 박수를 치며 격려해 주었다.

농악을 곁들인 차전놀이는, 전에 학교에서 하던 것과는 판이할 만큼 농도가 짙은 것이 되었다. 학생들의 열기는 더욱 높아져서 보는 이들도 흥분이 되었다. 그 승강이 끝에 승부의 판가름이 나자. 이긴 편은 정말 신이 나서 하늘로 집어 던지는 짚신이 대회장을 어지럽혀, 전체가 흥분에 싸이고 박수 갈채가 우뢰와 같이 회장을 뒤흔들었다.

國務總理賞을 받고

이것이 2위인 국무총리상을 받게 되어 경상북도 대표들은 모두 자기 일처럼 기뻐했다. 무엇보다도 기뻤던 것은 안동의 동채싸움을 처음으로 전국에 선 보였다는 것과, 그것을 받아 들이는 사람들이 모두 흥겨워 했다는 사실이었다, 안동사람이라는 자랑스러움과, 안동에 오래 전해 내려오던 민속놀이를 전국 사람들이 그렇게 좋아하는 모습을 본 감격으로 가슴이 메어지며 눈물이 나왔다. 22일 상경할 때 김명한 선생님에게 (같이 올라 갑시다)고 말씀 드렸더니 (아니 내가 무엇하러 가겠소. 잘 가서 잘 하고 돌아 오시오)하고 격려해 주셨고 여러 가지 고증을 해 주시던 분들의 고마움이 새삼 느껴졌다.

수학여행의 여정도 끝내고, 25일 학생들을 인솔해서 돌아 왔다. 26일에는 KBS 안동방송국에서 차전놀이 출연상황을 방송했다. 앞으로의 차전놀이에 대해 참고가 될 이야기를 해 달라기에, 이것은 중학생 보다는 고등학생으로 대체하는 것이 더 훌륭할 것이라는 말을 했다.

안동시내 모든 기관장이 안동의 발전을 위해 매주 수요일에 모이는 수요회에서, 11월 4일 교장과 나에게 안동시장 명의로, 차전놀이 부활로 세운 공을 치하하는 감사장을 주었다.

安東高等學生들로 바꾸고

이런 연유로 해서 그 뒤로는 이것을 안동고등학교 학생이 하기로 했다, 다음해인 1967년도 전국 민속예술 경연대회는 부산에서 열리게 되어서 차전 놀이가 또 출전하게 되었다.

안동고등학교에서는 이것을 지도할 교사가 없어서 내가 매일 중학교에서 오전수업을 마치고, 고등학교로 가서 지도하게 되었다. 고등학교에서도 중학교 때와 같이 수학여행을 겸해서 출전했기 때문에 다소 긴장이 풀어져 있었던 것이다.

대회에 출전할 때, 나 한 사람쯤은 빠져도 별 영향이 없겠지하는 생각으로, 친척집에 간다든가 해서 빠져 나간 학생들이 있었다, 동부 편에서만도 20명 정도가 빠져 나가 버려, 맥이 빠져 경기가 제대로 열띠게 되지 못한 것이 그 이유였던 것이다.

이렇게 연 2회 차전놀이를 부활시켜 전국대회에 출전하다가, 다음 68년 3월초에, 서울의 보성고등학교로 전근이 돼서 안동을 떠났다.

全國에 傳達되는 놀이로

그러나 그 뒤, 안동에 계시는 여러분들의 노력으로 차전놀이는 점차, 본 모습으로 다듬어지고, 이제는 이것이 전국적 민속놀이로 발전되었다.

1970년에 안동 차전놀이의 전달 강습을 받으러 오라는 공문을 받고, 강습에 참가하기 위해 회장에 들어갔다. 거기에 와 있던 서울시교위의 申鉉淳장학사가 나를 보더니, "자기가 부활시킨 것을 강습 받으러 오는 사람이 어디 있나"라고 농을 걸었다.

안동에 가서 강습을 받고, 서울시내 체육 교사에게 전달 강습을 실시하기로 돼 있던 서울고교의 이달모 선생이, 신장학사의 말을 듣고는, 그 전달 강습을 그것을 부활시킨 나에게 사양해, 하는 수 없이 강사를 대신한 일이 있었다.

차전놀이의 본고장인 안동을 떠나 서울에서 근무하는 관계로, 직접 그것을 지도하고 인솔해서 시범을 보일 기회는 없었지만, 그것에 대한 애착은 버릴수가 없었다. 그래서 틈이 나는 대로 그것에 대한 문헌과, 내용에 대해서는 나름대로의 연구를 계속하지 않을 수가 없다.

나라를 代表하는 놀이로

다행히 전국대회에 3회째 출전해서 1968년에는, 대통령상을 받았다. 그리고 뒤이어 69년 1월 7일에는 그것이 무형문화재 24호로 지정을 받았고, 처음 이것을 고증해 주신 세 분 가운데 한 분인 金明漢옹이 역시 무형 문화재 24호 기능 보유자로 지정되었다.

이것의 원형을 찾는 데는 사단법인 안동 차전놀이 보급회가 설립되어, 거기에서 여러 면으로 연구한 노력도 적지 않은 寄與를 한것이다. 안동고등학교가 이것을 전국에 보급시키는데 애쓴 보람도 매우 크다 하겠다.

안동 차전놀이가 민속예술 경연대회에 출전하기 전에는, 주로 무대에서 하는 것이 主種을 이루고 있었다. 그러나 이것이 그 많은 인원을 동원해서 출전한 이후로는, 다른 지방에서도 그런 대형 민속놀이를 들고 나와. 이제는 무대가 아닌 광장을 메우는 것들이 많이 개발되었다. 이렇게 燎原의 불길을 일으킨 것이, 바로 차전놀이었고, 그것을 부활시키는데 心血을 기울였던 것이 자랑스럽다. 안동의 민속놀이가 이젠 우리나라의 민속놀이가 됐다.

일제 침략을 받을 때, 우리말과 글, 그리고 우리 성과 이름마저 빼앗겼을때, 우리 민속도 많이 抹殺되기도 했다.

해방 이후에 노도처럼 밀어닥친 西洋文物때문에 이런 경향은 더욱 심해졌던 것이다. 그러니 우리 민속은 거의 50여년의 暗黑期를 겪는 동안, 그것이 잊혀지고 原型은 자꾸만 사라져 간 것이다.

다행스럽게도 20년 전 쯤부터 민족적 自覺心이 잠을 깨, 눈을 뜨게 된 뒤로 늦은 感은 있으나, 하나 둘씩 되살아난 것은 더할 나위 없이 반가운 일이다.

아직도 묻혀 있는 우리 고장의 민속놀이들이 자꾸 발굴 재현 되었으면 하는 것이 소원이다.

앞으로 열릴 아시안 게임이나 88년의 서울 올림픽을 통해, 이것을 전 세계에 알리게 될 것을 생각만 해도 흐뭇하고 가슴이 뛴다.

安東의 書院現況

柳佾坤 (롯데製菓 營業所長)

書院은 본래 唐나라 玄宗때 부터 유례된 것으로 先賢을 제사하는 祠와 子弟를 교육하는 齋가 合하여 設立되었다. 우리나라에서는 李朝中期부터 普及된 民間私學기반으로 1542년(中宗時) 豊基郡守 周世鵬이 現慶尙北道 榮州 順與에서 高麗때 學者 安珦을 모시는 祠堂을 짓고 이듬해 白雲洞書院이라 한 것이 그 최초의 본격적인 우리나라의 書院이다. 1550년 李退溪의 要請으로 임금이 白雲洞書院에 紹修書院이라는 額을 下賜함과 아울러 책 · 노비 · 田結 등을 주어 장려함이 賜額書院의 시초다.

본래 書院設立의 목적은 尊賢尙德의 思想에서 나온 先賢에 대한 享祀와 鄕里子弟에 대한 교육과 지식의 전달을 위한 書籍의 出版, 文庫를 두어 書冊과 文獻의 보존에 있었으나 數的인 濫設과 累設로 인한 병폐, 특히 肅宗 이후부터는 朋黨에 가담하여 黨爭의 本山이 되고, 양민을 토색하고 軍役의 기피가 증대하여 1664년부터 書院設置를 制限한 일도 없지 않았다. 그 후 계속하여 英祖 · 正祖 · 哲宗 등도 서원정비에 노력하였으나 성과를 거두지 못하였다. 正祖때는 650개의 書院이 全國에 散在하였고 1864년 大院君攝政時書院에 대한 모든 특권의 撤廢와 累設을 엄금하였으니 京鄕各地 儒林들의 항쟁에도 불구하고 세상에 길이 보존해야 할 47개 畵院만 남겨놓고 毁撤하였다.

이 중 30%가 당시 8道 중 慶尙道에 偏在하였으니 陶山 · 屛山書院이 이에 속하나 名儒碩學을 배출하고 민중의 정신적 支柱가 된 儒林社會, 특히 退溪學統의 꾸준한 繼承과 李朝儒教文化의 본고장인 安東이 이젠 곰팡내 나는 典籍의 放置로 세인에게 잊혀져 가고 있다. 學問과 淸廉과 義로 일관된 선비정신의 産室이 書院이었으며 한편 朋黨의 疾患을 앓던 病棟이 書院이기도 하였다. 이에 現存 24個所의 安東市郡 所在 書院을 調査하여 그 내력을 알아보기로 한다. 이런 일을 通하여 安東文化一般을 理解하는데 一助가 될 수 있기 때문이다.

鏡光書院

所在 : 安東郡 西後面 金溪洞 92

主享 : 栢竹堂 裵尙志 胄孫 裵德璇

敬堂 張興孝 張碩基

慵齋 李宗準 李成鎬

본래 金溪洞 동쪽 沙川위에 옛날 有定寺란 절이 있던 것을 宣祖元년(1568) 書堂으로 세워 顯宗時(1662)에 鏡光精舍라 改稱하고, 栢竹堂·慵齋 兩先生을 奉享하였으며 仁祖 27년(1649)에 春披에 創建하여 敬堂선생의 位牌를 奉享하고 있으며 肅宗時(1686)에 鏡光書院으로 높여서 세 분의 위패를 尊賢祠에 모시고 春秋享祀를 치르고 있다.

裵尙志

號는 栢竹堂, 本貫은 興海이며 高麗시대 官職은 判司僕寺事이나 벼슬에 뜻을 끊고 李朝時代에 累次 조정의 부름을 거부하고 冶隱 吉再와 道義相交하였다.

1690년 士林의 疏請으로 資憲大夫兵曹判書에 贈職되었으며 父는 興海郡詮佺이다.

張興孝

明宗甲子(1564) ~ 仁祖癸酉(1633) 字는 行原, 號는 敬堂이며 本貫은 安東이다. 金鶴峰 柳西厓에게 배우고 後에 鄭寒岡門下에 修學하여 文名이 높았으며 仁祖때 蔭補로 昌陵參奉에 任命되었으나 부임전에 卒했으며, 肅宗 15년(1699)에 士林의 請額疏로 特贈持平이 되었으며 著書는 敬堂集이 있다.

李宗準

燕山己未(1499), 字는 仲匀, 號는 慵齋, 慵軒, 浮休, 尙友堂, 本貫은 慶州다. 金宗直의 門人이며 1485년 文科及第하여 義城縣監으로 慶尙道地圖를 製作하였으며, 뒤에 書狀官으로 明나라에 다녀왔다. 戊午史禍로 富寧으로 流配되어 가던 중 端川 磨谷驛에 이르러 벽에다 李師中의 詩를 써서 붙인 것이 불온하다는 혐의와 茂豊正摠을 무고했다는 罪로 서울로 압송 사형되었다. 詩·書·畵에 能하고 나중에 副提學에 追贈되었으며 著書로 慵齋遺稿가 있고 大司憲 繩直의 孫子다.

高山書院

所在 : 安東郡 南後面 光音洞 34

主享 : 大山 李象靖

先生이 1767년 2월 現書院 東南편에 高山精舍 3間을 建立하고 수시로 제자와 강론하던 곳으로 선생의 遺德을 추모하기 위해 卒後 3년에 士林의 發論으로 書院建立을 추진 1789년 完工하였으나, 1868년 大院君의 書院毁撤로 靜虛摟 14間이 撤去되고 지금은 그 자리만 남아 있다.

李象靖

肅宗庚寅(1710) ~ 正祖辛丑(1781) 字는 景文, 號는 大山이며, 本貫은 韓山이요, 諡는 文敬公이며 外祖父 密菴李栽門人이다. 1735년 成均進士, 文科及第하여 持平, 兵曹叅知, 禮曹, 刑曹叅議, 承文院副正字로 있다가 1737년 벼슬을 사퇴하고 還鄕하였다. 本第一直 蘇湖里 大石山下에 大山書堂을 짓고 講學에 힘쓰니 京鄉各地의 名儒가 雲集하였다. 蘆厓 柳道源, 後山 李宗洙, 川沙 金宗德, 立齋 鄭宗魯, 東岩 柳長源, 龜窩 金垵, 葛川 金熙周, 廣瀨 李野淳, 約窩 李顯靖, 華岩 李師靖外 數百名의 李朝碩學들이 여기서 배출되었다. 退溪의 學統을 繼承하여 性理學을 硏究하는 後進養成에 힘썼고, 卒後 35년에 贈嘉善大夫 吏曹叅判 義禁府事 弘文館提學同知 春秋館成均館事로 追贈되었으며, 1866년에 贈吏曹判書 大提學이며 著書는 約中編制, 退陶書節要敬齋箴集說, 朱子節要解理氣彙編, 大山集이 있으며 父는 觀稼堂 泰和다.

芹城書院

所在 : 安東郡 一直面 造塔洞 359

主享 : 毅菴 金仁贄 冑孫 金秀默

1812년에 義城郡 安平面 河寧洞에 尼谷書院으로 創建되었으나, 大院君書院毁撤로 없어지고 1922년 지금의 자리에 重建하고 芹城書院이라 개칭하여 春秋享禮를 치르고 있으며 配位는 遠聞 金以鏗.

金仁賛

太祖元年(1392), 號는 毅菴, 本貫은 楊根, 楊根金氏시조이며, 諡는 忠愍公이다. 1376년 北青千戶가 되고 1390년 密直 副使로 李成桂를 따라 威化島에서 回軍, 1392년 同知密直司事에 올랐고 朝鮮開國의 功으로 中樞院使 義興親軍衛 同知節制使가 되었고 卒後 開國功臣 一等으로 益和君에 追封, 父는 典書 存一이다.

岐陽書堂

所在 : 安東郡 臨東面 水谷洞 697

主享 : 檜軒 柳義孫

岐峰 柳復起　　冑孫 柳鍾駿

1615년에 贈吏曹叅判 岐峰선생이 諸子孫의 修學을 위해 創建한 書堂으로 선생의 5代孫 月會堂 元鉉(進士)이 別廟를 併設해 1780년에 岐峰, 1806년에 檜軒선생의 위페를 追奉享祀케하여 매년 春秋祭享하고 있다.

柳義孫

定宗戊寅(1398) ~ 文宗庚午(1450) 字는 孝叔, 號는 檜軒, 本貫은 完山이다. 1419년 生員, 1426년 文科及第 禮文館에 들어가 監察에 이르렀고, 修撰이 되어 1436년 重試에 2等으로 及第하여 直提學에 이르렀다.

世宗의 寵愛를 받아 承政院 同副承旨에 뽑히고 都承旨가 되었으며 吏曹叅判禮曹叅判을 거쳤다. 선생이 喪을 當하여 몸이 쇠약하매, 世宗이 고기를 下賜하며 補身하기를 권했으며, 應一旨製綱目의 訓義序와 無寃錄序를 하였고, 末年에는 落鄕하여 黃方山에 笑臥亭을 짓고 유명한 詩를 남겼으며, 直提學 濱의 아들이며 著書에 檜軒逸稿가 있다.

柳復起

明宗乙卯(1555) ~ 光海丁巳(1617) 字는 聖瑞, 號는 岐峰이며, 本貫은 完山, 外三寸鶴峰門人이다. 鄭寒岡과 學文으로 交遊하였으며, 1592년 辰亂에 近始齋 金核, 琴易堂 裵龍吉과 壬義兵을 일으켜, 慶州전투에서 金垓가 죽자 同志들과 八公山에 모여 抗戰을 맹세했고, 戰火로

굶주려 방랑하는 백성들을 賑恤했다. 뒤에 禮賓寺正에 이르렀으며, 檜軒의 5代孫, 贈司僕寺正城의 長男이다. 壬辰昌儀의 功으로 吏曹叅判에 贈職되었으며, 著書는 岐峰逸稿가 있다.

魯東書社

所在 : 安東郡 豊川面 佳谷洞 614

主享 : 屛谷 權 榘 冑孫 權鍾萬

1833년 士林의 發起로 建立한 것으로 書院은 造營하지 못하고 書社만 지었고, 위패도 현재 모시지 못하고 있다.

權 榘

顯宗壬子(1672) ~ 英祖己巳(1749) 字는 方叔, 號는 屛谷이며, 本貫은 安東이다. 葛菴 李玄逸 門人으로 과거에 뜻을 두지 않고 六經과 四書를 硏究天文 籌數 卜筮 兵家에 通達하였다. 鄕里에 社倉을 열어 빈민을 구제하고 鄕約을 실시하여 良風을 일으켰다. 1859년 持平, 1891년 吏曹叅判에 贈職되었으며, 文科正郎 塼의 孫子다. 曹書는 屛谷集, 時調로 屛山六曲이 있다.

道溪書院

所在 : 安東郡 北後面 道村洞 259

主享 : 玉峰 權 暐 冑孫 權五成

士林의 發起로 祠堂을 慕賢祠, 講堂을 明倫堂이라 하였다. 大院君 書院毁撤로 없어졌다가 1928년 復享되어 春秋享禮을 지내고 있다.

權 暐

明宗辛亥(1551) ~ 仁祖庚午(1630) 字는 叔晦, 號는 玉峰이며, 本貫은 安東이다. 金鶴峰, 趙月川, 金惟一 齋門人이며, 21세에 東堂別試에 壯元, 36세에 道村에다 晩對軒을 짓고, 鄕內諸友를 講論하고 文科及第 후 工曹佐郞, 海美縣監, 慶州敎授, 刑曹 · 禮曹正郞을 거쳤으나, 거

의 赴任치 않았고 著書에 玉峰集이 있다.

陶山書院

所在 : 安東郡 陶山面 土溪洞 680

主享 : 退溪 李 滉 胄孫 李東恩

1557년 陶山書堂과 隴雲精捨를 僧法蓮을 시켜 짓기 시작하여 1560년 僧 淨一이 完工, 1574년 士林의 發起로 선생의 위패를 奉安하고 春秋祭享하며, 宣祖大王이 額字(韓石峰親筆)를 下賜하였고, 正祖는 試士壇에 地方科擧를 보인 바 있고 선생의 首弟子의 한사람인 月川 趙穆은 退溪선생으로부터 받은 書簡文을 모아 作貼한 師文手簡에 跋文을 써서 書院에 保存케 했다.

總建物 30棟과 주위 林野 98, 296坪을 史蹟 170호로 指定, 尙德祠는 寶物 210호, 典敎堂은 211호로 指定됐으며, 1969~1970년 2년간 朴正熙大統領의 特指로 서원의 주위환경 전체건물을 解體復元하였다.

李 滉

燕山辛酉(1501) ~ 宣祖庚午(1570) 字는 景浩, 號는 退溪, 陶翁, 諡는 文純公이며 本貫은 眞寶다. 12세에 叔父 松齋 李堣에게 學問을 배웠고, 1523년 成均館에 入學, 1528년 進士가 되었다. 1534년 文科及第, 副正字, 典籍, 戶曹佐郞, 正言, 校理, 忠清道暗行御史, 掌令, 大司成을 거쳐 1545년 乙巳士禍때 李芑에 의해 削職당했으나 이듬해 司僕寺正이 되고, 應敎를 거쳐 이듬해 丹陽과 豊基郡守, 1552년 大司成에 再任, 刑曹 兵曹叅議, 副提學, 工曹禮曹判書, 右贊成을 거쳤다.

朱子學을 集大成한 大儒學者로 李珥와 함께 儒學界의 쌍벽을 이루며, 豊基郡守로 있을 때 敎育事業에 관심을 두어 周世鵬이 세운 白雲洞書院에 紹修書院이라 賜額을 내리게 하여 最初의 賜額書院으로 했고, 陶山書院을 創設하여 後進養成에 힘썼으며, 學問硏究에 전심하여 詩 文 글씨에 뛰어났고, 中宗 明宗 宣祖의 지극한 존경을 받았으며, 文廟宣祖의 廟庭에 配享, 단양의 丹岩書院 槐山의 華岩書院 및 全國의 수십개 書院에 祭享되고, 지금도 韓國, 日本, 中國等地에서 退溪學의 연구가 활발히 성하고 있으며, 父는 進士 埴이고, 著書는 退溪全書(修

正天命圖說, 聖學十圖, 自省錄, 朱書記疑, 心經釋疑, 宋季之明理學通錄, 古鏡重磨方, 朱子書節要, 理學通錄, 啓蒙傳疑, 經書釋義, 喪禮問答, 戊辰封事, 退溪書節要, 四七續編, 陶山12曲)이 있고, 領議政에 追贈되었다.

東山書院

所在 : 安東市 龍上洞 1293

主享 : 思庵 千萬里 主孫 千炳圭

1961년 士林의 發議로 建立되었으며, 淸道의 影幀閣, 固城의 不祧廟, 釜山의 子城臺에 戰捷遺跡碑, 聞慶의 魯陽閣 등으로 數百년 전부터 奉祀하고 있는데도 第一의 儒鄕인 安東에 선생을 奉享치 못해 10월 影幀과 위패를 동시에 奉安, 春秋享禮를 치르고 있다.

千萬里

中宗癸卯(1543) ~ ? 字는 遠之, 號는 思庵, 諡는 忠壯公이며 22세에 文科及第했다. 본래 中國 魯나라 穎陽사람으로 1592년 壬辰亂때 領糧使로 아들 祥과 함께 李如松을 따라왔다가 朝鮮에 出征, 평양 郭山 등에서 전공을 세웠다. 1597년 丁酉亂때 麻貴와 함께 와서 蔚山싸움에 참전, 明나라 군사가 回軍할 때 그대로 머물렀다. 뒤에 花山君에 奉해지고 固城 虎岩祠 등에서 祭享되고 있으며, 著書는 思庵實記가 있다.

默溪書院

所在 : 安東郡 吉安面 默溪洞 735

主享 : 寶白堂 金係行 冑孫 金海東

凝溪 玉 沽

1706년 士林의 發起로 創建되었으며, 齋樓神厨와 門墻을 구성하니 淸德祠, 立敎堂, 克己齋, 挹淸樓, 進德門이 完成되었다. 1868년 大院君 書院毁撤로 없어지고, 그 뒤 復設치 못하고 1925년 講堂만 建立하였다.

金係行

世宗辛亥(1431) ~ 中宗辛巳(1521) 字는 取斯, 號는 寶白堂, 諡 定獻公이며, 本貫은 安東이다. 1447년 進士, 金宗直과 交遊, 星州 忠州教授, 1480년 文科及第, 高靈縣監, 副修撰을 지냈으며, 이로부터 三司의 벼슬에서 떠나지 않았으며 연산군때 大司諫으로 戚臣들의 잘못을 논박했으나 시정되지 않자 벼슬을 버리고 隱居했다. 1498년 戊午士禍때 두번 투옥, 1504년 甲子士禍때 투옥됐고, 吏曹判書에 贈職되었으며, 淸白吏에 올랐다. 縣監三近의 아들이며, 著書에 寶白堂文集이 있다.

玉 沽

字는 待售, 號는 凝溪, 本貫은 玉寧이다. 金海南山에서 出生했고, 成均館典籍正言, 太常少尹, 安東府通判, 大邱通判, 禮曹正郎, 掌令을 지냈고 淸白吏에 錄되었으며, 後學에도 힘을 써서 成三問, 朴彭年과 같은 俊才를 輩出하기도 하였다.

屏山書院

所在 : 安東郡 豊川面 屏山洞 31

主享 : 西厓 柳成龍 胄孫 柳寧夏

원래는 豊山縣에 있던 豊岳書堂으로서 高麗時代부터 地方儒林들이 修學해오던 곳이다. 고려 공민왕이 紅巾賊亂을 피해 이 지방에 왔다가, 本書堂에서 儒生들이 공부하는 모습을 보고 가상히 여겨 賜牌地와 書冊을 下賜하였다. 下賜한 곳은 지금의 醴泉郡 甘泉面 놋점인데 林野 103정보와 田沓이 남아있다. 그 뒤 이 書堂이 大路邊에 있으므로 1572년 西厓선생이 閑寂한 지금의 자리로 옮기고 屏山書院으로 개칭하였다. 壬亂時 전화를 입었으나 선생이 卒한 뒤 1614년 重修하였으며, 尊德祠를 세웠다. 1629년 中國 宋代古事에 따라 3男 修岩(柳袗)公을 配享했고 總建物 13棟과 주위 林野 田畓 垈地 등 15筆 6825坪을 史蹟 260호로 指定 保護하고 있다(1977년 12월).

柳成龍

中宗壬寅(1542) ~ 宣祖丁未(1607) 字는 而見, 號는 西厓, 諡는 文忠公이며, 本貫은 豊山이

고 退溪門人이다.

1564년 司馬試에 1566년 文科及第, 副正字, 1569년 聖節使 書狀官으로 明나라에 다녀오고, 監察, 典籍, 工曹佐郎, 修撰, 正言, 吏曹佐郎, 應教, 直提學, 副提學, 尙州牧使, 大司諫, 都承旨, 大司憲, 慶尙道觀察使, 禮曹判書, 大提學, 兵曹判書, 吏曹判書, 右議政, 光國功臣三等, 豊原府院君, 左議政, 都體察使, 領議政, 平安·忠清·慶尙·全羅都體察使·領議政, 四道都體察使, 1604년 扈聖功臣 二等, 道學文章 德行 글씨로 명성을 떨쳤음. 父는 觀察使 仲野이며, 著書는 西厓集, 懲毖錄(國寶132號), 愼終錄, 喪禮攷證, 永慕錄, 觀化錄, 雲岩雜記, 亂後雜錄, 戊午黨譜, 鍼經要義, 大學衍義抄, 皇華集, 九經衍義, 文山集, 精忠錄, 孝經大義, 退溪先生年譜.

鳳岩書院

所在：安東郡 豊山邑 梅谷洞 59

主享：허현瀕南應元 胄孫 南斗煥

1861년 上樑은 參判 金坎, 都正柳 李鎭東 등이 주장하여 道會로 建立하였다. 그 뒤 大院君 書院毁撤로 없어지고 1928년 世德祠를 다시 짓고, 1962년 書院으로 復設하였으며 配享에 懶齋 南隆達, 由由軒 南碟, 孤岩 南天漢선생의 위패가 奉安되어 있다.

南應元

中宗己亥(1539) ~ ? 字는 仁仲, 號는 許瀕, 本貫은 英陽이다. 1675년 선생의 孫 生員 磁가 朝廷에 陳情하여 旌閭에 時典이 내렸고, 그 前 宣祖時에는 鄕中人士와 書院代表들이 狀報를 올려 道臣 兪泓, 柳昌門, 鄭芝衍, 鶴峰 등이 차례로 朝廷에 告하므로, 宣祖가 두번이나 포상했고, 그 후 曾孫 天澤으로 인해 司僕寺正에 贈職되었다.

汾江書院

所在：安東郡 陶山面 雲谷洞 163

主享：聾岩 李賢輔 胄孫 李龍九

1612년 士林의 發起로 鄕賢祠에 위패를 奉安하고, 1700년 愛日堂 南쪽에 세웠다. 1724

년 御使 柳綏가 宣額을 啓請하였으나 이루지 못하고 1868년 大院君書院毁撤로 없어졌다.

1907년 復設을 위해 修契가 되어 50년 뒤 講堂이 建立되었다. 影幀을 奉安하고 1967년 道會를 열고 書院揭板을 하여 享禮를 치르고 있으며, 1976년 安東댐 水沒로 지금의 자리에 移建하였다.

李賢輔

世祖丁亥(1467) ~ 明宗乙卯(1555) 字는 棐中, 號는 聾岩, 諡는 孝節, 本貫은 永川이다. 1498년 文科及第하여 校書官, 1504년 正言으로 있을 때 書筵官의 非行을 論하다가 安東으로 流配, 1506년 中宗反正으로 持平에 復職, 密陽 · 安東府使, 忠州牧使, 1523년 星州牧使로 善政을 베풀어 王으로 부터 表裏를 下賜받았다. 다시 副提學, 大丘府尹, 慶州府尹, 慶尙道觀察使, 刑曹參判, 1542년 戶曹參判에 이르러 은퇴를 청했으나 허락되지 않으므로 溫泉浴을 핑계로 落鄕, 1546년 上護軍, 資憲大夫가 되고, 1554년 知中樞府使가 되었다. 自然을 노래한 많은 時調를 지었는데 10章으로 傳하며 漁父詞를 5章으로 고쳐 지은것이 靑丘永言에 실려 傳한다. 著書는 文集, 效嚬歌, 聾巖歌, 春眠曲, 父는 현감 欽이다.

泗濱書院

所在 : 安東郡 臨河面 思義洞 621

主享 : 靑溪 金 璡 六父子 冑孫 金時雨

1681년 士林과 子孫들이 合議하여 靑溪先生을 主享하고, 5兄弟(藥峰 金克一 退溪門人 文科司憲府掌令, 龜峰 金守一 退溪門人 薦察訪, 雲岩 金明一 退溪門人 生員, 鶴峰 金誠一(見 臨川書院) 南嶽 金復一(退溪門人 文科郡守)를 配享하였으나, 大院君 書院 毁撤로 없어지고, 現在 講堂과 厨舍만 남아 있는데 1958년 道費로 重修하였다.

金 璡

燕山庚申(1500) ~ 宣祖庚辰(1580) 字는 瑩仲, 號는 靑溪, 本貫은 義城이다. 1525년에 生員, 太學에서 修學, 成三門, 河緯地와 同榜으로 及第하여 三司를 거쳐 知承文院事에 있었고, 一生을 子孫을 위한 事業에 전념하여, 5兄弟가 전부 退溪門人이며 3兄弟가 大科, 兄弟가 小

科에 及第하여 세상에서 五子登科宅이라 하였다. 後日 子孫이 번성할 것을 예견하고 5兄弟를 모두 원거리에 散居토록 했으니, 藥峰은 川前, 龜峰은 望湖洞(나중에 川前에 歸鄕), 雲岩은 新德, 鶴峰은 金溪, 南嶽은 醴泉 九溪에 各各 分散시켰다. 鶴峰으로 인해 吏曹叅判, 다시 吏曹判書에 追贈되었다.

西山書堂

所在 : 安東郡 一直面 院洞 175

主享 : 牧隱 李穡 主孫 李長遠

1771년 牧隱선생을 主享하여, 睡隱 李弘祚선생을 配享으로 建立되었다.

李 穡

1328 ~ 太祖丙子(1396) 字는 潁權, 號는 收隱, 諡는 文靖이며, 李齊賢의 門人이다, 1341년 進士, 1348년에 元나라에 가서 國子監의 生員이 되어 性理學을 연구, 1351년 부친상으로 귀국, 1352년 田制의 개혁, 국방계획, 교육의 진흥, 불교억제에 관한 건의문을 올렸다. 이듬해 鄕試와 征東行省의 鄕試에 1等合格, 書狀官이 되어 元나라에 가서 會試에 1等, 殿試에 2等했다. 그의 학문은 朝鮮 性理學의 主流를 이루게 했다. 長湍의 臨江書院, 淸州의 華巷書院, 韓山의 文獻書院, 영월의 丹山書院에 配享, 著書에 牧隱詩藁, 牧隱文藁가 있다.

易東書院

所在 : 安東郡 臨河面 松天洞 391

主享 : 易東 禹 倬 　冑孫 禹聲九

원래 禮安面 浮浦洞에 退溪선생이 易東先生의 道學과 節義와 志操를 欽慕하여 1570년 書院을 剏建하고, 諸生과 心經을 講論하였던 곳으로, 大院君書院 毁撤로 없어졌다. 1966년 다시 開基, 1969년 10월 完工復設하였다. 1684년 肅宗의 御筆賜額은 紛失하였고, 懸板은 退溪親筆이며, 書籍은 陶山書院 光明室에 保管 中이다.

禹 倬

1263 ~ 1342 字는 天章, 號는 易東, 諡는 文僖, 本貫은 丹陽이다. 文科及第하여 寧海司錄으로 부임한 뒤 민심을 현혹하는 妖神의 祠堂을 철폐하고, 1308년 監察糾正으로서 忠宣王이 淑昌院妃와 밀통하자 이를 극간 뒤에 물러나 禮安에 돌아갔다. 忠肅王이그 忠義를 가상히 여겨 累次 불렀으나 듣지않고 글을 벗하다가 뒤에 成均祭酒가 되었다. 程朱學에 관한 書籍이 들어왔으나 이를 해득할 者가 없자 한달동안 연구하여 이를 해득 後進을 가르쳐 經史와 易學은 물론 卜筮에도 能通했다.

詩調2首가 전해지고 있으며 丹陽의 丹岩書院, 寧海의 丹山書院에 配享되고 있다.

龍岡書院

所在 : 安東市 龍上洞 63

主享 : 孤雲 崔致遠 胄孫 崔元漢

1971년 착공, 1975년 10월에 影幀奉安, 龍岡祠宇를 建立하였고, 1977년 3월에 書院으로 昇格하여 院額을 걸고 春秋享禮를 치르고 있다.

崔致遠

878 ~ ? 號는 孤雲, 海雲, 慶州崔氏의 始祖다. 唐나라에 유학, 科擧에 及第하고 宣州 漂水縣尉가 되었으며 承務郎侍神史內供奉에 올라, 紫金魚袋를 下賜받았다. 討黃巢檄文의 名文으로 명성을 떨치고 歸國. 大山 天嶺 富城의 太守를 지내고 그 후 亂世를 비관하며 各地를 유랑하다가 가야산 海印寺에 들어가 여생을 마쳤다. 글씨를 잘 써서 鸞郎碑序文은 新羅時代의 花郎道를 해설해 주는 귀중한 자료가 되고, 高麗顯宗때 內史令에 追贈 文廟에 配享 文昌侯에 追封되었다.

泰仁의 武成書院, 慶州의 西岳書院, 咸陽의 栢淵書院, 永平의 孤雲影堂에 祭享. 著書에 桂苑筆耕 中山覆簣集, 釋順應傳이 있다.

月川書院

所在 : 安東郡 陶山面 東部洞 589

主享 : 月川 趙穆 冑孫 趙東冑

1539년 創建된 建物로 月川先生이 修道講學하던 곳인데 이곳에서 많은 良才가 배출되었고 懸板은 退溪親筆이다.

趙 穆

中宗印中(1524) ~ 宣祖丙午(1606) 字는 士敬, 號는 月川, 東皐, 本貫은 橫城, 退溪門人이다. 1552년 生員, 1571년 吏曹의 薦으로 童蒙教官, 泰陵參奉에 任命되었으나 사퇴, 뒤에 成均館의 薦으로 集賢殿參奉이 되었다가 곧 사직, 1576년 奉化縣監, 1594년 主簿로서 日本과의 강화를 반대하는 上疏를 하고, 1601년 工曹叅判, 文章과 글씨에 能하고 醴泉의 鼎山書院, 奉化의 文岩書院에 祭享. 師文手簡八卷, 月川集, 因知雜錄이 있고 父는 大椿이다.

隱谷書院

所在 : 安東郡 臨河面 松川洞 337

主享 : 隱谷 朴 璡 冑孫 朴春陽

1691년 儒林의 發起로 創建되었고, 1765년 重建했으며, 1822년 增築하였으나, 6·25때 遺蹟은 없어지고, 建物의 形體에 部分만 修理하여 오던 중, 안동댐 水沒로 國費로 1974년 지금의 자리에 移建하였다.

朴 璡

成宗丁酉(1477) ~ 明宗丙寅(1566) 號는 隱谷이며 1549년 嘉善大夫 同知義禁府事의 敎旨를 下賜받았다.

臨川書院

所在 : 安東市 松峴洞 704

主享 : 鶴峰 金誠一 冑孫 金時寅

1607년 臨河西쪽 臨川에 鄕舍를 세우고 위패를 奉安하였다가, 1628년 廬江書院으로 옮겨 退溪 西厓와 配享했다. 그 뒤 1847년 선생의 亭子인 石門精舍 서쪽에 書院을 세우고 臨川의 옛 懸板을 揭掛하였으나, 大院君賚院毁撤때 없어졌다. 市內玉洞에 講堂만을 지었다가 嶺南儒林의 復院疏를 올려 1908년 지금의 자리에 移建 春秋享祀를 지내고 있으며, 復院疏時 嶺南疏首 石隱 柳基鎬, 慷齋 金獻洛, 愚軒 金養鎭 등이 流配당했다.

金誠一

中宗戊戌(1538) ~ 宣祖癸巳(1593) 字는 士純, 號는 鶴峰, 諡는 文忠, 本貫은 義城이며 退溪門人이다.

1564년 生員, 1568년 文科及第, 正言, 1577년 謝恩使의 書狀官으로 明나라에 다녀오고, 掌令, 副提學, 羅州牧使, 刑曹參議를 거쳐 通信副使로 日本을 다녀왔다. 慶尙道兵馬節度使招諭使, 慶尙右道觀察使, 巡察使, 贈吏曹判書. 1572년 端宗의 墓封植과 死六臣의 관작회복을 請하는 疏를 처음 올렸으며, 刑曹叅議로 在任時 君王의 治法을 叙述 十條疏를 올리고, 壬辰亂때 晋州싸움에서 전사했다. 宣務原從功臣一等에 錄하고, 英陽 英山書院, 安東의 泗濱書院, 羅州의 大谷書院, 義城의 永溪書院, 河東의 永溪書院, 安德의 松鶴書院, 晋州의 慶林書院에 配享되었다.

贈判書 靑溪 金璡의 4男이며, 著書는 鶴峰集, 喪禮考證, 朝天日記, 北關日記海槎錄이 있다.

臨湖書院

所在 : 安東郡 臨河面 臨河洞 912

主享 : 雲川 金 涌 冑孫 金石泰

1853년 士林에서 臨河 白雲亭 北쪽에 建立하였다가 1862년 岳沙로 移建하였고, 1921년 現地로 移建 후 享禮를 치르지 않았으며, 지금은 舊建物만 保存하고 있다.

金 涌

明宗丁巳(1557) ~ 光海庚申(1620) 字는 道源, 號는 雲川, 本貫은 義城이다. 1590년 文科及第, 正字, 史官, 1592년 壬辰亂時 安東守城大將으로 항쟁했고, 7월 平安道 江西에서 宣祖大王의 行在所에 취임하여 禮文館檢閱兼春秋館記事官으로 임금을 扈從, 이때의 日記가 寶物 484호로 指定되었으며, 1598년 領議政 柳西厓가 謀陷을 받아 削職되자, 함께 배척을 받아 散官 善山府使 醴泉郡守등 外職에 있다가, 尙州 洪州牧使, 編修官으로 宣祖實錄에 참여했으며, 宣務原從功臣에 登錄되었다.

文忠公 鶴峰先生의 侄이며 退溪先生의 孫婿다. 著書는 雲川集 扈從日記가 있다.

芝山書堂

所在 : 安東郡 臨東面 知禮洞 637

主享 : 芝村 金邦杰 冑孫 金時潤

1750년 地方後孫 및 士林의 發意로 創建하여 講學之所로 使用되어 오던 곳으로, 數次 改補修하여 지금에 이르고 있다.

金邦杰

仁祖癸亥(1623) ~ 肅宗乙亥(1695) 字는 士興, 號는 芝村, 本貫은 義城이다. 1660년 文科及第, 持平, 監察, 正言, 掌令, 修撰, 承旨, 應教, 兵曹叅議, 大司成, 縣監, 1689년 大司諫이 되었으나, 이 해 仁顯王后閔氏가 폐위되자 諫官으로 王의 과오를 사전에 방지하지 못한 자책감으로 落鄕하였다.

救恤疏, 英陽復縣疏, 邦禮疏 등 政事와 時弊에 대한 是正의 疏가 16~17回나 되고, 1689년 肅宗으로부터 大學衍義를, 1691년 임금의 命에 의해 그린 興政堂親政圖와 宣醞圖를 下賜받았으며, 己巳疏로 全羅道 同福으로 流配되었다. 父는 贈執義 瓢隱 是榲이며, 著書에 芝村集이 있다.

靑城書院

所在 : 安東郡 豊山邑 幕谷洞 207

主享 : 松岩 權好文 胄孫 權五相

1608년 士林의 發起로 現鳶魚軒터에 創院하여, 1612년 위패를 奉安하고, 1767년 現位置로 移建. 1868년 大院君 習院毁撤時 없어졌다가, 1909년 復設하여 위패를 奉安하였다.

權好文

中宗壬辰(1532) ~ 宣祖丁亥(1587) 字는 章仲, 號는 松岩, 退溪門人이며, 本貫은 安東이다. 1561년 進士에 合格했으나 連이어 父母喪을 當해 3年씩 여막을 지키고 官界의 進出을 단념, 靑城山 기슭에 無悶齋를 짓고 살았다. 集慶殿叅奉, 內侍教官에 任命되었으나 모두 사퇴, 鶴峰 西厓 등과 學行으로 높이 평가되었으며, 詩歌에도 뛰어나 景幾體歌를 본뜬 獨樂八曲과 時調閑居 18曲을 지었다. 溫溪 老松亭 先考教授公詩에 次韻을 하니 錦溪 黃先生이 韻筒을 주는데 그 詩筒에 江風山月이, 錦肝 李先生 長編詩에 次韻하니 退溪先生께서 大小草書楷字로 쓴 數十幅의 筆法幅을 주니, 이것이 寶物 548號다.

著書는 松岩集, 作品은 獨樂八曲, 閑居 居 18曲이며, 父는 柞다.

虎溪書院

所在 : 安東郡 臨河面 臨河洞 77-1

主享 : 退溪 李 滉 鶴峰 金誠一

四厓 柳成龍

처음에는 廬江書院으로 月谷面 道谷洞 五老峰아래 白蓮寺절터였으며, 退溪先生이 道學을 講論하고 後學을 가르치던 곳으로 1573년 儒林에서 이곳에 廟宇를 세우고 退溪先生의 위패를 陶山書院 尙德祠와 同日에 奉安하고 享禮를 치렀었다. 1620년 鶴峰 西厓를 配享하고, 1676년 鶴峰의 贈謚와 함께 虎溪로 고쳐 賜額이 되었으며, 大院君 書院 毁撤時 없어졌다가 7년 뒤 강당과 齋舍를 金奎洛 石隱 柳基鎬 賞溪 金鎭誠에 의해 中創하였으나, 1973년 안동댐 水沒로 지금의 자리로 移建하였다.

花山書堂

所在 : 安東郡 豊川面 廣德洞 16-2

主享 : 謙庵 柳雲龍 冑孫 柳漢秀

1786년 道內儒林의 發起로 謙庵先生이 誹道修學하던 本位置에 創建하였고, 配享에는 東籬 金允安, 拙齋 柳元之의 위폐를 모시고, 春秋享祀를 치르고 있으며 大院君 書院毁撤時 없어지고 講堂만 남아 있다.

柳雲龍

中宗己亥(1539) ~ 宣祖辛丑(1601) 字는 應見, 號는 謙庵, 諡는 文敬, 本貫은 豊山이며 退溪門人이다. 直長, 仁同縣監, 豊基郡守, 司僕寺正, 原州牧使, 贈吏曹判書兼 成均館祭酒를 거쳐 豊基 愚谷書院에 祭享되었다. 文忠公 西厓 兄이며, 著書에 謙庵逸稿가 있다.

이 外에 現在는 없어졌으나 많은 書院들이 있었으며, 그것은 下記와 같다.

- 三溪書院(權撥) 1588년 創建.
- 勿溪書院(金方慶 金楊震 金應祖) 1661년 創建.
- 道淵書院(鄭逑) 1693년 創建.
- 栢麓里社(李宗準 李弘準 鄭惟一 洪俊亨) 1709년 創建.
- 周溪書院(具鳳齡 權春蘭) 光海君때 臥龍面에 建立.
- 道林祠(金大賢 金奉祖 金榮祖 金昌祖 金慶祖 金廷祖 金應祖 金念祖 金崇祖) 豊山에 있었다.
- 雲溪書院(權杠) 豊山에 있었다.
- 西澗祠(金尙憲) 豊山에 있었다.
- 澤陽書院(金瑛 金箕報) 素山.
- 孤竹書院(金濟 金澍) 豊山 申誠洞.
- 陀陽書院(孫洪亮 柳仲淹 金自粹) 一直
- 魯林書院(南致利) 南先.
- 明湖書院(李原李冑) 南先.
- 道生書院(裵三益 裵龍吉) 月谷.
- 淸溪書院(李垣 李堣 李瀣) 溫惠.

附　　錄

〈수 필〉

發展의 길은 勞使協調뿐

權 重 東(勞動部長官)

내가 勞動運動에 발을 들여 놓은 것은 遞信部에 있었을 때부터이니 지금으로 부터 약 25~26년 전의 일이다. 그때만 하더라도 우리나라는 3년여에 걸쳐 民生을 도탄에 빠뜨렸던 戰禍로 부터가 막 벗어났던 참이라 國民經濟는 물론 社會, 政治, 文化등 모든 분야가 그야말로 廢墟化 되다시피 混亂에 빠져 있었다.

근대 民主主義國家를 세우자 마자 처절한 同族相殘의 極限狀況을 경험해야 했던 우리나라는 우선 전쟁으로부터 입은 傷處를 아물리기에도 힘겨운 노릇 이었던 반면 戰爭期間동안 물밀듯이 밀려들어온 서가 資本主義의 文物속에서 祖上代代로 이어져 내려온 모든 價値觀은 송두리째 흔들리고 있었다.

그 가운데서도 두드러진 변화를 보인 것은, 勤勞者들의 意識構造였다. 朝鮮朝의 開國과 함께 우리 民族의 意識과 生活속에 뿌리를 내리기 시작한 儒教的 傳統은 社會構造를 班常으로 엄격하게 할 勤勞는 賤視의 대상으로 전락하였다.

그러나 日帝로부터 解放이 되고 近代 西歐資本主義가 이 땅에 들어오기 시작하면서부터 많은 勤勞大衆의 의식구조는 크게 변화하기에 이르렀다, 더구나 우리民族이 일찌기 경험해 보지 못한 6.25動亂은 國民經濟를 0의 상태로 까지 轉落시켜 대다수 국민들은 당장 糊口를 잇기 어려운 상황 속에서 혼신의 힘을 기울이지 않으면 안되었다. 우선 살기 위해서는 일자리를 구하여야만 했으나 피폐해질대로 피폐해진 國民經濟는 일하려고 하는 사람들에게 그만큼의 일자리를 제공할 수 없었다. 먹고 사는데에 班賞이 있을 수 없었고 勤勞를 賤視하던 우리 民族의 의식구조는 크게 변화하지 않으면 안되었다. 당장 눈앞의 굶주림 속에서 職業의 貴賤을 따질 여유는 있을 수 없었다. 끼니가 어려운 이들은 어제를 되돌아볼 겨를도 없이 막일이라도 하여야만 하였다.

우리의 資本主義의 첫 걸음이 시작되는 과정은 이러하였다.

勤勞大衆속으로 많은 지식인이 흡수되었고 이 결과 勞動者들의 意識水準이 현저하게 높아졌다. 약한 입장이게 마련인 勤勞者들은 사용자에 대해 무언가 자신들의 權益을 보호 받기 위해서는 단합된 힘을 필요로 하였다. 그결과 많은 勤勞組合이 생겨났다. 이러한 組織은 勤勞者 權益保護라는 본래의 목적에서 벗어나 政治등 다른 目的에 이용되기도 하였다, 그것은 解放이후 대두되었던 全評 (朝鮮勞動組合全國評議會)과 大韓勞總(大韓獨立促成勤勞總聯盟) 사이의 理念투쟁에서 잘 드러났다.

원래 勤勞組合의 발생은 그 構成員인 勤勞者를 그들이 처한 약한 입장으로부터 보호할 것을 목적으로 하고 있다.

이것은 지난 1966년 TUC(英國勞動組合會議)가 勤勞組合 및 使用者團體에 관한 王立委員會에 제출한 報告書에 명확하게 드러나고 있다.

즉 (産業經濟에 있어서 被用自의 地位는 個人的으로 직접 決定할 수 없는 所得에 의존하고 있다는 점이다. 被用者와 使用者사이의 個別的인 契約은 平等한 힘의 立場을 反映하는 것은 아니다. 따라서 個人으로서의 被用者의 經濟的 自由는 극히 작아질수 밖에 없다.

이것이 被傭者의 權利와 必要性에 관한 客觀的 檢討의 出發點이 되어야 할 것이다)라고 한 것이 그것이다.

우리나라의 勞動組合運動은 앞서 말한 大韓勞總과 全評의 民主主義와 共産主義의 理念 및 組織鬪爭으로 시작된데 이어 自由黨政權下에서 勞動基本法이 憲法에 明示되고 保社部의 勞動局이 설치됨으로써 本格化하였다. 이후 온갖 우여곡절을 겪으면서 오늘에 이르고 있는 우리나라의 勞動組合運動이 1960~1961년의 第2共和國, 1961~1963년의 軍事革命政權, 1963~1972년 第3共和國, 1972~1980년 第4共和國등 정치의 變革에 따라 내건 目標는 실로 다양하지만 시대를 초월하여 始終 일관되고 있는것은 社會正義와 福祉社會의 건설이다.

지금 第5共和國은 正義社會의 具現과 福祉社會의 建設을 國家가 지향해야 할 바 커다란 指標로 삼고 있다. 이것은 현재에 이르기까지 우리 勞動組合運動이 변함없이 추구하여 온 目標와 合致되고 있음은 결코 우연한 일은 아니라고 생각한다.

과거 줄곧 勞動運動에 몸담아왔고 지금은 勞動行政의 莫重한 책임을 지고 있는 본인이 이제 와서 새삼 강조하고 싶은 것은 勞使사이의 對決은 勞使 모두의 破滅을 의미하는 것이며 오직 勞使協調만이 勞使共榮의 大道가 될 수 있다는 사실이다. 善意의 競爭이 아닌 情感의 對立은 社會의 어느 곳에서나 生産의 밑거름이 될 수 없는 것이다.

傳統 文化와 自我發見

李準昇(法務部 法務室長 兼 檢事長)

사람은 본시 그 뿌리를 崇尙하고 傳統을 찾으려는 心性을 갖고 있다.

한 나라도 마찬가지로 獨自的人 歷史性과 文化的인 전통을 崇重하고 이를 면면히 전승시키려고 노력하는 것이다.

전통은 自然的으로 生成發展하나, 이를 純化, 整齊함으로써 우리 固有의 意識과, 生活속에 우리의 것으로 土着化되고, 獨自的인 主體性을 갖게 되는 것이다.

나는 公職生活과 서울의 都市生活에 쫒기면서도 傳統的인 文化의 發祥地인 자랑스런 내고장 永嘉의 鄕愁에 잠기며 때로는 냉대와 自負를 가끔 느끼게 된다.

近 30年 가까운 法曹人生活에서 자신도 모르게 秩序 의식에 굳어가는 듯한 反省을 하게 된다. 急激한 產業化로 物量과 利害로만 測定되는 듯한 現代物質 文明은 人間本來의 道德律마저 빼앗아 가는듯하다. 人間本然의 心性과 固有의 傳統성마저 차츰 퇴색되고 메말라 가고 있는 것이다.

우리는 지난 70年代에 產業은 크게 成長하여 所謂 西歐的近代化에는 빨리 接近을 했고 物量的, 外形的인豐饒를 가져왔다. 그러나 傳統的인 價値觀과 國民의 意識構造는 이에 미쳐 따르지 못함으로써 空白에서 온 陣痛을 겪고 있는 것이다.

祖上傳來의 農土와 風俗을 헌식짝처럼 버리고 無酌定 都市로만 流入되는 농촌의 荒廢化 남이야 어떻든 나만 잘살고 榮進만을 바라는 利已的思考들,

의리와 信義를 식은밥먹듯이 삼켜버리는 刻薄한 人心, 남의 이야기를 함부로 하고 서로를 不信하는 風潮등 世上人心들이 차츰 메말라가는 것을 느끼고 때로는 슬픈 마음을 갖게 하는 것이다.

이제 우리는 傳統의 아름다움을 다시 찾고 새로운 道德律은 定立해야할 것이며, 서로가 信賴하는 社會를 이룩해야할 것이다. 국민이 意識改革에 率先하여 參與하는 國民的意志가 結集되어야 할것이다. 우리는 지금 86년의 亞細亞 競技大會와 88년의 國際올림픽大會를 主催하는 國家로서 興奮의 도가니에 싸여있다. 外形的인 成長韓國의 모습을 紹介하는 것도 중요하지만 그보다는 우리의 傳統的인 文化와 아름다운 風俗을 보여주고, 秩序있는 文化國民으로서 生活과 態度를 갖는 것이 더욱 重要한 것이다.

傳統과 美風은 우리만이 갖는 歷史性과 主體性을 갖고 있기 때문이다.

나는 딱딱한 法律은 執行하고 都市公害에 시달리면서도 나이가 들어가면서 人間의 뿌리의 所重하고 傳統文化의 崇高함에 自家陶醉되어 나만의 喜悅에 잠기기도 한다. 내가 고이 간직하고 있는 追憶의 어린 時節을 回想하면서 깊은 鄕愁에 젖어 보기도 한다. 小白山脈의 雄壯한 줄기를 따라 鶴駕山의 精氣를 타고서 悠悠히 흐르는 洛東江의 푸른 낭만을 간직한채 豐山의 넓은 들판을 눈앞에 두고서 산밑 한적한 오막살이 호롱불밑에서 큰뜻을 품고 어린 꿈을 키워왔던 傳統의 故鄕이 정녕 정겨운 것이다.

그러기 때문에 어머니의 품속처럼 아늑하고 포근함을 느끼게 하는지도 모른다. 그러나 이따금 찾아가는 故鄕의 모습이 세찬 近代化의 물결에 밀려 차츰 옛모습을 잃어가고 傳統的인 文化的 遺産이 物量爲主의 價値觀에 눌려 이지러지고 純朴하고 正直하던 農村의 人心이 利己的이고 打算的으로 흘러가고 있고 情겨웠던 사람들도 農村을 떠나버리고 없어 한결 허전하고 쓸쓸함은 나혼자만이 갖는 마음만은 아닐 것이다.

그러나 政府에서 늦은 感이 있으나 有能한 農村後繼者養成을 위해 새로운 政策을 立案執行하게 되었고,傳統文化의 保存發展, 傳承을 위해서 積極的인 努力을 하고 있음은 퍽 多幸한 일이라 할 것이다. 그렇다고 우리의 文化傳統을 無條件 盲目的으로 受容하자는 것이 아니다.

우리의 나쁜 전통과 因習은 過感히 斷絶하고 더욱 繼承, 發展시켜야 할만한 아름다운 傳統은 더욱 우리의 것으로 保存하고 昇華시켜야 할 것이다. 그것은 우리 固有의 歷史意識과 生活規範에서 뿌리를 찾아야할 것이다. 우리 鄕里의 先祖는 自治規約으로 향약을 無形의 規範으로 지켜온 美德이 있었던 것이다.

德業相勳(덕을 딱기를 서로 권한다)

過失相規(잘못을 서로 다스린다)

禮俗相父(예절을 갖고 서로 돕는다)

患難相恤(환난을 당할때 서로 돕는다)

무형의 전통이고 전래의 미풍인 것이다.

지금 우리는 근대화의 세찬 물결에 휘말리고 메마른 인정에 쫒기고 있는 것이다.

이제 희망을 갖고 새로운 價値觀을 定立하고 그위에 아름다운 우리의 傳統을 찾을 때가 온 것이다. 溫古而地神하는 겸허한 마음으로 自我를 再發見할때가 바야흐로 닥쳐온 것이다.

花煎 놀이

李 相 鎬 (부산대대학교 의대교수)

앞산 응달에 아직도 殘雪이 더러 남아 있을때 부터, 봄 향기가 그윽한 나물들이 밥상에 오른다. 보리갈이도 끝이 나고, 파릇파릇한 풀이 땅을 덮기 시작하면, 피어오르는 아지랑이 속에 봄이 무르익어 간다. 우물 가 개나리꽃이 샛노란 꽃을 피우면, 벌써 뒷산 양지 바른 곳의 참꽃(진달래) 봉우리도 터질 듯이 부풀어 오른다.

농사일은 끊임없이 이어져 가지만, 그래도 이 무렵의 시골은 너무나 한가롭게 보인다. 농사일 뒷바라지의 손길이 쉴 새가 없어도, 새벽들은 기대에 가슴이 부푼다. 양지 바른 바탈의 참꽃이 이 어서 폈으면 싶다. 그래야만 화전놀이를 갈 수 있기 때문이다. 그 날이 제일 자유스럽고 즐거운 날이니까 말이다. 그것만 생각해도 바쁜 일이 별로 고되지 않다.

저녁 때 시동생이 해오는 나뭇짐 위에 분홍빛 선명한 참꽃이 한 묶음 꽂혀있는 것을 보게 된다. 형수님에게 가져다 줄려고 꺾어 온 것이리라, 이것을 받아 드는 새댁의 얼굴에는 기쁜 빛이 그대로 드러난다. 고운 꽃을 받아서 즐거운 것이지만, 그보다는 그렇게도 기다리던 화전놀이를 가게 된다는 생각 때문에 가슴이 더 부푸는 것이다.

어느 날에 간다는 기별이 오기를 내색은 하지 않은 채, 새댁은 매일 가다린다. 집안에서 논의가 다 됐는지 몇일 날 멀리 떨어진 계곡에 있는 정자 뒤의 양지에서 화전놀이를 한다는 기별이 왔다. 새댁은 뛸 듯이 기쁘다. 그렇지만 한 편으로는 혹시 변덕이 많은 봄날이라, 그 날 비라도 오면 어쩌나 싶어 새로운 걱정거리도 하나 생겼다.

화창한 봄날이 이어지더니 그 날 아침도 맑고 따뜻해서 새댁의 걱정은 杞憂에 지나지 않았던 것이었다. 화전놀이에 필요한 것을 지게에 챙겨 진 일꾼이 아침 일찌기 그곳으로 올라갔다. 집집마다 깨끗하게 차려 입은 여인들이 나오더니, 삼삼오오 짝을 지어 화전놀이 장소로 향해 간다. 그 곳에 이르니 벌써 돌 세개로 솥뚜껑을 재껴걸어 놓았고, 땔감도 수북이 쌓여 있었다.

화전을 붙이는 일은 젊은 새댁들의 소임이다. 새댁들은 재빨리 앞치마를 두르고 소매를 걷어 붙이며, 솥뚜껑 둘레에 모여 들었다. 개울물을 길어와 밀가루, 찹쌀가루들을 풀기도 하고, 한편으로 솥뚜껑에 기름을 바르고 불을 지피는 등 부산하다. 그래도 다들 신이나서 즐겁기만 하다. 화전 붙이는데 쓰라고 연신 꽃을 꺾어 오는 이, 그 꽃을 따서 전을 붙이는 데 전하는 이들의 이야기 소리 웃음소리로, 산의 .靜淑은 여지없이 깨진다.

한 편에서는 꽃 속의 꽃술로 서로 얽어대고 잡아당겨 서로의 꽃술 끊어 먹기 싸움을 하느라 요란하다. 익살스럽고 유모어가 풍부한 새댁의 이야기가 판을 쳐, 웃음이 끊어지지 않는다. 화전에 술도 곁들여져서 더욱 흥이 난다. 이렇게 자유롭고 흥겨운 놀이가 이어지다가, 그 절정은 화전가 가사를 짖는데서 마무리 지어진다.

미리 준비해 온 두루마리를 펴고 먹을 갈면, 명필로 소문 난 새댁이 좌정하고 붓을 잡는다. 연장자이며 글 잘하기로 이름난 분이 청산 유수처럼 가사를 부르고, 그것은 고운 글씨로 두루마리에 수 놓여져 간다. 가사는 잇달아 바뀌어지는 새댁 들에 의해 계속되고, 그 동안에 탄성과 웃음이 伴奏처럼 끼어든다.

시조부모, 시부모, 시누이에 대한 익살스런 평도 서슴없이 튀어나오고, 그것은 재치 있는 글 재주로 다듬어져, 폭소를 자아내기도 한다. 글재주 있는 새댁들의 가사는 각기 제대로의 색깔을 가지고 있다. 이런 글 들이 이어져 엮어내는 화전가는 萬化方暢한 꽃밭과 같은 현란한 大叙事詩다.

설사 시부모의, 흉이라고 해도 그것이 명문으로 너무나 재치 있게 서술이 되니 그대로 한 편의 시가 된다. 그 대상이 된 시부모도, 그 글에 화가 나기는 커녕 우리 집 새댁의 글이 명문이란 것이 기쁘고 자랑스럽기 만하다. 이렇게 이루어진 화전가는 출가할 딸이 있는 집에서 돌려 가며 베껴진다. 시집가기전에 글을 배워야겠기 때문이다.

줄줄이 이어지는 제사를 받들어야 하고, 끊일 줄 모르는 손님의 접대에서 해어나지 못하며, 층층시하의 어려운 시집살이를 해야 하는, 며느리들에게 있어서 이 화전 놀이가 최대의 해방날인 것이다. 연중 고된 농사에 시달리는 일꾼들이 풋굿날 느끼는 해방감과 같은 것이다. 이젠 이런 화전가가 나오던 여성들의 풍류도 옛 이야기가 되고 말아 서운하기 그지 없다.

現代인의 座右銘

李 東 翰(충북대학교 교수)

근래 우리나라의 산업발달을 가져온 요인은 여러가지가 있겠으나 그중 고속도로의 역활을 들지 않을 수 없다. 고속도로가 개통된 이후 교통수단이 한결 편리해졌다. 필자가 어릴 때 시골에서 몇십리를 邑으로 걸어나와 반나절쯤이나 기다려서 겨우 얻어 탄 버스로 여행을 할라치면 차내의 복잡한 것은 둘째 치고라도 조금 가다가 쉬고 또 쉬고 해서 그 지루하고 짜증스럽기란 이루 말 할 수 없었다. 이런 것에 비하면 오늘의 고속버스는 고속으로 목적지에 도달할 뿐만 아니라 시발점과 종점에서만 타고 내리며 또 정원제이기 때문에 옛날 시골 완행 버스에 비할 바가 아니다.

필자는 직장이 지방인지라 일주일에도 몇번씩 고속버스를 이용하게 된다.

고속버스를 타면 쉽게 목적지에 도착 되는 반면에 불편한 점도 없지 않다. 버스에 따라 사정은 조금씩 다르지만 차내에서 흘러나오는 금속성의 라디오나 녹음기 소리가 때로는 몹시도 승객을 괴롭힌다. 다른 사람을 어떤지 잘 모르겠으나 필자의 경우에는 그놈의 금속성을 장시간 들어야하는 일이 무엇보다 괴롭다 아무런 소리도 없이 조용히 운행되는 경우는 열번에 한번 있을까 말까 하다. 안내양에게 소리를 좀 낮추어 달라고 할라치면 속시원히 들어주는 일은 극히 드물고 대개의 경우 그런 요구 따위는 묵살되고 만다. (다른 손님은 다 좋아 하는데 왜 아저씨만 싫어 하세요) 한다 든지 또 어떤 때는 (음악이 없으면 기사님이 졸음이 와서 운행에 위험하거든요)하면서 오히려더 크게 틀어 놓기까지 한다. 손님이 좋아하는 경우도 있지만 어떻게 보면 자기들이 심심해서, 또 단조로운 운행에 그것이 습관이 되어 자기들 위주로 틀어 놓는 경우가 대부분인 것 같다. 자기들이 듣고 싶다면 자기들만 듣게 하는 장치도 있을텐데 말이다. 하여튼 고속버스를 타면 (소리를 꺼라.) (못끈다) 하고 안내양과 실랑이를 벌리게 마련이다.

이왕지사 소리를 낸다고 한다면 보다 음질이 좋은 설비를 할 수도 있으련만 고속버스치고 음질이 좋은 설비를 하고 다니는 버스를 필자의 경우에는 아직 발견하지 못했다. 이것이 고속버스가 가지고 있는 본래의 효율적 기능을 무가치하게 만드는 요인이 되기도 한다.

가을날 단풍잎 날리는 소리, 울창한 숲속의 솔바람 소리, 고요한 밤중에 시골정자에서 듣는 개울물 흐르는 소리, 절벽위에서 듣는 여울물 소리, 삼산에서 은은히 흘러퍼지는 범종 소리와 망망대해의 파도 소리 등은 멋도 있고 듣기도 좋다. 그러나 위에서 말한 고속버스 속의 노래소리, 길거리 전파사의 째지는 듯한 유행가 소리, 자동차의 경적, 시장 한복판의 마이크 소리등은 마음을 불안케하고 신경을 건드린다.

소리는 일종의 파동으로서 10사이클 이하는 너무 작아서 귀에 들리지 않으며 1만 사이클 이상은 너무 커서 귀에 들리지 아니한다고 한다. 그러니 이 우주 공간에 무슨 소리가 없으리오마는 우리 귀에 들릴 수 있는 것만 감각으로 느낄 따름이다. 마음이 없으면 일체도 없다는 말도 있다. 禪에 통달된 도인은 광화문 네거리에 서 있어도 숲속에 있는 것과 다름이 없다고 한다. 요는 마음을 비워 두면 오히려 모든 것을 용납할 수 있다는 것이다.

소음 공해도 하나의 큰 사회문제이다. 그러니 소리를 재더라도 그것을 필요로 하는 사람에게만 들을수 있게 한다든가, 또는 보다 질이 좋은 소리를 낼수는 있을런지는 한번 연구해 볼 문제라 하겠다. 시중에서 사용하는 종은 쇠와 쇠를 맞부딪쳐 소리를 낸다. 쇠로 된 추가 종안에 있기 때문이다. 그러나 어떤 종은 나무 둥치로 종의 거죽을 쳐서 종안에 있는 공기와 종신이 서로 어울려 대기를 진동시킴으로서 소리를 낸다. 그 소리는 쇠소리도 아니며 바람소리도 아니며 더구나 나무가 쇠에 부딪치는 소리도 아니다. 말하자면 조화된 음이라할까 그 은은하고 신비함이란 속인의 번뇌를 깨끗이 씻어 주는 듯도 하다. 우리는 남의것(서구문명)을 빌려서라도 나라를 튼튼히 만들어야 하고 개인의 생활도 편리하게 해야 한다. 그러나 이와 못지않게 그것으로 인해 일어나는 불합리한 점 우리몸에 맞지 않은점이 없지도 않으므로 이것을 없에는 노력을 게을리 해서는 안될 것이다. 이미 그 폐단이 많이 노출되고 있다.

노력하지 않으면 문명이 자연을 파괴해서 인류의 자멸을 초래할지도 모른다고 걱정하는 사람도 있다. 자연속의 과학이 오히려 자연을 망쳐 놓는 결과를 가져 온다면 그것은 제구실을 다하지 못한다고할 것이다.

老子는 일찍이 자연을 본받으라(道法自然) 했으니 이 말을 현대인의 좌우명으로 삼았으면 좋겠다.

東海岸 點景

金 大 源(서울신탁은행 공덕지점장)

대진 해수욕장에 도착한 것은 하오 6시, 모래밭에 캠프를 친다. 원색의 바다에서 불어오는 바람이 이마의 땀을 씻는다. 여기는 松川이란 淡水川이 바다로 흘러드는 天惠의 해수욕장이다. 이런 조건을 갖춘 천연해수욕장은 전국에서도 그리 흔하지 않다. 복중 무더위임에도 대진의 물은 시리도록 차다. 여름 바다를 즐기는 나그네들은 담수천 하구에 몰린다. 냉탕 다음에 온탕, 다음에 냉탕이다. 대지의물이 시리도록 찬것은 寒流帶의 영향으로 일어나는 주기적 이상 저온인듯 싶다.

많은 젊은 선착객들이 캠프의 숲을 이루고 있다. 얼핏 백여 개소의 원색 캠프촌은 계절에 절정을 이룬 것이 분명하다. 남녀 젊음의 수영복들이 제마다 구릿빛 몸매들을 과시한다. 10대 20대들이다. 30대도 거의 볼수 없고 40대는 눈을 씻고 살펴도 있을 것 같지않다. 우리 일행이 번지를 잘못 찾아 聖城을 어지럽힌 무뢰배로서의 주눅을 이제와서 어쩌랴? 1키로나 나가는 펄펄 뛰는 숭어를 우리손으로 조리하여 먹는 저녁밥이 꿀맛이다. 일행은 제각기 요리의 설도 다채롭다.

이윽고 이 바닷가에 밤이 켜진다. 얼마나 싱그런 젊음들인가. 캠핑은 자연을 배워 익히는 교과서다. 캠핑은 자립심, 협동심을 배양하는 고단위 영양제다. 보이스카웃에 관계하면서 안전수칙 기상관측법 같은 것을 듣보고 여간 재미있질 않았다. 아침에 이슬, 서리가 내리면 갠다. 아침에 나팔꽃 안 펴지면 비. 밤에 부엉이 울면 갠다. 참새가 모래찜질하면 비.바다에 물거품이 일고 고추잠자리가 무리지어 날으면 폭풍. 뭉게구름에 마른 번개치면 비 갠다.

아침 노을은 비가 올 징후. 양털구름이 나타나면 비. 물고기가 수면에 떠오르면 비 저녁놀은 좋은 날씨의 징후 등등 위의 것들은 고도의 기상학적인 관측보다 친근감이 있다. 이런 것을 떠올리며 여로에 지친 피로를 씻으며 우리 일행은 담소한다. 이밤하늘엔 별들이 유난히 가깝고 밤바다의 파고는 정적으로 안식을 즐기되, 바다는 해변을 철썩이며 거대한 존재를 과시하는 법칙은 멈추지 않는다.

어디선가부터 빠른 템포의 디스크가 캠프촌에 미끄러진다. 수영복들은 꽈배기처럼 꼬고 흔드는 격렬을 연출한다. 쇼무대 조명방식을 본뜬 랜턴 불빛의 명멸. 광란.순식간에 그런

격정적 야외무대는 경쟁이나 하듯 여기저기 연출된다. 나는 생각해본다. 저 불빛에 그들의 슬기가 켜지고, 저 별빛에 그들의 꿈이 영글고, 저 광란에 순수에의 回歸가 있을 거라고 믿는다. 저 바다의 사상처럼 내일 눈부시게 떠오를 그 아침 해를 맞을 찬란한 예비의 군무가 아니던가? 저것은 무한히 축적돼 가는 이 나라의 힘이다. 청소년들 행동양식을 놓고 지나치게 우려하고 개탄하는 풍조가 있다. 사랑과 이해의 눈으로 그들은 감싸고 긍정하는 어른들의 금도가 있으면 안될까?

이튿날 아침 대진을 떠나 觀魚臺, 槐市(호지말)를 거쳐 영해에 나갔다. 백암온천은 평해에서 12키로 지점 서북 산간벽지에 위치한다. 20여년전 대학시절 이곳을 거친 나는 초행이 아니었다. 이제 溫井里를 다시 찾은 나는 놀라지 않을 수 없었다. 그 때 있었던 일본식 낡은 목조건물 여관은 그대로 있으나 주인은 없고, 그 아들이 현대식 관광호텔을 지어 확장하여 어리둥절하게한다. 게다가 그 아래 재일동포가 경영한다는 석류장호텔이 더 들어서 있었다. 내가 처음 여기를 들렀을 때 주인은 H씨였다. 약1주를 지내는 사이 그와 친숙한 사이가 되어 수년간 서신 왕래도 있는 터였으나 H씨는 고인이된 것이다. 백암온천은 태백산 줄기인 백암산 아래 심산 협곡에 위치하는 굴지의 천연 방사선 라듐 온천이다. 신라때 사슴을 쫒던 한 사냥꾼이 발견했다고 전해지고 있다. 40도 C의 물을 하루 1천석이나 뿜어낸다. 위장병 환자는 온천수를 마시고 피부명 환자는 이 물로 씻는다. 치료 효과가 전국 제1이라는 것이다. 그 때 H씨에 의하면 역대 조선 총독으로 이 곳을 찾지 않은 자가 없었다고 한다. 지금도 그렇지만 적 치하에서는 여기가 교통이 가장 불편하였던 곳이었다.

석류장호텔에 여장을 풀고 이열치열로 흠뻑 땀을 빼고 밖으로 나왔다. 심산 유곡의 솔바람이 어이 그리 시원한 지 그것은 아는 사람만이 아는것. 호텔입구에 있는 온정면 소재지인 온정리는 백호쯤 될까? 면사무소의 간판보다 갑절이나 큰 맞은편 상점에 매달린 평해황씨 종친회란 간판이 눈길을 끈다.

동해안 고속도로를 달린다. 참으로 아름다운 고요한 아침의 나라다. 해면에 임한 짙푸른 야산의 치마폭 아래는 바다 그 흰 비단자락이 출렁인다. 물새는 날고 돛배는 졸고, 마을마다 그물을 손질하는 어부들의 모습이 정겹다. 차창에 펼치지는 금수강산에 취하여 이나라에 태어난 뿌듯한 행복감에 젖는다. 우리 국토가 아름답다는 것으로 흔히 명산을 꼽는다. 어이 산이 아름답지 않으리. 하지만 閑麗水道나 동해안의 절묘한 산수를 빼고 그 누가 무엇이 아름답다고 말할 수 있으랴, (光復36周年 記)

〈회 원 통 신〉

中東에서 만난 鄕友 K兄에게

李 東 翊(駐美 워싱턴 總領事)

K兄, 지금도 중동 어대선가에서 비지땀을 흘리며, 열심히 일하고 계실 兄의 모습을 그리며 이 글을 띄어 봅니다.

우리가 처음 만난 것은 지금으로 부터 3년이 다 되어가는 1979년 1월인 것으로 기억이 납니다. 그리고 한 달 정도 뒤, 홀연히 떠나셨다는 兄의 手蹟을 대한것기 형과 나의 交遇의 전부인 셈이니, 형 인들 얼마나 허전할까 싶어 이글을 띄어 보기로 했습니다.

우리가 만난 바로 그 때는, 그나라에서 일하던 외국인들이 一時에 歸國하거나 第三國으로 待避해야 할 정도로 治安이 험악한 때였지요. 우리는 그러한 어려운 사정을 克服할 지혜와 方案을 찾기 위해 마련된 어떤 모임에서 처음으로 對面을 했지만, 서로가 同鄕인 줄 몰랐습니다. 50이 다 되어 가는 兄의 그늘진 모습과, 일에 지친 나의 모습은 보기에 서로 딱했지만, 서로 위안을 하거나 同情할 생각도 못 했을때 였어요.

형이나 나나[人命에 어떤 일이 있어서는 절대로 안된다]는 結論에 合議했지만, 빈 몸으로 歸國할 수 없어 끝까지 버텨 보겠다는 형의 端書가, 우선은 귀국했다가 다시 기회를 보아야 한다는 나의 方法論과 서로 맞서 끝내 兄과 나는 신랑이 속에서 헤어졌을 뿐만 아니라 그 會合을 난처하게 한 일 지금도 기억하실 줄 생각합니다.

그 후 兄은 [슬그머니] 그 단서를 철회하고 제삼국 어디로 떠나면서 형과 내가 同鄕임을 일러 주었고, 그래서 [슬그머니]떠난다고 이유를 밝혀 주었습니다. 그뿐 아니라, 兄과 비슷한 생각을 가졌던 많은 사람들을 說得해 같이 떠나기 때문에 다시 만날 시간이 없다고 덧붙였읍니다.

나는 兄의 이러한[解明]을 받고 생각했지요. 첫째 友情이란 人生살이에서 千金 같은 珠玉이 될 수도 있지만, 자칫 잘못하면 친구의 主張을 漠然히 버리게 하는 兩面性의 특징을 가지고 있고, 둘째 鄕友란 의미는 시대의 발전에도 불구하고 닦고 길러야 한다는 古典的 觀念의 同類意識을 넘어, 경우에 따라서는 무의식중 이익집단으로 발전, 시대의 발전에 逆行하고, 나아가 관계를 통한 友情이나 友情 어린 同鄕人의 모임과 관계는 정서적이면서도 논리적인 테두리에서 이루어지고 발전됨이 가장 바람직하지 않나 하는 점이었읍니다.

K兄, 나머지 이야기는 다음 만날 기회에 나누기로 하고, 오늘은 이것으로 줄이겠읍니다. 부디 몸 건강하시고 5년후 넉넉하고 여유 있는 아버지와 든든한 남편으로서 歸鄕하시겠다는 그 뜻이 꼭 성취 되시기를 다시 빕니다.

美國 마이애미에서

◈ 회원현황 ◈

1. 1977년 3월 26일 창립회원

영가상록회는 오랜 산고 끝에 아래와 같이 창립총회를 가졌다.

일　시 : 1977. 3. 26　18 : 00

장　소 : 덕수빌딩 지하1층 연회장 (종로구 견지동)

〈총회 참석자〉

柳赫仁, 李相斗, 權應烈, 宋寶烈, 孫秉度, 金海吉, 南起鉉, 趙周默, 金命年, 金時孝, 權泰玩 金龍浩, 李宗勳. 權原基. 南時赫. 金鉉大. 權重斗. 石基弘, 姜杓遠. 金在恩, 權政洙, 姜旼昌 權泰守. 金仲煥, 李相玉. 金浩吉. 金兄鎭, 金知鶴. 柳穆基. 李用泰, 張元碩, 權在浩. 金貞漢 姜載禹. 徐昌熙. 權　純. 金浩鎭, 權重東, 李龍兌, 金정호, 邊東信, 金榮年. 權和燮, 金甫鉉 權聖基. 千奉石, 權五周. 孫洪均, 李昌大. 趙輝宰, 南起鉉. 李萬用, 金　源, 柳東柱. 柳漢燮 金啓顯. 趙繼基. 金奎壁, 李準昇, 尹成根

2. 1982년 3월 25일 “영가문화” 발간 당시의 회원

會　長 : 金海吉

顧　問 : 권상철, 권태리, 김무연, 김석하, 김원대, 류일청, 류찬우, 천병규, 강민창, 강재우, 강표원, 권성기, 권숙정, 권영우, 권영규, 권영두, 권영세, 권오석, 권오탑, 권웅렬, 권원기, 권정달, 권재호, 권중동, 권중두, 권중탁, 권태수, 권태원, 권태완, 권혁종, 권화섭, 금익모, 김경진, 김규벽, 김동기, 김동백, 김동수, 김동희, 김명년, 김봉구, 김선훈, 김시각, 김영연, 김영년, 김용직, 김용호, 김　원, 김원환, 김윤구, 김인구, 김재은, 김정길, 김정한, 김중환, 김지학, 김창현, 김해길, 김현대, 김형진, 김현태, 남기현, 남기환, 남시돌, 남재두, 류동주, 류명하, 류목기, 류상희, 류택하, 류특훈, 류한섭, 류혁인, 박원탁, 박순병, 박승홍, 백낙승, 변동신, 변태수, 석기홍, 손병도, 손홍균, 송보열, 신상학, 신정순, 신철균, 윤성근, 이대형, 이동대, 이동익, 이만용, 이상두, 이상옥, 이　섭, 이신형, 이영우, 이용태, 이용태, 이원강, 이일영, 이의겸,

이재현, 이정오, 이준승, 이준호, 이진백, 이창대, 이창식, 이태우, 이희대, 임휘일, 장상섭, 장성락, 장원석, 조성춘, 조주목, 조희재, 천봉석, 허동진, 황기진 (118명)

3. 현재의 회원 (2019년도)

會　長 : 金啓東. 監事 : 김원철, 류상번

副會長 : 금경수, 남상덕, 박대섭, 김시은, 이직상

강명구, 강보영, 강석인, 강성원, 강재우, 권기성, 권숙동, 권숙창, 권순한, 권영규, 권오범, 권오을, 권우석, 권웅렬, 권원기, 권원오, 권재혁, 권정달, 권중동, 권태수, 권태원, 권태정, 권택기, 권택열, 권헌식, 권혁도, 권희택, 금경수, 금원섭, 금창태, 금춘수, 김강식, 김강욱, 김경동, 김경진, 김경한, 김경한, 김계동, 김광림, 김균용, 김대원, 김동기, 김두현, 김만연, 김명년, 김봉구, 김봉구, 김봉회, 김부규, 김성현, 김승년, 김시업, 김시영, 김시은, 김시준, 김시현, 김시호, 김신종, 김연박, 김영식, 김영일, 김용구, 김용직, 김용진, 김우석, 김　원, 김원동, 김원진, 김원철, 김유성, 김응섭, 김일훈, 김정현, 김종갑, 김종길, 김종승. 김준현, 김진년, 김철영, 김철현, 김한조, 김현대, 김형진, 김호진, 김황평, 김회동, 김휘동, 남기현, 남기환, 남동국, 남상덕, 남순찬, 남시준, 남시혁, 남영찬, 님일호, 남효석, 류덕상, 류돈우, 류동주, 류목기, 류상번, 류상우, 류석근, 류성걸, 류승번, 류영번, 류시유, 류종묵, 류종찬, 류종탁, 류창석, 류창식, 류필휴, 류한섭, 류한성, 문상부, 박광용, 박교흠, 박구일, 박대섭. 박무일, 박병찬, 박세환, 박정식, 서원태, 사　준, 서창희, 석기홍, 손병도, 손영욱, 손현수, 손홍균, 손병용, 신경선, 신동욱, 신상학, 신승문, 신유균, 신현수, 심우영, 엄종일, 안재화, 오경의, 오정호, 우영철, 유승학, 이균식, 이동익, 이동조, 이동좌, 이명걸, 이상걸, 이상대, 이상석, 이상옥, 이상호, 이세락, 이승홍, 이영수, 이영희, 이용태, 이원만, 이유택, 이재식, 이정원, 이종훈, 이증구, 이직상, 이창수, 이현직, 이형중, 이희범, 이희재, 임낙윤, 임세환, 임우규, 임재도, 임충호, 임휘일, 장원석, 장화익, 전기세, 전재원, 정무수, 정용진, 정재철, 정종수, 정홍명, 조현효, 천진기, 최규탁, 최대웅, 최동섭, 최종각, 최진석, 최홍식, 한춘득, 허동진, 황기진, 황성섭, 황창기, 황현탁, 홍성규, 홍순훈, 홍일선 (206명)

〈편집 후기〉

- ○ 문화의 중심지로 몰려들어 젊음을 불태우다 보면 자신들의 향토문화와의 인연을 어느 새엔가 끊고 지내게 된다. 이 뿌리를 되찾겠다는 생각이 이런 책을 꾸미도록 발전된 것은 晩時之歎은 있으나 다행스런 일이다.
- ○ 안동의 문화에 대해 관심을 갖고 있는 학자 여러분들이 玉稿를 보내 주셔서, 안동인들의 눈을 뜨게 해 주신 것이 고맙다.
- ○ 처음 꾸며서 내어 놓은 "문열이"라 체계도 잡히지 않고 엉성해서 부끄럽지만 거듭되면 될수록 제 모양을 갖추게 되리라 믿는다.
- ○ 다른 지방에서도 자기들의 향토문화를 찾아 다듬는 운동이 벌어져, 서로 자료를 교환할 수 있었으면 한다.

編輯委員 : 金容稷, 金鱗九, 李相斗, 李熙大, 張相燮

永嘉文化 壹輯

1982년 3월 20일 初版 1刷 印刷
2020년 3월 20일 初版 2刷 印刷

1982년 3월 25일 初版 1刷 發行
2020년 3월 25일 初版 2刷 發行

발행인 金 啓 東

발행처 영가문화 편찬위원회 편

제작처 한국세무경영사「T. 754-8400, F. 766-0301」
서울특별시 종로구 창경궁로 16길 70
반도보라타워 508호

등록번호 300-2006-87호 (非賣品)

※ 본 冊子의 순수제작비는 權雄列會員이 부담하였습니다.

ISBN 978-89-7281-100-8